昭通扶贫

昭通市脱贫攻坚大决战实录

巧家卷

政协昭通市委员会 组编

中国文史出版社
CHINA CULTURAL AND HISTORICAL PRESS

图书在版编目（CIP）数据

昭通市脱贫攻坚大决战实录. 巧家卷 / 政协昭通市委员会组编. -- 北京 : 中国文史出版社 , 2021.12

ISBN 978-7-5205-3176-4

Ⅰ. ①昭… Ⅱ. ①政… Ⅲ. ①扶贫—工作概况—巧家县 Ⅳ. ① F127.743

中国版本图书馆 CIP 数据核字 (2021) 第 187193 号

责任编辑：窦忠如　秦千里　方云虎
特约编辑：窦广利　张幼平　邓文华

出版发行：中国文史出版社
社　　址：北京市海淀区西八里庄路 69 号院　邮编：100142
电　　话：010－81136606　81136602　81136603（发行部）
传　　真：010－81136655
印　　装：廊坊市海涛印刷有限公司
经　　销：全国新华书店
开　　本：787 毫米 × 1092 毫米　1/16
印　　张：26
字　　数：358 千字
版　　次：2021 年 12 月北京第 1 版
印　　次：2021 年 12 月第 1 次印刷
定　　价：1980.00 元（全 19 册）

《昭通市脱贫攻坚大决战实录》丛书

编 委 会

《昭通市脱贫攻坚大决战实录·巧家卷》编撰委员会

策　　划：张华昆　陆　颖

领 导 组：

组　　长：宋廷柱

副 组 长：胡　灵　罗国平　陈永生　卢广基　王雅梅　唐　友
刘　锋　杨永玲　黎　平　张秀斌　王德元　陈　坤

组　　员：县直各部门、各单位主要领导，16 个乡镇党委书记。

编撰办公室

主　　任：王德元

副 主 任：青继荣　赵庆丹

顾　　问：

组　　长：姚国剑

成　　员：邹长铭　陈正彪　闫科任

主　　编：朱安顺　赵龙玉　青继荣　赵庆丹　郑吉喜　宋云发

编　　辑：罗仁燕　刘昌林　郑洲跃　李方玉　曹林林　康山旭
谭昌国　何加连

校　　对：编务组全体人员

总 序

成联远

贫困是人类社会的顽疾，消除贫困是人类梦寐以求的理想，人类发展史就是与贫困不懈斗争的历史。

中国共产党从成立之日起，始终高度重视解决贫困问题，持续向贫困宣战。党的十八大以来，以习近平同志为核心的党中央，把脱贫攻坚摆在治国理政的突出位置，团结带领全党全国各族人民打响了人类历史上规模最大、力度最强、惠及人口最多的脱贫攻坚战。经过8年持续奋斗，如期完成了新时代脱贫攻坚目标任务，现行标准下近1亿农村贫困人口全部脱贫，贫困县全部摘帽，消除了绝对贫困和区域性整体贫困，脱贫地区处处呈现山乡巨变、山河锦绣的时代画卷！这是中国共产党团结带领全国各族人民艰苦奋斗所创造的又一个彪炳史册的人间奇迹，生动展示了中华民族摆脱贫困、走向复兴的强大力量。

昭通地处云、贵、川三省接合部的乌蒙山区腹地，是集革命老区、地震灾区、散居民族地区、生态敏感脆弱地区为一体的深度贫困地区，是全国贫困人口最多、贫困程度最深、脱贫任务最重、攻坚压力最大的地级市。全市11个县（市、区）中有国家级贫困县10个，1379个村（社区）中有贫困村1235个，629万人口中有贫困人口185.07万人，正可谓全国脱贫看云南、云南脱贫看昭通。

历史的洪流浩浩荡荡，精彩的答卷壮阔恢宏。近年来，特别是习近平总书记于2015年视察昭通以来，市委、市政府始终铭记习近平总书记的殷殷嘱托，感恩党中央的亲切关怀，始终把脱贫攻坚作为最大的政治任务，全面落实精准扶贫、精准脱贫方略，团结带领全市各族干部群众，攻坚克难、感恩奋进，发扬钉钉子精神，敢于啃硬骨头，奋力夺取了脱贫攻坚大决战全面胜利。全市现行标准下185.07万农村贫困人口、1235个贫困村、10个贫困县全部退出贫困序列，贫困群众人均收入由2015年的2703元增加到9899元，昭通千百年来的绝对贫困问题历史性地画上句号，全面建成小康社会取得历史性成就。昭通的奋力崛起、华丽转身，是云南乃至全国扶贫开发事业的一个缩影。

荆棘载途，玉汝于成。一切向前走，都不能忘记走过的路。在脱贫攻坚工作中，数万名扶贫干部倾力奉献、苦干实干，将最美的年华无私奉献给了脱贫事业，涌现出许多感人肺腑、可歌可泣的先进事迹。“感动南网”的彝良县牛街镇水田村第一书记吴长碧，用柔弱肩膀扛起扶贫重任；把病情报告单“藏”起来去扶贫的女干部金碧琼，一直坚守在扶贫第一线；特别是即将结婚却没有等到婚礼那一刻的“90后”扶贫干部王秋婷、积劳成疾牺牲在扶贫一线的驻村工作队队长李永春等25名扶贫干部，更是用生命诠释了共产党人的初心使命；还有216对“父子兵”、1284对“夫妻档”，572名干部“轻伤不下火线”，他们用身影、心血和汗水，交出了让党和人民满意的答卷。为全面记录新时代昭通艰苦卓绝、波澜壮阔的脱贫攻坚历史进程，客观反映乌蒙大地发生的翻天覆地历史性巨变，真实记录各级干部群众在脱贫攻坚中的感人故事，经市委同意，我们组织相关县市区、部门、专家对2015年至2020年我市开展脱贫攻坚的重大事件、典型故事进行搜集整理，编写《昭通市脱贫攻坚大决战实录》，旨在通过回望昭通脱贫攻坚的壮阔历程，探索总结蕴含其中的宝贵经验和深刻启示，赓续传承伟大的脱贫攻坚精神，从历史回望中照见未来，以更坚定的信心、更昂扬的斗志，继续走好新时代的长征路，奋力谱写昭通高质量跨越发展新篇章。

以昭通脱贫攻坚的壮阔历程资鉴后世。回望昭通脱贫攻坚的壮阔历程，市委、市政府团结带领全市各族人民披荆斩棘、栉风沐雨，攻克了一个又一个贫中之贫、坚中之坚，脱贫攻坚取得了重大历史性成就。昭通脱贫攻坚任务之艰前所未有，全市基础条件薄弱、致贫原因复杂、发展滞后明显，贫困面积大、贫困人口多、贫困程度深，贫困发生率高达 34.8%，“大山大水大峡谷、天寒地冻不出种、人多地少矛盾多”是昭通最大的市情。昭通脱贫攻坚规模之大前所未有，全市 11 个县市区中有国家级贫困县 10 个，其中深度贫困县 7 个；1235 个贫困村中，有深度贫困村 691 个；农村贫困人口高达 185.07 万人，占全省贫困人口的 1/5 以上，平均每天脱贫人数达到 1000 人以上。昭通脱贫攻坚成效之巨前所未有，全市累计投资 1658 亿元，规划的 12 条高速公路全部落地建设，打通了 11 个“出滇入川进黔”大通道，通车里程达 750 公里；累计新建或改造农村住房 55.89 万户；215.4 万人饮水安全得到巩固提升，自来水普及率达 94%；累计硬化农村公路 1.86 万公里，建成公路安全生命防护工程 1.05 万公里；因地制宜规划建设集中安置区 23 个，35.47 万名搬迁群众全部搬入新居；全市生产总值 5 年连跨 5 个百亿级台阶，年均增长 8%，达 1289 亿元。脱贫地区经济社会发展大踏步赶上来，整体面貌发生历史性巨变，极大增强了人民群众的获得感、幸福感、安全感。我们通过收集广大奋战在一线同志的真实故事，以“当事人”的亲身经历，将昭通脱贫攻坚艰苦卓绝、成效卓著的壮阔历程系统完整地记载下来，形成档案性的历史资料，以资后人，以鉴后世。

探索总结昭通打赢脱贫攻坚大决战的深层逻辑。习近平总书记强调：“办好中国的事情，关键在党。”有了党的坚强领导，脱贫攻坚就有了坐镇中军帐的“帅”，亿万人民就有了众志成城的“主心骨”。面对夺取脱贫攻坚大决战全面胜利的历史重任，市委、市政府始终坚持把党的领导贯穿各项工作全过程，坚持以脱贫攻坚统领经济社会发展全局、以党的建设统领推动各项工作落实“双统领”，强化铁的纪律和硬的作风“双保障”，努力实现党的建设和脱贫攻坚“双推进”。始终坚持以人民为中心的发展思想，提出“坚持以人民为中心、以群众工作为主线，抓住精准、统筹、务实三个关键，实现思想、工作和情感三个认同”的“133”工作思路，让人民群众真正成为脱贫攻坚这棵参天大树的主干。始终坚持精准扶贫、精准脱贫方略，围绕“扶持谁”“怎么扶”“怎么退”“退出后怎么办”四个重点，着力扣好精准识别、精准施策、精准退出、巩固提升“四粒扣子”，构建了一整套行之有效的政策体系、工作体系、制度体系，用发展的办法消除贫困根源。始终深入贯彻落实“五级书记抓扶贫”“党政同责促攻坚”的要求，坚持“一把手”负总责，切实强化市县抓落实机制，着力构建各级领导干部责任上肩、挂甲上任的组织体系。始终坚持集中精锐力量投向脱贫攻坚主战场，累计选派 4592 名驻村工作队队员、823 名驻村督导员、6.37 万名各级帮扶干部充实到扶贫一线，鲜红的党旗始终在脱贫攻坚主战场上高高飘扬。这些宝贵经验、深刻启示，我们通过编撰实录的形式如实记录，推动脱贫攻坚的认识和实践实现一个新的飞跃，为以后的改革发展提供重要的历史借鉴和方法指导。

赓续传承新时代脱贫攻坚昭通精神。伟大事业孕育伟大精神，伟大精神引领伟大事业。脱贫攻坚伟大斗争，锻造形成了“上下同心、尽锐出战、精准务实、开拓创新、攻坚克难、不负人民”的脱贫攻坚精神，这是中国精神、中国价值、中国力量的充分彰显。回望昭通脱贫攻坚大决战的壮阔历程，市委、市政府团结带领全市各族人民风雨同舟、携手与共、砥砺奋斗，努力闯出了一条以脱贫攻坚统领经济社会发展全局，倒逼产业形态、基础设施、城乡建设、生态文明等各个领域创新突破的“昭通路径”，奋力跑出了争先进位、赶超跨越的“昭通速度”，锻造锤炼了为民务实、实干求真的“昭通作风”，树立展示了“文明友善、开放包容”的“昭通形象”，淬炼形成了敢打善拼、坚韧求成、再硬的骨头也要嚼碎的脱贫攻坚“昭通精神”，这是一笔昭通当代脱贫攻坚人留给后世的宝贵精神财富。我们着力做好时代的忠实记录者，发挥文史资料“存史、资政、团结、育人”功能，赓续传承、大力弘扬新时代脱贫攻坚昭通精神，激励全市 600 多万名各族儿女在新征程上再鼓干劲、再聚合力、再立新功。

引领我们不断从胜利走向新的更大胜利。春江浩荡暂徘徊，又踏层峰望眼开。脱贫摘帽不是终点，而是新生活、新奋斗的起点。我们如期完成新时代脱贫攻坚目标任务，为实现两个百年奋斗目标以坚定信心、强劲动力，必将激励我们不断从胜利走向新的更大胜利。站在新的历史交汇点上，推动滇东北开发提速和崛起的奋斗史诗正在书写，我们必须从决战决胜脱贫攻坚的实践中汲取智慧和力量，进一步增强“四个意识”、坚定“四个自信”、做到“两个维护”，不断提升政治判断力、政治领悟力、政治执行力，在以习近平同志为核心的党中央的坚强领导下，永远保持慎终如始、戒骄戒躁的清醒头脑，永远保持不畏艰险、锐意进取的奋斗韧劲，永远保持永不懈怠、一往无前的精神状态，真抓实干、埋头苦干，脚踏实地、久久为功，在推动昭通高质量跨越发展的新征程上奋勇前进！

（作者时任中共昭通市政协党组书记、政协昭通市委员会主席）

本卷序言：绘就巧家脱贫攻坚新画卷

2020年5月16日，一个消息在堂琅大地不胫而走——《云南省人民政府关于批准昭阳区等31个县市区退出贫困县的通知》，巧家在其中，巧家脱贫了！这个振奋人心的信息，标志着巧家从此进入小康社会的新纪元，即将开启乡村振兴新征程！回首五年向贫困宣战的攻坚历程，所有经历了攻克一个个深度贫困堡垒，以敢打善拼、坚韧求成，再硬的骨头都要嚼碎的精神冲锋在脱贫一线的全体干部职工欢欣鼓舞，一场场为完成伟大时代命题开展的攻坚战役记忆犹新。

时代命题：三场战役一起打

2015年11月，中共中央国务院发布了关于打赢脱贫攻坚战的《决定》，庄严承诺，到2020年现行标准下农村贫困人口实现脱贫、贫困县全部摘帽，解决区域性整体贫困。全国人民一道奔小康。

消除贫困、改善民生、逐步实现共同富裕，是社会主义的本质要求，也是中国共产党的重要使命。

党中央吹响了全国脱贫攻坚的进军号，如何把使命担起来？对云南来说，是彻底改变命运的一场大决战。

2015年，国务院扶贫开发领导小组办公室公布的贫困县总数是592个，云南就有88个，全国最多。云南是全国农村贫困面最大、贫困人口最多、贫困程度最深的省份之一。脱贫攻坚的特殊性、复杂性、艰巨性在全国罕有。

集边疆、民族、贫困、山区等特点于一体的云南，一直是总书记的牵挂。

2015年1月19日，新年伊始，万象更新，习近平新一年首次出行来到云南。在连续三天的考察活动中，习近平步履匆匆，来到昭通、大理、昆明等地，看望鲁甸地震灾区干部群众，亲切会见独龙族群众代表，深入企业、工地、乡村考察，就灾后恢复重建和经济社会发展情况进行调研。

“坚决打好扶贫开发攻坚战，加快民族地区经济社会发展。”“决不能让困难地区和困难群众掉队。”习近平总书记的殷切嘱托，让云岭各族儿女倍感温暖，激人奋进。

云南省委、省政府把全面贯彻落实习近平总书记考察云南重要指示精神作为最大的政治任务，吹响了“决战脱贫攻坚、决胜全面小康”的冲锋号。

云南全面落实党中央精准扶贫精准脱贫基本方略，大胆创新扶贫方式：坚持“省负总责、市县抓落实”的工作机制，形成“党政一把手负总责、五级书记抓扶贫”的领导格局，创新“三位一体”大扶贫运行机制和工作体系，始终聚焦深度贫困问题，聚焦最困难的地区，紧盯最困难的人群，扭住最急需解决的问题，实施“整乡推进”“直过民族”“整族帮扶”等脱贫攻坚五大行动计划，打好易地扶贫搬迁等10大攻坚战。

云南扶贫资金投入前所未有，2013年至2016年，累计省级以上财政专项扶贫资金总投入逾200亿元，年均增长23%。干部帮扶群众规模力度前所未有，全省派出2.2万名干部担任驻村第一书记，10.9万名干部驻村，60多万名干部与贫困群众结对帮扶。目标十分明确，确保到2020年全省农村贫困人口如期脱贫，决不让一个兄弟民族掉队，决不让一个贫困地区落伍！

巧家县是全省88个扶贫开发重点县和27个深度贫困县之一，是一个集边远、山区、贫困为一体的欠发达县。全县共有179个贫困村，贫困人口42971户172839人。贫困发生率为29.35%，贫困面大、贫困程度深是最大的县情，金沙江、牛栏江把大药山深度切割成山高坡陡谷深，绝大多数乡镇地无三尺平，看着金沙江、牛栏江从脚底流过，沿着山坡居住的群众却是十年九旱人畜饮水困难，受交通不便等因素的影响，二次搬运导致建房成本极高，农特产品无法连片规模生产，且销路不畅，外出务工成为绝大多数群众的收入来源，道路交通、人畜饮水、危房改造、教育医疗保障……差不多每个领域都是脱贫攻坚的硬骨头。2014年，受鲁甸县“8·03”地震影响，巧家县两个乡镇在震中主要影响区，全县40万人受灾，灾后重建是首先要攻克的堡垒；白鹤滩水电站是国家实施“西电东送、云电外送”的骨干工程和新时期能源战略的重点工程项目，是在建世界第一大水电站，2016年主体工程已经启动，2020年必须完成巧家库区近5万名的移民搬迁，2021年5月下闸蓄水，7月1日首台机组发电向建党100周年献礼。三场战役一起打，是新时代给巧家干部群众的一道时代考卷，一个都不能忽视，一刻都不能松懈，这个时代命题考验着巧家干部的责任、担当和奉献，也考验着全县62万名干部群众的能力、水平和智慧……

精准战略：六个精准扶真贫

脱贫攻坚，“精准”非常重要。用总书记的话来说，扶贫开发推进到今天这样的程度，贵在精准，重在精准，成败之举在于精准。总书记为什么要这样强调“精准”呢？过去搞扶贫开发的时候，可能一般性的要求、普遍性的要求居多，搞大水漫灌式的、搞大而化之式的扶贫多一些。总书记说，所谓贫有百样，困有千种。搞大水漫灌、走马观花、大而化之，用手榴弹炸跳蚤不行。“精准”两个字的内涵到底是指什么呢？所谓精准脱贫、精准扶贫，“精准”两个字的关键是，不能眉毛胡子一把抓，要因村因户因人施策，要对症下药、精准滴灌、靶向治疗，扶贫要扶到点上，也要扶到根上。总而言之，就是要从实际出发，要具体问题具体分析，要增强针对性，增强有效性。具体来说，“精准”主要包括六个方面的内容。一是扶持对象要精准；二是项目安排要精准；三是资金使用要精准；四是措施到户要精准；五是因村派人、实际上是派第一书记，要精准；六是脱贫成效要精准。

五年多来，巧家坚持以脱贫攻坚为所有工作的统领，以精准战略为核心要义，聚焦靶心精准施策，认真贯彻精准扶贫、精准脱贫方略，精准识别对象，精准落实扶贫措施，解决好帮扶谁、谁来扶、怎么脱三个重要问题。严格按照“三评四定”贫困人口识别、退出程序，开展了5轮动态管理，对不精准对象及时上报清退，对因灾、因病、因残等致贫返贫的对象及时纳入。特别是在2017年，组建179支1223人的工作队，发动4400余名村组干部参与，深入开展贫困人口精准识别摸底调查和动态管理，全面摸清农村发展现状，全面精准贫困对象，精准扣好“第一粒扣子”；按照“五个一批”和“六个精准”的总体要求，先后制定出台《巧家县关于进一步明确任务压实责任确保打好打赢脱贫攻坚大决战的实施方案》《巧家县打赢精准脱贫攻坚战三年行动实施方案》《巧家县2019年整县脱贫摘帽实施方案》等一系列政策性文件，细化落实动态管理、问题整改、危房改造、光伏扶贫、健康扶贫、教育扶贫、就业扶贫、金融扶贫专项工作方案等，锁定了目标，细化了措施，明确了责任；坚持实施项目必须入库、未入库项目一律不批复的原则，严格按照项目库建设管理流程，对需要调整的项目及时调整，对不再实施的项目及时进行剔除，对新规划的项目及时纳入，全面开展“村村清、户户清”行动，坚持自下而上的精准和自上而下的统筹相结合，建立县级项目库、乡级路线图和村级施工图；认真落实扶贫目标、任务、资金、权责“四到县”机制，积极协调争取扶贫资金，投入各类扶贫资金102亿元（其中，财政专项扶贫资金8.77亿元，统筹整合财政涉农资金15.99亿元，其他财政扶贫资金投入40.99亿元，东西部协作资金1亿元，县级投入扶贫资金2.22亿元，引导撬动低成本贷款、债券资金和小额扶贫贴息贷款投入33.03亿元），对照贫困村出列、贫困人口脱贫标准，坚持“对标对表、先急后缓”的原则，加大财政涉农资金的统筹整合力度，全面加强资金使用管理和监督检查，确保扶贫资金精准投入、专款专用、安全运行。

“绣花功夫”：九大战场显身手

5年来，巧家县全体干部牢记总书记的嘱托，在脱贫攻坚一线下足“绣花功夫”，以辛勤汗水乃至血泪践行市委提出的“133”工作思路、“五千工作法”，以干部脱皮换群众脱贫，以辛勤指数和爱心指数换取群众的幸福指数，在脱贫攻坚九大战场大显身手，补齐了脱贫攻坚短板，筑牢了全面小康通往乡村振兴的路基。

大干“一房四网”，夯实发展基础。一是建好安全住房。2014年“8·03”地震发生后，投入资金7.2142亿元，实施灾后恢复重建住房16790户。2015年至2019年，聘请第三方住房认定机构对全县11.8万户农村住房逐户逐房进行安全等级认定，精准识别农村危房。采取“修缮加固、拆除重建、兜底帮建”方式，投入资金11.78亿元，实施农村危房改造48746户。二是建好畅通路网。交通建设取得重大突破，结束不通高速公路历史，有力助推了脱贫攻坚。2015年以来，累计投资160亿元，实现格巧高速公路建成通车，完成“8·03”交通恢复重建道路464公里，建成通乡油路457公里，完成建制村公路硬化900公里，村组公路硬化928公里、正在硬化141公里，新建村组公路1000公里，完成生命安全防护工程974公里、正在实施237公里，完成6座溜索改桥和重要县乡道建设15.52公里，在2017年年底实现了县乡油路通畅率100%、行政村硬化路100%。三是建好便捷水网。2015

年以来，累计投入水利项目资金1.8581亿元，新建管网和水窖2854件，改扩建及修复172件，解决170869人（其中，建档立卡户12574户52181人）饮水安全问题，巩固提升农村饮水安全覆盖22071户90969人，农村水量、水质、取水方便程度和供水保证率“四项标准”全面达标。四是建设安全电网。2015年以来，投入资金4.17亿元，先后实施农网升级改造、易地扶贫搬迁安置点配套电网、自然村通动力电、新增零散用户等工程，新建110千伏变电站1座、35千伏变电站2座，新增及改造10千伏配变880台，新建110千伏线路134.48公里、35千伏线路24.752公里，改造10千伏线路432.114公里、0.4千伏线路1990.192公里，改造户表31632户，全县所有贫困村通动力电。五是建好广播通信网。2015年以来，累计投入资金3740.8万元，实施宽带信息化工程，实现全县村委会、村完小和卫生室的通信网络、广播电视和宽带全覆盖。

坚持应搬尽搬，坚决挪掉穷窝。一是抓搬迁安置。2016年至2018年，共建成易地扶贫搬迁集中安置点66个，安置搬迁对象4030户15878人，所有安置点已全部完成验收，安置房质量全部达标，旧房全部拆除，群众全部搬迁入住。2019年，新增易地扶贫搬迁建档立卡贫困户人口3370户13774人，其中，县内已安置19户79人，搬迁鲁甸卯家湾安置3351户13695人。二是抓后续发展。采取“集团公司＋专业合作社或社区党支部＋贫困户＋金融服务”联合代养生猪的模式带动900户3000余人，组织转移输出易地扶贫搬迁户劳动力13359人，通过森林管护员、道路养护员、卫生保洁员等公益性岗位聘用易地扶贫搬迁对象350人，光伏扶贫覆盖易地扶贫搬迁户515户，易地扶贫搬迁户实施退耕还林还草18840.91亩、覆盖3682户，对易地扶贫搬迁户中符合条件的8620人纳入城乡低保保障，实现搬迁对象后续发展措施全覆盖。

培育特色产业，促进稳定增收。坚持“短能脱贫，长能致富，长短结合”的原则发展产业促进增收，按照良种良法、高度组织化、基层党组织主导的专业合作社“三个全覆盖”推进产业发展。一是抓投入，强保障。2015

年以来，全县共投入各类产业资金10.39亿元，退耕还林专项资金5.87亿元，规划入库并已批复启动实施产业扶贫项目209个。二是建基地，扩规模。采用“企业（支部）+合作社（基地）+贫困户”的发展模式，建设年出栏每场5000头规模生猪标准化养殖场21个、肉牛育肥场4个、能繁母牛养殖单元8个、林下土鸡养殖26万羽；建设马铃薯种薯扩繁基地4.3万亩；建设蔬菜基地2个5000亩、草莓基地6100亩、火龙果450亩、软籽石榴1850亩、水果繁育中心500亩；集中打造林下食用菌示范基地900亩、花椒提质增效16.4万亩、核桃提质增效12.7万亩；累计实施退耕还林37.07万亩。光伏产业扶贫成效明显，户用光伏发电7164户于2018年12月并网发电，5万千瓦集中式光伏扶贫电站于2019年10月底并网发电，140个村级光伏电站建设完成并网发电。三是重联结，促脱贫。招商引进广东温氏、昭通绿健商贸、攀枝花箐河农业等龙头企业，将农业产业发展纳入县教育投资公司经营范围，探索“公司+集体经济+合作社+建档立卡贫困户+基地”模式，采取入股分红、资产收益、返聘务工等方式，将有产业发展条件的36428户卡户和179个贫困村村级集体经济建立利益联结机制，每个卡户产业项目挂联年收益320元至933元。全县参与带动建档立卡贫困户发展的新型经营主体217个，其中龙头企业16个、由村党支部领办和协办的专业合作组织201个。

提高就业技能，增强造血功能。围绕“有条件的贫困户至少有1人稳定务工就业”目标，大力开展劳务输出和技能培训。一是抓技能培训。对主要致贫原因为“缺技术”的建档立卡户开展农村实用技术培训23771人、职业技能培训8530人。积极组织输送巧家籍建档立卡学生288名到东莞市电子科技学校、东莞市机电工程学校等院校就读，让贫困学生掌握一技之长。二是抓转移就业。依托省市就业部门、驻东莞市樟木头镇和昆明市人力资源工作站，加强巧家籍外出务工人员的跟踪管理，扎实推进全县农村劳动力转移就业。2015年以来，全县累计转移农村适龄劳动力27万人次，2019年转移建档立卡贫困劳动力70809人，转移率70.26%，其中转移易迁卯家湾劳动力6858人，农村转移就业贫困劳动力申报务工收入6.53亿元。充分开发县内重点工程建设项目就业岗位，向白鹤滩水电站、格巧高速公路等重点工程转移输出农村劳动力5127人。农业产业基地转移输出农村劳动力3110人。扶持建设扶贫车间16个，引导就近务工945人。三是抓就业帮扶。发挥政策扶持在劳动力转移输出中的撬动作用，及时兑付稳岗补贴、一次性交通费补助、鼓励组织劳务输出补贴。2015年以来，发放稳岗补贴2123人150万元，发放一次性交通费补助50851人1907.16万元、鼓励组织劳务输出补贴774.17万元。针对贫困户“无法离乡、无业可扶、无力脱贫”的大龄劳动力、残疾家庭劳动力、有重病患者家庭劳动力和“一有两无”（有劳动能力，无法外出、无业可扶）人员安置乡村公共服务岗位，开发公益岗位7577个。

狠抓教育扶贫，阻断代际传递。始终把教育摆在优先发展的位置，举全县之力办人民满意的教育，义务教育基本均衡发展在2018年通过国家评估验收。一是控辍保学全覆盖。认真组织开展义务教育控辍保学大排查，精准锁定辍失学生。按照“一对一、一对N”挂钩模式，采取县处级领导、科级干部、乡村组干部和教师对辍失学生挂钩包保开展控辍保学工作，依法起诉典型案例107例，累计劝返复学和销号657人（卡户生456人），其中复学630人（卡户生443人），举证销号27人（初中毕业18人，休学3人，延缓入学6人）；现有未入学79人，除服刑人员外，其他人员均已全部申请强制执行或提起诉讼。除身体原因114人不具备学习条件外，贫困家庭适龄儿童少年义务教育阶段无失学辍学。二是教育资助全覆盖。2015年以来，共落实各类教育政策资助9.48亿元，为103.84万人次的各学段学生提供资助，其中建档立卡贫困家庭学生实现全覆盖。三是办学条件改善全覆盖。2015年以来，投入资金12.56亿元，新建校舍33.2万平方米；初中理化生器材、小学科学实验室器材、中小学音体美器材及计算机，均达到省级Ⅰ类配备标准；县域内义务教育阶段学校有1559个教学班建成多媒体教室，所有村校已实现网络全覆盖。

抓实健康扶贫，保障基本医疗。一是抓好达标建设。近年来投入资金2.8亿元，加强县乡村医疗机构标准化建设，新建村卫生室150个，配备178个村卫生室医疗设备，实施19个乡镇卫生院标准化建设，192个村卫生室均设有诊断室、治疗室、公共卫生室、药房，常见病、地方病、慢性病能及时得到救治，达到脱贫出列标准。二是强化医疗保障。城乡居民基本医疗保险筹资标准逐年提高，医疗保险待遇得到有效落实，特殊困难群体100%参加基本医疗保险和大病保险。落实财政助缴政策，2018年至2019年，对建档立卡贫困人口个人参保缴费分别给予180元定额补贴，建档立卡贫困人口100%参加基本医疗保险和大病保险。2017年实施建档立卡贫困人口“四重保障”医疗待遇以来，累计支付卡户住院医疗费用30853.28万元，报销比例达87%以上，减轻卡户医疗费用负担，有效防止因病返贫。三是实行分类防治。对32种大病患者开展专项救治，确定县人民医院为大病专项救治定点医疗机构，为全县建档立卡贫困患者提供治疗，并规范建立大病专项救治“一人一档一方案”2532份。为慢性病患者提供家庭医生签约服务，全县共有430支家庭医生签约团队，每个团队平均签约283人，每季度对慢性病患者进行一次随访，有针对性地提出健康指导、合理用药等意见。全县慢性病患者33429人，其中建档立卡贫困患者12958人。县财政投入资金建立非卡户未参保人员医疗救助基金，对未参加医疗保险，且医疗费用负担过重，存在因病致贫风险的人群，经乡镇研判确定后纳入医疗救助范围进行救助。四是提供报销服务。狠抓“一站式、一单式”结算工作，6个县级定点医疗机构、19个乡镇卫生院、192个村卫生室全部实现基本医保、大病保险和医疗救助“一站式、一单式”即时结算，减轻群众跑腿和垫付医疗费用负担。

强化民政兜底，提升保障能力。2015年以来，将符合城乡低保、特困供养、孤儿及事实无人抚养儿童条件的困难群众全部纳入相应保障，做到应保尽保、应养尽养、应兜尽兜。目前，全县共有低保对象34973户66466人，累计发放低保补助资金68823.91万元；特困供养人员1723户1754人

（卡户 451 户 467 人），累计发放特困供养金 4779.99 万元；孤儿及事实无人抚养儿童 490 人，累计发放孤儿及事实无人抚养儿童生活补助金 2771.71 万元。对照“无业可扶、无力脱贫”标准，对通过发展生产、易地扶贫搬迁、生态补偿、发展教育等帮扶措施，仍无法脱贫或家庭中主要劳动力完全或部分丧失劳动能力的 3534 人纳入兜底保障，为 5142 名建档立卡贫困残疾人发放残疾人“两项”补贴 2607.25 万元，建档立卡贫困户养老保险参保做到全覆盖。

创新金融扶贫，解决资金难题。制定落实《巧家县金融支持精准扶贫实施方案》，各金融机构加强扶贫开发的信贷支持与金融服务，精准对接重点项目、特色产业、贫困户金融服务需求等，累计发放各类贷款 20.53 亿元。财政安排扶贫小额信贷风险补偿金 4200 万元，在对应承贷金融机构开设专户进行管理。制定实施《巧家县扶贫小额信贷风险补偿金管理暂行办法》，对放贷程序、风险防范、资金使用方向等做了规范，县级制订计划分配、贴息期限、贴息利率和贴息资金总额，村级初审、乡镇审定贴息对象和贷款额度，再由金融机构自主确定是否放贷，放贷后乡村协助金融机构对贷款使用情况跟踪问效。

提升人居环境，改善村容村貌。将解决“两不愁、三保障”突出问题和提升城乡人居环境整治有机结合起来，按照每个村民小组召开 1 次动员会、每月每组集中全体村民清理 1 次、每月入户集中检查指导评比 1 次“三个一”措施，组织发动全县干部群众全力打好人居环境整治人海战。2019 年，投入资金 3233.5 万元（县级筹措 1700.1 万元，省级补助 1533.4 万元），实施农村无害化卫生户厕改建 28335 座、行政村公厕建设 40 座；投入 168 万元建成乡镇镇区公厕 42 座；投入 409.4 万元开展村庄清洁行动，集中清理村庄农户房前屋后和村巷道、塘沟、残垣断壁、畜禽养殖粪污等农业生产废弃物。投入各类资金 1976 万元（县级财政 400 万元），实施农村环境综合整治项目 8 个、金沙江流域水污染治理项目 5 个，药山镇污水收集处理项目 1 个。以自然村为单位，组织农村公益性岗位 2619 人实行“包村”

全程管理；乡村定期组织对农户人居环境进行评比表彰，建立健全村规民约，实行“爱心超市”等激励机制，引导群众操家理务。

脱贫攻坚是一场硬仗，打赢这场硬仗要有敢于担当的勇气和坚韧不拔的斗志。如今，一户户贫困家庭脱贫增收，一个个贫困村实现华丽蜕变、一项项民生工程建设在巧家这片热土上落地见效就是最好的诠释……

漫漫扶贫路，悠悠惠民情。在脱贫攻坚战场上的这几年，巧家始终坚持等不是办法、干才有希望，县委班子团结带领全县干部群众，不等不靠不懈怠，苦干实干加油干，扎实推进精准扶贫精准脱贫。经过这几年的洗礼和磨炼，塑造出了感党恩、能奋斗的群众，淬炼出了特别能奉献、特别能攻坚、特别能干事的党员干部。脱贫攻坚之路，是巧家干部职工以实干践行初心，用担当承载使命的道路，一条条山区公路蜿蜒延伸，一件件管网水窖落户农家，一户户安全住房拔地而起……五年来的汗水没有白流，五年来的努力换来了老百姓幸福的笑脸，绘就了一幅脱贫奔小康的美丽画卷！

编撰办公室

2020 年 11 月 16 日

本卷前言

欲知大道，必先知史。

文化是魂，存史是根。文史资料的征编与出版永远是政协文史工作的生命与使命。“拾遗补阙、立此存照”是政协文史资料的存世特征。为了巧家的文化和历史，县政协乐此不疲。

中国共产党所领导下的脱贫攻坚被称作人类减贫史上的壮举。这一壮举，给世界人民提供了宝贵的实践经验，也彻底解决了中华民族史上几千年未解决的绝对贫困问题，更是实现了古今先贤先烈为之奋斗不息的伟大梦想。2021 年是中国共产党 100 周年诞辰，第一个百年目标——全面小康如期实现。全国脱贫攻坚的圆满收官是对中国共产党成立 100 周年最好的献礼。

在昭通市委、市政府的统一领导下，市政协的统一策划和部署下，向中国共产党成立 100 周年献礼的《昭通市脱贫攻坚大决战实录》编撰工作如期拉开序幕，我县的编撰工作也随之陆续启动。

县委、县政府积极响应市委、市政府、市政协的统一领导和部署，及时启动了《昭通市脱贫攻坚大决战实录 · 巧家卷》编撰议程。中共巧家县委办公室和巧家县人民政府办公室联合印发了《〈昭通市脱贫攻坚大决战实录 · 巧家卷〉编撰方案》的通知。方案明确了实录编撰工作领导组，由县委副书记、县政协主席宋廷柱任组长，县委常委、县人民政府常务副县长胡灵等12位县级领导任副组长，县直23家行业扶贫部门主要领导和16个乡镇党委书记为成员；从4家班子下属机关抽调文字功底较好的人员担任编务工作，县内抽调文史工作能力较强的同志负责业务工作，共抽调14位同志成立了编务组，承担全部编辑工作。

6月5日，市政协陶仁副主席一行在县政协召开了《昭通市脱贫攻坚大决战实录·巧家卷》编撰座谈会，明确了编撰的目的和意义，并对编撰业务工作做了详细指导，对巧家卷的《编撰方案》给予了肯定并提出了中肯和行之有效的修改意见，为整个编撰工作指明了方向，鼓足了勇气，坚定了信心。

7月17日，县编撰工作动员暨业务培训会正式召开，在县委综合会议室设立主会场，乡镇设立分会场，以视频的形式召开到16个乡镇。会上县委常委、县委办主任、县编撰工作领导组副组长罗国平做了重要的讲话，从实录编撰目的和意义、责任和纪律等方面作了具体要求，明确编撰工作要以出精品、出力作的标准向建党100周年献礼。同时昭通学院唐靖教授对编撰工作做了全面详细的培训。

为保证全县上交稿件均衡、记录全面、体例规范，县政协文史委主任、编撰办公室副主任青继荣，于8月24日带领县编务组业务骨干深入全县16个乡镇，对各乡镇编撰工作进行了检查、指导和督查，促进了稿源的进一步均衡，稿子的质量、数量有了飞跃式提高。为了确保稿子的质量和数量达到编撰要求，9月15日全县召开了第二次推进暨业务培训会，会议对前期工作中出现的问题进行了通报，县编务组组长针对问题、带着事例进行了生动培训；并明确县委纪委对此项工作进行督查，用铁的纪律确保编出精品力作。

为了全面确保稿源的丰富性、稿子质量的优越性，也力求客观全面地反映全县脱贫攻坚的方方面面，特别是干部在脱贫攻坚中的作为，为此特设立了“特约稿件”栏目。要求和鼓励乡镇领导班子成员、驻村督导员、驻村扶贫队员每人写一篇。各乡镇村（社区）书记、小组长、党员也参与撰写稿件。

本书有幸收集到了新华社、《云南日报》《昭通日报》三家媒体报记者对巧家县脱贫攻坚的专稿，他们以第三者的眼光看待巧家县脱贫攻坚的记录更令人信服，也为本书添了光彩！

为了开阔视野，拓展思路，吸取经验，学习特长，在县政协副主席、编务办公室主任王德元的率领下，编务组 9 人一行于 9 月 24 日先后到了大关县、彝良县、鲁甸县与同人专家、能手交流学习，提高了编撰水平，进一步增强了编撰的工作的信心和底气。

编务组力求精益求精，编出精品佳作，编务组先后购买了《文史工作概述》《文史工作谈片》等书认真组织学习，力保作品规范合乎文史体例。

全书历时近 4 个月，先后收到来稿 621 篇。

脱贫攻坚既是一场大战，也是一场大考。各人的眼光不同、见解不同，但是无论怎样讲巧家县能够如期脱贫摘帽，历史性地告别了延续千年的绝对贫困，步入小康社会，可谓是巧家历史上的一大壮举。

本书的顺利出版，得益于县委、县政府的正确领导和坚强保障，县政协的有效统筹，各乡镇、各部门的努力，各界的大力支持。在此，全体编务人员表示衷心的感谢。

编撰办公室

2020 年 11 月 16 日

目录

第一编　本卷综述

第二编　产业就业扶贫

第三编　基础设施建设

第四编　易地搬迁扶贫

第五编　教育文化健康扶贫

第六编　挂钩帮扶及社会扶贫

第七编　组织保障

第一编　本卷综述

再难也要把这顶穷帽子甩进金沙江

——写在巧家脱贫摘帽之际

张华昆

2020年5月16日，是巧家全县人民欢欣鼓舞的日子。“巧家脱贫摘帽了！”这个消息在巧家干部群众中奔走相告。2020年11月14日，省政府发布《云南省人民政府关于批准镇雄等9个县市退出贫困县的通知》，正式宣布镇雄县、会泽县等9个贫困县（市）退出贫困县序列。至此，云南88个贫困县全部退出贫困县序列，贫困群众告别绝对贫困。这也标志着巧家县最后一批1946户7039人达到脱贫标准，巧家进入全面小康行列！回首巧家县脱贫攻坚大决战走过的这5年，有艰难困苦，有迷惘困惑，也有欣慰和感动，可谓百感交集、五味杂陈。

无灾不成年的巧家

2014年8月15日，根据市委的安排，我到巧家县担任县委书记的职务。我原以为自己对巧家并不陌生，从地缘关系来看，巧家跟我生活和工作过的昭阳、鲁甸两个县区隔牛栏江毗邻相连，相邻的乡镇自然风光、风土人情、资源物产、人文风俗都极为相近；从历史文化来看，堂琅文化和朱提文化也是一脉相承。可是真正走进巧家第一站——苞谷垴乡，完全刷新了我的认知。

跟鲁甸县龙头山镇一江之隔的巧家县苞谷垴乡，也是鲁甸“8·03”地震的重灾乡镇之一，苞谷垴乡的红石岩村是本次地震中巧家灾区伤亡人员最多的乡镇（全县死亡含失踪 78 人，红石岩村就有 68 人）。从昭通市区出发，一路途经地震后抢通的各种便道，来到牛栏江边，车辆驶过天生桥，就进入了苞谷垴乡的地界。车辆沿着蜿蜒的盘山道而上，沿途随处可见坍塌的土坯房，大片的花椒树被落石砸得满目疮痍，救援官兵正在帮助群众采摘，马倒岩大片的帐篷连在一起的临时安置点红旗飘扬，受灾群众的生活基本有序。我想到受灾最严重的的红石岩村去看看，时任苞谷垴乡党委书记方永远给我说道路还再清理很恼火。我说：“去，就是要看看这条道路的保通情况。”一路上偶尔还遭遇余震和落石，来到即将进入红石岩村的最后一公里，这是被称为打通堰塞湖抢险救援生命线的“最后一公里”，交警坚守在这悬崖边冒着余震落石的危险执勤，这群“悬崖上的哨兵”指挥着车辆观察通行，车辆快速通过这一公里后，堰塞湖出现在了眼前。眼前的场景触目惊心，左侧半边山体仿佛被刀削过一般整体垮塌，形成近 200 米高的堰塞体。水已经消下去了，浮出水面的断垣残壁可以想到地震当时群众惊慌失措的惨烈场景，村总支书记蒋先林介绍，虽然村子还在进行房屋倒塌的登记和公示，但在村干部的带领下，有条件的村民已经开始积极展开生产自救了。沿坡上受灾群众背着箩筐，拿着长竿，全家出动一路上山去采摘花椒。窝凼社的村民周清潮说：“眼下正是花椒成熟的季节，往年 350 多棵花椒全部采摘完要 3 个月时间，收入能到 3 万元左右，今年也没办法了，能摘多少就摘多少。”

我连续几天都在苞谷垴乡和新店镇灾区，这段时间巧家很“热闹”，省委、市委的领导先后来了很多拨人，都是围绕灾后过渡性安置和恢复重建的事宜，在一次次的走访中，我一步步清晰了对巧家县情的认识。

“无灾不成年”，这是巧家人的口头禅。巧家的地形地貌简单概括就是：两江夹一山，最高峰大药山高高耸立在巧家境内，大山被金沙江、牛栏江两条大江深度切割，形成了大山、大水、大峡谷的地貌，山势陡峭挺拔，全县 16 个乡镇就有 12 个乡镇属于最低海拔六七百米到最高海拔 3000 多米，海拔高度随山势抬升动辄就是千儿八百米。依坡就势沿谷居住的群众，大江大河就在脚下却要忍受十年九旱的缺水之苦，滑坡、泥石流地质隐患点多不胜数。抗旱还没有过去，山洪又来了，循环往复，再加上处在小江断裂带地震带上，就形成了巧家的“无灾不成年”。“8·03”地震巧家受灾群众达到 40 万人，恢复重建、生产自救，他们还将承受着旱涝灾害的侵袭。

“人民群众对美好生活的向往就是我们的奋斗目标。”想着总书记的这句话，作为巧家县委的班长，如何抓好恢复重建同步推进扶贫开发，完成 2020 年跟全市、全省、全国同步全面建成小康社会的历史重任，我倍感肩头的责任重大。

三场战役要一起打

时间如流水，一晃就进入了 2015 年。1 月 19 日，习近平总书记带着对地震灾区群众的牵挂，顶风冒雪来到了鲁甸县龙头山看望慰问受灾群众，对昭通市扶贫工作作出了重要指示，为昭通脱贫攻坚作出了具体要求。昭通市委、市政府认真贯彻落实党中央和省委、省政府各项决策部署，立足昭通发展全局和市情实际，提出以脱贫攻坚统揽经济社会发展全局的工作思路，围绕脱贫攻坚这个主旋律，从领导架构、体制机制、政策措施、人财物力等重点环节科学布局，使各项工作向脱贫攻坚看齐、各种资源向脱贫攻坚聚焦、各方力量向脱贫攻坚汇聚，向脱贫攻坚发起总攻。

“8·03”地震恢复重建各项工作紧锣密鼓推进，脱贫攻坚总攻的号角又吹响，在巧家，还承担着援建白鹤滩水电站的历史使命。白鹤滩水电站是国家实施“西电东送、云电外送”的骨干工程和新时期能源战略的重点工程项目，是在建世界第一大水电站，2020年必须完成巧家库区近5万人的移民搬迁，2021年5月下闸蓄水，7月1日首台机组发电向建党100周年献礼。地震恢复重建、脱贫攻坚、水电移民，每一项都是摆在巧家县62万名干部群众面前的时代命题，历史重任，是实现中华民族伟大复兴百年目标和向中国共产党建党100周年献礼的政治任务！

三场战役要一起打，这是县委一班人都清楚明白的职责和使命！但是怎么打好、打赢这一场场攻坚战，夺取全面的胜利？作为班长，要怎么带领县委一班人厘清思路、确定重点、明确责任，迅速组织干部群众向一个个堡垒发起攻坚拔寨的战役？

正在这些问题令我夙夜难寐时，陆颖县长跟我沟通交流中，对巧家县情提出了五个并存：“历史悠久和发展滞后并存、区位优势和交通不便并存、资源富集和产业弱小并存、文化厚重与教育滞后并存、山川秀美和生态脆弱并存。”我说：“还要加上一个——历史性挑战和千载难逢的发展机遇并存，三场战役要一起打，这是巧家发展中遇到的历史性挑战，但是三场战役带来的发展机遇也是千载难逢的，我们统筹打好三场战役，巧家必然迎来千年未有的大变化。”

经过一次次的会议讨论和沟通交流，县委一班人对于三场战役一起打的思想基本统一，思路逐步成熟，就是：“立足巧家县情和发展实际，以脱贫攻坚统领经济社会发展全局。以恢复重建为契机，先开展道路交通和民房建设两大攻坚战，力争在2016年春节前完成“8·03”地震民房恢复重建任务，让苞谷垴乡和新店镇两个重灾乡镇和其他乡镇基础较好的村通过恢复重建夯实基础率先脱贫，恢复重建实现阶段性目标；2016—2018年大干‘四网建设’，即交通路网、农村电网、水利管网和通信网络。持续抓好民房建设，统筹抓好教育卫生行业扶贫，大力发展产业、推动就业，力争到2018年脱贫一大批乡镇和村，2019年全面补齐发展短板，实现全县脱贫摘帽；2019年同步全面启动水电移民工作，2020年集中精力大干水电移民，确保2021年5月白鹤滩电站下闸蓄水，7月1日首台机组发电向建党100周年献礼的目标实现。”

目标确定了，规划要先行。根据发展目标，我建议政府在做“十三五”经济社会发展规划时，以脱贫攻坚为统领，分阶段做好三个规划：首先是要做好“8·03”地震恢复重建的规划，在规划中要突出基础设施建设先行，统筹规划好道路交通和“一房四网”建设，夯实脱贫攻坚的硬指标；其次是要以人民群众增收致富为中心做好产业发展规划，结合巧家“两江夹一山”的地理条件和土壤、温度、湿度、立体气候等综合因素，对巧家的产业布局进行全面系统科学规划，一产凸显高原特色农业和热区果蔬产业相结合，二产以清洁能源开发为主，三产以乡村文化旅游为主，作出科学合理的产业布局规划，进一步延伸产业链，增加附加值；最后是要结合白鹤滩水电站带来的发展契机，做好水电移民安置和新型城镇化建设发展规划。

2015年以来，我们根据县情、贫情、民情定方向做决策，聘请专业团队实地考察调研作规划，发改、住建等部门联合编制了《鲁甸“8·03”地震巧家县恢复重建规划》；聘请了中国农大、四川吉地公司专家，编制了《巧家县农业产业发展规划（2018—2025年）》《巧家县果蔬产业发展规划（2019—2025年）》；聘请华东院编制了《金沙江白鹤滩水电站巧家县库区移民安置规划》《巧家县城市总体规划（2017—2035年）》。

为了让规划科学合理并具有可行性，县委一班人可谓是殚精竭虑，熬夜是经常的，甚至一熬就是几个通宵。我印象最深的是为了做好“8·03”地震恢复重建规划中道路交通建设子规划时，陆颖县长就带着相关部门熬了三个通宵，经过激烈的争论规划才成型，看着同志们疲惫的身影和欣慰的笑容，看着沉甸甸的规划书，我看到了一位位共产党员的忠诚和担当，对于打好打赢这三场时代命题的战役，充满了信心和期望。

最大的拦路虎是路不通

2015年3月6日至9日，我陪同时任市委书记刘建华同志用三天的时间跑完了白鹤滩镇、苞谷垴乡、老店镇、崇溪镇、新店镇、小河镇、红山乡、东坪镇、茂租镇、大寨镇10个乡镇，一路跋涉，建华书记说得最多的就是道路交通的问题。在小河镇调研的时候，建华书记说要到苗族聚居的马鞍村去看看，沿着盘山道来到马鞍村，苗族群众居住的土坯房矮小破旧，走的羊肠道泥泞难行，大多数群众都是使用苗语进行交流，包括在校的学生，三年级以下的娃娃不会说汉语占多数。建华书记对马鞍村的现状总结为“四个严重滞后”，即：“以道路交通为主的基础设施严重滞后，以村容村貌为主的农村人居环境改善严重滞后，以教育为主的社会事业严重滞后，以产业建设为主的经济发展严重滞后。”

从小河镇到红山乡再到东坪镇，通乡油路还未铺设，红山乡牛栏村要从东坪镇绕行才能到达，乡到村要三个小时以上；茂租的鹦哥村，村子在悬崖下，没有通村公路，村民出行靠号称亚洲第一高溜的一条溜索“溜过”四川省凉山州布拖县龙潭镇购物，基本不到茂租镇赶集。一路走来，建华书记听着这些情况汇报，不时跟我强调道路交通问题，他说：“全省五网建设中路网排第一，一定要融入全省的发展战略，把握好发展契机，尽快打个翻身仗。”

当说到全省道路交通巧家排第128位的时候，我的脸阵阵发烫，道路交通是经济社会发展的大动脉，这是不争的共识。巧家道路交通发展实在太滞后——时至2015年，全县仅有公路2362.2公里，高等级公路为零，公路覆盖率仅为0.7公里每平方公里。公路等级低，畅通能力弱，16个乡镇油路通畅率仅达75%，行政村公路硬化率仅有35%，行政村客运开通率60%，建设难、出行难、流通难问题突出。

大干交通建设，巧家县委、县政府一班人本来就是不待扬鞭自奋蹄，再受到刘书记的鞭策，大家都攒足了劲，统一了思想，抓住道路交通建设牛鼻子，跑出巧家发展“加速度”，2015 年以来，全力推进县乡村组公路和高速公路建设，截至 2019 年年底，共争取重点交通项目 107 个，总投资 160 亿元，比“十二五”时期增长 960%；建设农村公路 3914.49 公里，全县公路里程达 6413.14 公里，农村交通建设成绩跃居全市、全省前列。当然尤为值得自豪的是几件具有里程碑意义的大事，一是格巧高速通车结束了巧家不通高速的历史，都香、会巧、鲁巧、沿金沙江四条高速又纳入了国网、省网的盘子，巧家高速公路时代已经呼之欲出；二是乡镇四通八达的“三小时交通圈”已经形成，完成了几届县委的夙愿；三是 2017 年完成通村硬化路 100%，2018 年 5 月，整合资金 1.5 亿元建成鹦哥溜改桥项目，“亚洲第一高溜”退出历史舞台。

道路通、路路通，一条条云端公路、壁挂公路、盘山公路通达千家万户，巧家 62 万人勠力同心啃下了交通建设硬骨头，彻底打通了发展大动脉。2019 年一次下乡途中，我再次来到退出历史舞台的鹦哥溜，看着鹦哥桥虹桥卧波的壮丽景观，慨叹对面半崖上壁挂公路的艰辛历程时，传来了一首山歌：“上是岩，下是岩，中间凿出玉带带，不用爬坡再上坎，咂杆烟就到茂租街……”歌声悠扬在山谷飘散，洋溢着通车后鹦哥村民的幸福和豪迈。

搬进新居过新年

安居方能乐业。住房问题是民生大事，关系千家万户的基本生活保障。百姓的住房，一直是习近平总书记最牵挂的事。考察调研时，他总是关心百姓住得好不好、房子暖不暖。“不断实现全体人民住有所居目标！”“只要还有一家一户乃至一个人没有解决基本生活问题，我们就不能安之若素。”习总书记在每年新年致辞中，都念念不忘百姓的“家”。

沿着习总书记指引的方向，作为在脱贫攻坚第一线的指挥员，解决好群众住房问题始终是县委、县政府在脱贫攻坚中要抓好的头等大事。“8·03”地震灾后恢复重建体量最大的就是民房重建，2015年，市委、市政府的领导来巧家调研必看的民房恢复重建推进情况，反复强调要抓进度、保质量，殷切嘱托要确保群众能早日搬迁入住温暖过冬。为了贯彻落实好市委、市政府领导的指示，我对全县干部提了两点要求：“要以决战决胜的信心和攻坚克难的勇气，做到不让任何一户恢复重建户掉队、不让任何一名受灾群众挨饿受冻。”2015年，走到全县各乡镇都是大干民房建设热火朝天的情景，民房恢复重建快速推动。

2015年12月16日，苞谷垴乡第二批82户受灾群众乔迁新居，我带领县四家班子领导到苞谷垴乡看望群众。天刚蒙蒙亮，提火盆、背粮食、搬家具、放鞭炮的声音响彻了小营新区，县艺术团组织的文艺演出也随之拉开了帷幕，一片喜庆、热闹的景象。时值年末岁首交替，干群同庆共同祝愿新的一年风调雨顺、五谷丰登、红红火火、平安顺利。随着小营新区82户群众搬迁入住，标志着全县16790户恢复重建户民房全部完工通过验收并搬迁入住，搬进新居迎新年，这是幸福生活的新起点，也是巧家易地搬迁安置的新探索。

一方水土养不活一方人是巧家大部分建档立卡贫困户最真实的生活写照，巧家县药山镇洗羊塘村是尤为典型的代表，这个贫困知名的“明星村”，所有到过的人都感到揪心，这里发生的故事在外界听来就是天方夜谭：七八十岁的老人突然问你一句“今天的毛主席是哪个”让你啼笑皆非；四五十岁的中年人问你县城什么样，据说他们最远就是村子里嫁姑娘送亲到过隔壁马树镇。高寒冷凉的自然条件，闭塞落后的精神世界，精神的贫穷比物质的匮乏更加可怕，这里的很多人家连银行储蓄都觉得信不过，攒点现金通常用塑料袋裹好塞入墙缝里、压在枕头角，时有被老鼠咬坏了现金的故事发生。把他们从这里搬出去，这是我来巧家前几任县委就规划的行动，鉴于各种原因搁浅。到了2016年群众还在土坯房、茅草房，甚至还有在杈杈房里生活着，以洋芋为主食，以土堡子为燃料，过着与世隔绝的生活。“用两年的时间必须把他们搬出去！”我给药山镇和老店镇党委、镇政府下了死命令，安排县委副书记和县人大主任两名处级领导具体抓督促落实。在强有力的推动下，洗羊塘8个村民小组206户787人于2017年7月全部搬迁到老店镇尹武新村，茅草房变身“小洋楼”。群众彻底告别了“坡脚喊来坡上听，走路走到脚转筋，吃的都是洋芋饭，穿的全是布巾巾”的日子。

易地扶贫搬迁是解决一方水土养不活一方人的深度贫困群众的好路子，脱贫攻坚大决战以来，巧家先后启动67个易地搬迁安置点，县内安置了贫困人口3023户12395人。整村搬迁的就有药山镇洗羊塘村和东坪镇道角村，贫困群众搬出大山天地宽，大山里的村庄消失了，产业结构重组、生态环境重塑，洗羊塘村变成了一片光伏发电场和一个大水库，道角村成为中草药种植和肉牛养殖种养循环的基地。2019年6月，市委杨亚林书记到东坪调研时对于道角的整村搬迁经验给予了高度评价，“道角经验”成为巧家易地扶贫搬迁的一张名片。

大建易地扶贫搬迁安置点，让贫困群众一步进城上楼，靖安新区、卯家湾新区两大安置点的建设，是市委、市政府的大手笔。2019年12月20日，又是年末岁首辞旧迎新，鲁甸县卯家湾易地扶贫搬迁安置区热闹非凡。来自巧家县大寨、新店、红山、药山、崇溪、马树、老店、茂租等乡镇的42户建档立卡贫困户，高高兴兴地坐上客车，奔赴卯家湾入住新居，开启新的生活。我带着县四大班子领导来到老店镇搬迁过来的贺传达家看望他时，他高兴地说：“感谢党和政府的关心和关爱，让我们住进了新的家园。如今，搬过来了，老人看病方便，娃娃上学也方便。”淳朴的话语洋溢着感恩，但是我知道住上新居过新年这只是一个起点，开启新生活路还很长。我交代派驻卯家湾负责搬迁安置工作的同志，一定要多与搬迁群众沟通、交流，了解他们的困难和问题，真真正正地做到为搬迁户解难事，办好事，确保他们全部顺利入住，安心入住。

2020年9月，一次出差的机会，我顺路再访卯家湾，看看这大半年来群众的生活状况，巧家县整体搬迁的 3574 户 14573 人已全部入住。来到广场，看见几个老人正在表演一个快板，凝神一听，非常有意思。老太太的快板词是：“我自从来到卯家湾 / 心里天天都喜欢 / 卯家湾啊卯家湾 / 真是有点不简单 / 宽房修起几百间 / 搬迁人员一家有一间 / 各个坐起都喜欢 / 上上下下坐电梯 / 人人坐起多开心 / 又好玩又好耍 / 没得钱儿（政府）打上卡 / 共产党好英明 / 通知明天来拿钥匙 / 拿起钥匙看一看 / 家里东西也没得 / 没得东西咋个办 / 没得东西就去买 / 拿起钱儿什么东西都买齐 / 全家老小都欢喜 / 同志们 / 吃水不忘挖井人 / 翻身不忘共产党 / 同志们 / 时时刻刻记在心 / 不要忘记党的恩来 / 党的恩！”最简单的表演方式、最朴素的语言，却是对我们工作最高的肯定，看到群众过上开心快乐的日子，这些年我们的所有付出都值！

鼓起钱袋子才能说硬话

贫穷不是社会主义，发展才是硬道理。精准扶贫，战胜绝对贫困建成全面小康推进乡村振兴，说到底就是要帮助群众增收致富。“鼓起钱袋子才能说硬话！”这是普通群众都明白的道理。

巧家 3245 平方公里的国土面积上生存着的 62.5 万人，打工收入是绝大多数家庭的主要经济来源，自 20 世纪 80 年代末第一代农民工离开土地谋发展开始，现在有的家庭已经子承父业代代相传“培养”出了第三代农民工。农民工的群体大量出现，很大程度上是拉动了经济收入，带动了发家致富，有的村干部甚至不无自豪地说：“一人打工、全家脱贫！”但伴随着农民工经济的短期繁荣也出现了大量的社会问题，如大量空心村的出现、社会养老问题、孩子教育问题、农村的经济发展动力不足问题。在经济社会快速发展、科技创新日新月异的今天，农民工的打工之路还能走多远，农村的经济发展支柱长足发展到底靠什么？带着这一系列的问题，我决定到巧家县国土面积最大的乡镇去多走走看看。

“比水富市国土面积仅少 7 平方公里的老店镇，地处巧家县的腹心地带，东南部跟马树坝子毗邻相连，地势相对平坦，土地平整，气候条件较好，是巧家县高原特色农业发展的核心区域；西北部连接药山山脉主峰，跟新店、药山、崇溪、中寨等乡镇接壤，多为连片石漠化地区，生态脆弱，地广人稀。”听完了时任老店镇党委书记朱刚对镇情的介绍，我说，“去尹武海坝看看嘛。”来到尹武，正是春耕时节，海坝里到处是耕牛，有把马套上犁铧耕地的，有双牛一起拉犁铧的，到处是吆喝牛马的声音，犁沟后面，跟着一群丢种和施肥的，老人小孩齐上阵，一派热闹景象，倒有一些世外桃源的味道。一路走着看着，我的心阵阵发紧，曲辕犁的使用是 1000 多年前的耕作方式，可是在今天依然如故。在巧家，这依然是比较先进的耕地方式，其他乡镇没有这样平整土地，还完全靠一把锄头打天下。沿袭几千年不变的耕作方式，农民在土里刨食怎么会有光明前景，难怪青壮年大量“逃离”农村，宁愿在城市里去卖力气。“这些年有没有组织过对农民种地的培训？”面对这个问题，镇村的同志面面相觑。问完，我也哑然失笑了，是啊！镇村没组织，县里面也没有安排啊，再说了，教农民种地，在农民看来也是一个笑话，他们祖祖辈辈就是这样耕种的。

2017 年 1 月，《塘约道路》正式出版了，这场及时雨为解决贫困山区农业发展、农民组织、劳动力转移、培育新型经营主体、培养新时代农民给出了很好的参考答案。学习塘约道路，结合巧家县情，进一步完善产业发展规划，确定产业发展项目。在中国农大等专家团队编制的规划的指导下，结合昭通市高原特色农业产业发展的导向，确定了马铃薯、生猪、肉牛、林产业、果蔬、热区特色经作等 6 大主导产业。产业项目细化了，要从根本上解决农民不会种地的问题，只有走产业发展组织化、规模化、规范化道路，外引内培龙头企业，流转土地，建立科学的利益联结机制，让群众共享产业发展成果。

在这个思路指引下，以县教投公司为代表的县属国有龙头企业应运而生了，以党支部领办农业专业合作社形式为主200多个新型经营主体蓬勃发展；引进了广东温氏食品集团、南京云田网络科技股份有限公司、东莞市百康肉类销售有限公司、湖南鑫广安农牧股份有限公司等17家知名企业，推动“8个万”（万亩优质草莓基地、万亩蔬菜基地、万亩马铃薯基地、万亩林下仿野生食用菌基地、万亩甘蔗基地、万亩蚕桑基地、万头生猪养殖小区、万羽蛋鸡养殖场）；“9个千”（千亩种薯扩繁基地、千亩种苗繁育中心、千亩软籽石榴基地、千亩火龙果基地、千亩荷兰豆基地、千亩花椒新品种引试基地、千箱中华蜜蜂养殖基地、千头肉牛养殖场、千头黄毛乌金猪养殖场）产业项目发展。巧家的产业算是热火朝天搞起来了！

以高原红土、万亩杜鹃闻名的马树镇成为产业发展的明星乡镇。产业发展了，老百姓的收入到底咋样？带着这个问题，2019年3月，我再次来到马树草莓基地，数千亩连片的大棚蔚为壮观，每个棚里有10多个群众在除草，大多是妇女。了解得知，一个人在大棚每天务工七八个小时，日工资80元以上，在除草季马树上万亩草莓基地每天用工量在4000人左右，到了采摘季，采摘分级包装用工量可以达到5000人以上，马树镇及周边乡镇的群众还满足不了用工要求，会泽县大桥乡都有群众自带干粮来基地打工。马树社区党委书记陈光华给我们算了一笔账：“在草莓产业的发展中，通过挂联建档立卡贫困户关联分红，每户就算不在草莓基地打工也有1189.6元，再加上打工的收入和土地流转费用，有些老百姓一年下来有四五万元的收入。”

草莓产业是巧家农特产业的一个支柱，“公司+集体经济+合作社+建档立卡贫困户+基地”利益联结模式逐步成熟，在几年的努力下，老店、马树两个镇两个生猪养殖小区21个养殖场全部建成，年出栏30万头的生猪高效规模养殖小区“破土而出”；建设肉牛育肥场4个、能繁母牛养殖单元8个、林下土鸡养殖26万羽；万亩连片的种养循环蔬菜基地大棚钩栈相连；万亩夏季草莓冲刺“全国最大夏季草莓基地”；5万千瓦集中式光伏、

140 个村级光伏电站、7164 户户用光伏“借光”脱贫……

通过新型主体带动、培训，传统粗放的耕作方式彻底退出了历史舞台，越来越多的外出务工、创业人群回乡创业，新时代农民眼界开阔了、思路灵活了，科学种植、养殖的促进下钱袋子也一天天鼓起来了。

人是决定一切的因素

建好党支部，带动一村富。这是白鹤滩镇中村村发展实践中进一步证实的真理。“中村村能有今天，全靠张发德。”这是我到中村村多次听到群众说的话。中村村在张发德牵头的村两委带领下，几年的时间，户户通公路，打响“玉屏山鸡”特色养殖品牌，修起了文化广场，办起了乡村文化旅游节。习近平总书记指出：“党的根基在基层，打赢脱贫攻坚战，关键要看基层党组织的战斗力。强化农村基层党建，抓实队伍建设，对于如期脱贫至关重要。”

2016 年以来，围绕习总书记提出的六条精准，我们反复筛查、动态管理，精准了扶贫对象，解决了帮扶谁的问题；紧接着解决的就是谁来帮扶的问题，县处级领导带头全面下沉一线，盯到村、抵到户，组织干部一户一户“过筛子”，排查贫困户“两不愁、三保障”方面的问题，一项一项“清零销号”，扎实开展补短板、强弱项工作。省市县 105 家挂钩部门、179 支驻村工作队、570 名驻村队员、3800 余名帮扶干部“尽锐出战”，在脱贫攻坚一线，实现了帮扶力量“五个全覆盖”。即所有贫困村驻村工作队全覆盖，选派第一书记全覆盖，县直单位包村全覆盖，县级领导挂乡联村全覆盖，结对帮扶全覆盖。

人是派到村连到户了，工作是否沉下去了、身子是否俯下去了？2018 年 5 月 13 日，我到红山、小河等乡镇调研脱贫攻坚工作时，了解到部分包保单位下沉一线开展工作的力度不够，少数包保单位主要领导、分管领导、包保干部深入实际、进村入户帮扶贫困户、解决贫困户问题远远不够；少数乡镇党政主要领导、分管领导对脱贫攻坚工作高度重视，极少数的乡镇副职还存有脱贫攻坚是分管领导的事，其重视程度远远不够。在全县2018年扶贫开发领导小组会议上，提出必须尽快出台严明脱贫攻坚工作纪律要求，研究制定了《巧家县深入开展扶贫领域腐败和作风问题专项治理工作方案》《关于进一步严明脱贫攻坚工作纪律的通知》《巧家县脱贫攻坚工作责任追究办法（实行）》等，明确由县人大常委会主任担任脱贫攻坚总督查，县纪委监委成立脱贫攻坚明察暗访组，定期不定期开展明察暗访，狠抓作风问题专项治理，督促加强监督执纪问责。脱贫攻坚作为锤炼干部作风的"大熔炉"，县纪委监委共受理和处置问题线索283件，推动了全县上下转变作风、强化执行，以前少数干部存在的"走读式"驻村、"挂名式"帮扶、"点水式"入户，现在都无处遁形，工作成效明显提高，干部作风明显转变，以踏石留印、抓铁有痕的劲头抓好脱贫攻坚工作。崇高和悲壮是一对孪生兄弟，脱贫攻坚是一场硬仗，要奋斗就会有牺牲，2015年以来，在巧家脱贫攻坚一线4名扶贫干部受重伤，6名扶贫干部为脱贫攻坚工作献出了宝贵生命。

解决了干部帮扶的外力问题，也要解决好群众内生动力的问题，总书记到河北扶贫考察的时候说得非常明确，贫困地区发展要靠内生动力。强调扶贫不是慈善救济，而是要引导和支持所有有劳动能力的人依靠自己的双手开创美好的明天。

怎么解决好"干部拼命干、群众抱手看""坐在墙根晒太阳，等着别人送小康"等懒汉思想呢？我给宣传文化部门和教育部门下了任务。宣传文化部门必须创新载体，搞好自强诚信感恩主题实践活动，要通过深入到村到组到户的宣讲，宣传教育大面，树立正反两方面的典型，组织低保人员参加公益劳动，把"扶贫政策不是养懒汉，美好生活是靠勤劳的双手奋斗出来的"这个道理讲清楚；教育部门以教育均衡发展迎国检为契机，加大教育扶贫力度，让农村贫困地区、贫困家庭的孩子接受公平良好的教育，起码是让他学会一项有用的技能，不能让我们困难群众的孩子输在起跑线上，通过志智双扶，彻底阻断贫困的代际传递。2018 年年底，巧家全县小学入学率 99.97%，辍学率 0.03%；初中毛入学率 105.11%，辍学率 0.3%。全县落实各教育阶段学生资助资金达到 6.9 亿元，实现建档立卡贫困学生全覆盖，顺利通过了国家教育均衡发展验收。

在全党上下深入开展“不忘初心，牢记使命”主题教育活动中，巧家县如期脱贫了。不负良心不负党，巧家的干部在决战贫困的决战中是一次集体的热血偾张与艰难跋涉。常年战斗在脱贫攻坚第一线、与亲人离多聚少的扶贫人，展现出一场抱团作战的精神风貌；我们攻克了一个个贫困“堡垒”，用“辛苦指数”换来群众的“幸福指数”，把“穷帽子”彻底甩进了金沙江！用心血和汗水为时代命题铸就了答案。

（作者时任中共巧家县委书记）

使命在肩　苦干实干　砥砺前行

——亲历巧家县脱贫攻坚工作的回忆与思考

陆　颖

2013年12月，我受组织委派，到巧家县担任县委副书记。2014年1月5日，县人民代表大会选举我担任县人民政府县长。作为县人民政府的第一责任人，我当时面对的主要工作任务是脱贫攻坚。其后未久，鲁甸“8·03”大地震灾害猝发，巧家受灾严重，抢险救援，灾后恢复重建，又给本已十分艰巨的脱贫攻坚工作增加了很多困难。民生所系，政务之要，不管有多大的困难，只能迎难而上。在县委的集中统一领导下，我和政府系统的同志们团结一致、同心协力、统筹全局、突出重点、苦干实干、砥砺前行，脱贫攻坚工作有序推进。2020年5月16日，云南省人民政府正式批准巧家县退出贫困县，6月，顺利通过国家第三方评估抽查检查，巧家县的脱贫攻坚工作取得了决定性胜利。

回忆与思考，记述了我在脱贫攻坚工作中感受最为深刻的几件事，记述了我在脱贫攻坚第一线的所思、所想、所作、所为。无丝毫自矜自许之意，只希望我的回忆与思考能为今后的工作提供某些借鉴。

深度贫困“深”在哪里、“困”在何处?

巧家县是云南省 27 个深度贫困县之一。全县辖 16 个乡（镇）、184 个行政村（社区），有 179 个贫困村，贫困人口 42971 户、172839 人，贫困发生率 29.5%。深度贫困，“深”在哪里？“困”在何处？超越深度贫困的出路又在何方？

2015 年 12 月 15 日，习近平总书记在《做焦裕禄式的县委书记》一文中，对在基层工作的同志有这样一段教导：“不同的县有着不同的资源和禀赋，要把调查研究作为基本功，深入基层、深入群众、深入实际，了解情况，问计于民……情况搞清楚了，就要坚持从实际出发谋划事业和工作，使想出来的点子、举措、方案符合实际情况，不好高骛远，不脱离实际。”总书记言近旨远，指明了基层工作极为重要的工作思路和方法遵循。

遵循总书记的教导，从到职之日起，我便把深入基层、调查研究作为工作常态。几年间，我走遍了全县 16 个乡镇和 184 个行政村，和乡村干部座谈，和贫困群众交流，向工作在乡村第一线的教师、医生、农技人员了解情况，向长期生活、工作在巧家的老同志、老干部虚心求教，也仔细研读了县志等地情资料，我对巧家深度贫困“深”在何处、“困”在何方有了比较客观、清醒的认识，对巧家脱“深”解“困”的举措、方案，也有了一个比较明确、清晰的思路。溯源寻因，我把巧家深度贫困的历史、现状、影响制约因素概括为“五个并存”。

第一，历史悠久与发展滞后并存。巧家置县始于公元前 135 年，古称“堂琅”，后归“乌蛮”，清代改土归流后始称“巧家”。在 2000 多年的历史进程中，虽然也曾有过短暂的大规模矿业开发而呈现的所谓的“盛世繁荣”，但总体上处于“关山绝塞，覆水纵横”的封闭环境，经济社会长期滞后发展，晚清以降的百余年间，情况尤为严重。20 世纪 80 年代国家开始扶贫，巧家一直是国家重点扶持的受援县，40 余年过去，“以解决温饱为中心任务”的目标基本实现，但发展滞后的状况并未改变，且差距越来越大，成为云南省的深度贫困县。

第二，区位优越与交通不畅并存。县地与四川省凉山州和本省的昆明、曲靖界邻，处于长江经济带上游，是云南与内地经济文化交流的重要通道，地理区位优越。但交通不通、物流不畅，难以获得较好的投资开发机会和人才、技术支持，也很难接受滇中经济圈、攀西经济圈、长江经济带的辐射带动支持。

第三，资源富集与产业弱小并存。县地可开发光热、水能、风能资源均排全市前列，已探明矿产资源 10 余种，但受诸多因素制约影响，尚未得到有效开发利用。产业发展的基本状况是“一产不优、二产不强、三产不活”。第一产业仍面临改善生产条件、转变经营理念、确立现代大农业经营模式的诸多问题，缺乏龙头企业带动，未能形成有规模的特色产业，千家万户的小生产与千变万化的大市场未能实现有机对接。第二产业弱小分散，尚未形成规模。20 世纪 70 年代艰难起步的小水电、小矿山、小作坊注定不可能获得充分的发展机会和条件，继后兴建开办的为数不多的几家工厂、矿山，也未能支撑起第二产业的发展。事实上，现代工业从未、迄今也尚未在巧家形成气候。第三产业的兴起更多依赖一产、二产的发展。“一产不优，二产不强”，以物流业、现代服务业、文化旅游业为主导的第三产业尚处于起步阶段，对经济社会发展贡献甚微。

第四，文化厚重与教育滞后并存。巧家历史文化厚重，民族民间文化异彩纷呈，但教育事业历史欠债太多，发展严重滞后，教育设施薄弱、师资力量匮乏、学生辍学失学现象频发。2013 年，全县平均受教育年限仅为 6.69 年，远低同期国家和云南省的平均水平。

第五，山川秀美与生态脆弱并存。金沙江环流于县境西北，牛栏江萦绕于县境东北，大药山崛起于两山环抱之间，层峦叠嶂，山环水抱，风景秀美。但受长期无度开发的影响和破坏，生态环境脆弱。全县 25 度以上的坡耕地有 33.94 万亩，占总耕地面积的 33.94%；水土流失面积达 1752.23 平方公里，占国土面积的54.84%。滑坡、泥石流等地质灾害频发，有的村寨已失去人类生存的基本条件，不少村寨的群众仍挣扎在“人畜饮水愁断肠”的困境之中。

“五个并存”是我对巧家深度贫困现状和影响制约因素的认识。基于这样的认识，我认为巧家要脱“深”解“困”，必须下苦功夫、花大力气解决交通、教育、水利、农村安全住房、农村饮水安全等方面的问题，而破题之举在交通，要以“大交通”推动“大建设”，以“大建设”带动“大发展”，以“大发展”实现“大增收”，啃下交通建设硬骨头，跑出脱贫攻坚加速度。

在县委的集中统一领导下，统筹“五个一批”工程，建立健全责任体系、工作体系、政策体系、投入体系、帮扶体系、社会动员体系、全方位多渠道的监督体系和最严格的考核评估体系，为脱贫攻坚工作提供制度保障。苦干实干，砥砺前行，为完成脱贫攻坚任务尽心竭力，不负党的培养教育和人民的重托。

破题，从交通入手

在调研中，经几位老同志提示，我在1997年出版的《巧家县志》上读到了几段记述文字，节录存考。

一段记述说：“1952年，省粮食厅决定由巧家县调运500吨大米交东川铜矿公路工程处。县政府组织动员了万余名民工，人背马驮，沿金沙江上行数百里，将粮食从巧家县城运到东川因民接收站。时值五六月，山高路险，酷暑难耐，民工在途因中暑、坠江、滚岩死亡27人。历时两个月，调运大米449.5吨。1961年，为将储存在边远地区的‘死角粮’集运到刚刚修通的公路沿线粮点，全县动员民工84560人，历时40天完成任务，民工在途伤残、病亡10余人。”

另有一段记述说：县地金沙江、牛栏江沿岸居民多靠溜渡往来交通，过渡人失事坠江溺亡者时有所闻。1990 年 5 月 5 日，金沙江三滩溜渡缆绳断折翻兜，17 人坠江死亡。

——昨日情景，触目惊心。

交通不通，物流不畅，为时已久，痼疾难治。截至 2014 年，全县有公路 2362.2 公里，公路覆盖率仅为每平方公里 0.7 公里，列全省 128 位；高等级公路为零。行政村公路硬化率 35%、客运开通率 60%。公路等级低，畅通能力弱。2015 年 10 月，因农村公路建设进度滞后，我作为县人民政府的第一责任人被省交通厅约谈。

加快交通建设，改善交通环境是巧家脱贫攻坚的破题之策。我召集交通、住建、教育等相关部门的同志们研究，下决心突破交通这个制约经济社会发展的最主要的瓶颈，为脱贫攻坚赢得机遇、赢得时间、赢得速度。当下要全力以赴做好两件事：一是主动融入国家战略，争取上级支持，建设格巧高速公路；二是破釜沉舟，全力以赴，一年完成 1200 公里的农村公路硬化。对于我的想法和意见同志们都有些畏难：摊子太大、任务太重、实施太难。我理解同志们的担心与顾虑。县地山高坡陡、沟谷深切，公路建设施工环境复杂，投资大、造价高，各方协调也相当困难。1959 年，县政府决定修建全长 118 公里的哨红公路，分段开工，因资金、技术问题几起几落，1989 年 4 月才全线竣工，历时 30 年。1963 年修筑全长 53 公里的巧蒙公路，同样因为资金、技术问题，直到 1988 年 1 月才全线竣工，历时 26 年。现在要建设格巧高速公路，要在一年内完成 1200 公里的农村公路硬化，任务和压力可想而知。但是，既然交通是制约巧家发展的最主要的瓶颈，既然交通建设是巧家人民最关心、最直接、最现实的利益问题，就别无选择，只能迎难而上。认识统一了，我和相关部门的同志们夜以继日地编制规划、方案，同时开始争取上级支持，协调有关各方，动员整合县乡施工力量。在 2016 年的“两会”上，我代表县人民政府公开承诺：集中力量用一年的时间完成 1200 公里的农村公路硬化，2017 年实现全县乡村公路硬化全覆盖。

格巧高速公路原本未列入“十三五”规划，而要依靠巧家县的财力物力建设显然是不可能的。怎样变不可能为可能，我们深入思考，找到了一条路径，县财政拿出1000万元先做好做实规划，挤进全省、全市“五网”建设的盘子。通过层层汇报，多方争取，终于得到市政府领导和省、市交通主管部门的支持，格巧高速公路得以启动建设。2017年3月28日开工，2020年1月2日建成通车，结束了县地没有高速公路的历史，拉近了巧家与省城昆明、与滇中经济圈的空间距离，为滇川渝三省市经济文化交流再添一便捷的通道，也为金沙江白鹤滩电站建设提供了支持。

多方筹资、统筹安排、重点突破，乡村公路建设有序推进。至2017年年底，全县16个乡镇形成了四通八达的“三小时交通圈”，完成全县184个行政村（社区）1335.48公里公路硬化，通畅率100%。2018年争取国开行贷款7亿元，2019年投入1.7亿元，按照“一事一议”模式，政府补助，群众投工投劳，两年共实施村组公路硬化1300公里，新建农村公路1000公里，村民小组通路率达90%，硬化率达70%。

我曾到茂租镇鹦哥村调研，村子濒临金沙江，背靠大山，村民出行完全依靠横跨金沙江的钢缆溜索。溜索跨度400余米，距江面空高260余米，被誉为“亚洲第一高溜”，曾吸引了海内外多家媒体的关注。对于猎奇探险者而言，“亚洲第一高溜”自然是可供鉴赏、品评的奇观；而对于生于斯、长于斯的百姓而言，衣食起居、生老病死都难免要在溜索上攀缘，其情其景又是怎样的艰难与无奈。2015年11月，我们整合资金1.5亿元启动溜改桥工程，2017年完成，“亚洲第一高溜”退出历史舞台。2018年又投资6000万元建成鹦哥村至大寨镇的公路。世代封闭自守的鹦哥村群众走出了封闭，走上了与外部世界交流的坦荡大道。

加快交通建设、改善交通状况、带动经济社会发展，成效初显：破解招商引资难的问题打开了突破口，已引进16家企业发展生猪、草莓、林下食用菌等产业；公路及配套设施建设直接带动贫困卡户36428户，人均纯收入增加1520元，发展新型经营主体217个；极大地方便了乡镇之间、村社之间的商品交换、物资交流，活跃了农村集市贸易；劳务输出开始从“个体零星就业”向“组织化外出务工”转变；助推旅游业、服务业发展效果明显。

突破瓶颈，走出封闭，广阔天地。主动融入国家战略，继格巧公路建成通车，会巧、都香、鲁巧、金沙江沿江公路等 4 条高速公路和昭攀丽、东巧 2 条铁路巧家段建设已纳入国网或省网盘子，其中都香高速已启动建设，鲁巧、会巧高速也即将启动建设。不用几年，巧家出滇主川大通道地位将更加凸显，加速融入滇中经济圈、攀西经济圈、成渝经济圈、长江经济带，赢得更多更好的发展机会。

兴教助学　阻断贫困代际传递

2014 年，我履任巧家县县长后，在调研中了解到，虽然经过了“普六”“普九”的努力，也取得了很大成绩，但教育基础薄弱、师资力量匮乏、辍学失学现象频发、人均受教育程度低的状况依然十分突出。扶贫要扶志、扶智。如果说“扶志”是精神升华，“扶智”则是不可或缺的动力输送。教育抓不上去，便难以激发群众脱贫致富、昂扬向上的内生动力；难以摆脱狭隘封闭、不思进取的落后意识；难以培养造就有理想、有作为、有技能的新一代；难以阻断贫困的代际传递。在“8·03”地震灾后恢复重建和脱贫攻坚工作中，县人民政府始终坚持优先发展教育的行政理念，在组织领导、资金安排、人才支持、项目建设等各个方面优先考虑、优先安排。几年间，在全县财政收支矛盾极为突出的情况下，坚持对教育的投入只增不减。2015 年以来累计投入 21.42 亿元，新建校舍 31.05 万平方米，改善教学设施，提高师资水平，基本实现义务教育均衡发展，义务教育阶段学生巩固率 100%。

2019 年开展“控辍保学”专项行动，我连续几次召开工作调度会，按照“一个不能少”的要求排查义务教育阶段适龄学生在学情况，对失学辍学的学生，一对一包户包人动员入学、劝返复学。遵照义务教育法相关规定，对极少数拒不送子女入学返学的家长，启动司法程序，由法院依法审结或调解结案，辍学失学的学生全部返学、入学。

危房不住人　住人不危房

2019 年 10 月，脱贫攻坚工作已进入最后的冲刺收官阶段，结合开展“不忘初心，牢记使命”主题教育，我到白鹤滩、崇溪、金塘、药山等乡镇调研。在调研的过程中，我看到一些村民仍然住在并不安全的土坯房里，这与我们脱贫攻坚要“全面消除农村危房，实现危房不住人，住人不危房”的目标仍有相当大的距离。我清楚巧家农村不安全住房量很大，在“8·03”地震灾害恢复重建和危房改造中，很大一部分贫困群众住房不安全问题得到了解决，尚未解决的不安全住房还有多少？什么原因？涉及多少群众？我需要一个客观真实的答案，以便采取措施，完成“全面消除农村危房”的任务。

调研回县后，我紧急安排住建部门对农村安全住房情况进行全面的调查统计，要求做到情况清楚、数据真实、全面覆盖。据住建部门调查统计资料，全县不符合享受农村危房改造政策扶持，但仍居住在危房中的农户还有 9870 户，其中，“四类重点对象”524 户，非“四类重点对象”9346 户。看到这个数据我如坐针毡、寝食难安。一方面，安全住房事关群众切身利益，是脱贫攻坚“两不愁、三保障”的重要任务，必须完成；另一方面，要消除如此大存量的危房，政策、资金均尚未落实，而时间又非常紧迫。

那段时间，我白天下乡调研，认真听起基层干部群众的意见建议；晚上与县委宋廷柱副书记、政府黎平副县长一起召集住建、财政等相关部门的同志研究，认真分析、反复论证、统一认识，决定：对不符合现有农村危房改造政策扶持、但唯一居住用房确是危房且自身无力改造的，由县财政出资补贴建设。为了及时解决工作进程中出现的问题，确保工期和质量，我们严格落实“县 10 天一调度、乡镇 7 天一调度、村 3 天一调度”的工作机制和“户户包保”的责任制。对一部分没有劳动力或长期外出务工的农户，采取动员亲朋好友帮建、代建、组织专业施工队伍集中施工等方式推进。功夫不负有心人。通过广大干部群众的共同努力，在巧家县退出贫困县的时间节点内实现了“危房不住人、住人不危房”的既定目标。

有一件事我印象深刻，令我感慨万千。2019 年 10 月 22 日，我到金塘镇大洼村调研农村安全住房情况。走到村里，看到了很多新建的房子，也看到了不少土坯房。我心急，询问村支书杨海军，我说：“你这些土坯房子咋个解决？县上之前就安排了全面排查，必须做到危房不住人、住人不危房，你们怎么落实的？”杨海军告诉我：“这些土坯房子都是没有人住的，是生产用房。有的是建新拆旧未完成的，正在拆。”我不太相信他的回答，有种感觉，他是在敷衍搪塞，在蒙我，我必须探个究竟。我选择了村子中的一个制高点，指着看得到的一间一间土坯房问杨海军，这是哪家的？干什么用的？杨海军一一回答，我默记在心。随后到实地检查，结果证明杨海军所说情况是真实、准确的。我欣慰，我感动，我从杨海军的身上看到了更多的村干部的工作精神、工作态度，他们不计报酬、不计待遇，在脱贫攻坚的第一线任劳任怨、苦干实干，付出了艰苦卓绝的努力，创造了令人尊敬、令人感佩的工作实绩。

人人享有安全饮水

巧家水资源丰富，但受时空分布不均和地形地貌条件的制约，开发利用困难，不少乡镇资源性缺水和工程性缺水并存，人畜饮水极为困难。1978 年，长江流域规划办公室的一份调查报告中，对巧家旱区人畜饮水困难情况有这样一段记述："巧家县有28个旱片，涉及635个生产队，11万人、15万头牲畜饮水极为困难。地处特旱区的大洼大队，全大队306户就有270户缺水，有的要到30里外去背水，牛羊因干渴过度，一遇水源便狂饮而胀死的惨景时有发生。"

——读之令人心碎。

为缓解人畜饮水困难，自20世纪80年代起，在全县旱区推广家庭水窖，"承接天上水，引蓄地表水，雨季收储，旱季利用"。1985年全省人畜饮水现场会在巧家召开，评价家庭水窖"是在严重缺水的分散山区解决人畜饮水困难的有效途径，是巧家旱区群众的创造"。在全省和全国旱区推广。

应该承认，推广家庭水窖为缓解旱区人畜饮水困难发挥了积极作用，但解一时之焦渴与人人享有安全饮用水不是一回事，其间相差何止十里百里。

2015年以来，我们多次开展农村饮水安全情况调查，从水量水质、供水保证率、取水方便程度全方位调查认定，做到家底清、底数明、不漏一户一人。在反复深入调查的基础上，编制了《"十三五"农村饮水安全工程建设规划》，以贫困山区和水源不足地区为重点，集中供水和分散饮水相结合，建立项目库，突出重点，分步实施，确保农村饮水安全工程科学、优选、安全有序推进。五年间，共筹措资金1.86亿元，新建人饮管网731件，人畜饮水窖2295口，有效解决了17.09万人的饮水安全问题，全县乡村人口供水保证率达到90%以上，水质达标率达到100%。"三分建、七分管"，县制定农村饮水工程管理办法和运行管理、经费管理等制度，村（社区）细化制定设施维护、水费收缴和财务管理制度，民主选举产生管水组织、管水员，定期对饮水管网进行巡查维护和管理，确保饮水安全工程"建得成、管得好、长受益"。

"水是生命之源"，饮水安全工程是生命源头第一道健康防护屏障，筑牢第一道屏障，惠及千家万户，泽被后世子孙。

使命在肩　任重道远

习近平总书记于2012年12月29日《在河北省阜平县考察扶贫开发工作时的讲话》中说："做好扶贫开发工作，支持困难群众脱贫致富，帮助他们排忧解难，使发展成果更多更公平惠及人民，是我们党坚持全心全意为人民服务根本宗旨的重要体现，也是党和政府的重大职责。"他殷殷情深地教导我们："郑板桥有一首诗写道：'衙斋卧听萧萧竹，疑是民间疾苦声。些小吾曹州县吏，一枝一叶总关情。'我们共产党人对人民群众的疾苦更要有这样的情怀，要有仁爱之心、关爱之心，更多关注困难群众，不断提高全体人民生活水平。"作为在党教育培养下成长起来的基层领导干部，我该怎样回应总书记的教导与期许，我该怎样回应人民群众的冀望与重托？"路漫漫其修远兮，吾将上下而求索"。

巧家县退出贫困县，标志着巧家脱贫攻坚取得了决定性胜利。但是，要巩固脱贫攻坚成果，加快巧家经济社会发展，全面建成小康社会，我们仍然面临艰巨的任务，仍然需要夙夜在公，毫不懈怠，苦干实干，开拓奋进。

（作者时任中共巧家县委副书记、县长）

不负时代使命　决胜脱贫攻坚

宋廷柱

到 2020 年，现行标准下的农村贫困人口全部脱贫，是党中央向全国人民作出的郑重承诺，必须如期实现。作为云南省 27 个深度贫困县之一的巧家县，预计 2019 年脱贫摘帽，时间紧迫，任务十分艰巨。

我于 2017 年 12 月到巧家任县委副书记，此时巧家脱贫攻坚工作真正进入了攻坚拔寨的阶段。我作为县委分管扶贫的领导干部，必须肩负起时代赋予的使命，拿出决战决胜的勇气，担当作为，迎难而上，苦干、实干，让巧家如期实现脱贫摘帽。

调查研究，找准突破口

还没到巧家任职之前，我受邀到过巧家交流移民搬迁工作的一些经验和做法，对巧家有了初步的认识，而对于脱贫攻坚工作没有很深的认识和思考。到巧家任职之后，才知道巧家县贫困面大、贫困程度深，是一个集边远、山区、贫困为一体的国家级贫困县，收入、住房、饮水、交通、上学、人居环境等问题历史欠账大。2017 年，通过动态管理及脱贫认定，巧家县录入全国扶贫开发信息系统管理的建档立卡对象43568户175355人。我到任时还有26785户102180人未脱贫，贫困发生率为21.1%。

12月底，我先后到金塘镇的双河社区、梨树村，与村干部和群众进行了交谈，发现群众对脱贫的满意度不高，干群关系不够融洽，季节性缺水等问题还很突出。金塘镇在巧家可以说除白鹤滩镇以外，基础条件是比较好的一个镇，存在这种情况让我非常意外，其他乡镇不言而喻。面对的问题多，任务艰巨，时间紧迫，要实现贫困户脱贫、贫困村出列、贫困县摘帽，作为分管脱贫攻坚的县委副书记，我应该怎样才能把工作做得更好？怎样才能当好参谋和助手，让巧家如期脱贫摘帽？我深感责任重、压力大。

毛主席说过，没有调查研究就没有发言权，为了让工作能有的放矢，我先后到16个乡镇贫困情况异常突出的村（社区）开展调查研究，搜集第一手工作材料，汲取基层工作的经验，力求做到吃透上情、掌握下情、熟悉民情，对全县精准脱贫进行分析研究，做到了脱贫攻坚领域问题早发现、早研究、早报告、早安排、早处理。

老店镇新村社区，是由海拔最高、基础设施最薄弱、经济发展最滞后、贫困程度最深，已经丧失了基本生存条件的药山镇洗羊塘村通过整村迁移组建，全村于2018年3月全部迁移完毕。因组建新村后人口增加，与周边村民小组共同分享水资源，导致生产生活用水严重不足，周边群众意见较大。为解决好老店镇新村社区群众饮水问题，2018年3月，我带领县水务局的同志和镇、村干部在大山深处寻找水源。为尽快找到水源，我拜访了村里的“老一辈”，了解自然环境和山形地势，获取更多的信息。顶烈日、冒炎暑，经过努力，终于找到了水源点。我立即跟进项目实施，半个月内解决了老店镇新村社区1125人安全饮水问题。在找水源的过程中，我通过水务局同志了解到：巧家县多数水利工程由于投入不足，建设标准低，运行时间长，蓄水不安全，防洪能力低，加之水资源时空分布不均衡，特别是空间分布不均，在金沙江、牛栏江两江河谷干旱尤为突出，季节性缺水成了贫困户脱贫一项重点难题。为解饮水保障问题，我回到县城相继多次召集相关部门进行研究，多次到实地开展调研、督促项目推进、加强水质水量监测。2018 年以来，通过督促落实各项措施，共解决 12.3 万人饮水安全问题，实现了建档立卡贫困户取水方便程度和供水保证率四项标准全面达标，安全饮水问题得到了有效保障。

随着调研的不断深入，听取基层意见建议，并向书记、县长汇报，全面找准了脱贫攻坚工作的突破口。确定了巧家县坚持以脱贫攻坚统揽经济社会发展全局，重点打好易地扶贫搬迁攻坚战、农村危房改造攻坚战、产业扶贫攻坚战、就业扶贫攻坚战、教育扶贫攻坚战、健康扶贫攻坚战、基础设施攻坚战、综合保障扶贫攻坚战、生态扶贫和人居环境改善攻坚战九大攻坚战的脱贫攻坚工作总体思路，以壮士断腕的决心扎实抓好精准脱贫各项工作，确保巧家如期实现整县脱贫摘帽。

施策精准，不落一人

2019 年 9 月，我到老店镇大海村大烂箐小组贫困户龚国华家里调研时了解到，2018 年其小儿子龚太缘从工地架子上摔了下来，摔伤了大脑，第一眼看上去就觉得不正常，目光呆滞，问他“年龄多大？家里有几口人？”这些最简单的问题都回答不清，只会悄悄地嘀咕说自己的大脑被摔坏了，不管事了，媳妇跑了。经与周边邻居了解，自龚太缘被摔后，媳妇带着儿女回了娘家玉溪，目前只有龚国华夫妇两位年迈老人照顾，生产生活全靠两个老人种地维系，家里生活困难。我向镇、村干部了解情况时，镇、村的同志反映，龚国华家是贫困户，相关政策都已经按照规定给予了支持，但儿子龚太缘摔伤后，因两个老人年迈，没有到相关部门进行残疾等级认定，不能领取残疾补贴。对于一个不幸家庭来说，这是一件大事，没有得到应得到的补贴，生活质量会大打折扣，还谈什么高质量脱贫。于是我立即在龚国华家里电话现场办公，安排16个乡镇全面排查有残疾情况但未进行残疾认定的人员，建立残疾人台账，并联系县残联、县人民医院组织专班，在一周内到各乡镇现场鉴定、现场办证，通过现场办证的方式，全县共办理2148个残疾证，并按相关政策兑现了相应的补助。

对标对表，补齐短板

2019年是巧家脱贫攻坚最为关键的一年，全年要脱贫12961户52325人，加之上半年全县的精力主要集中在了移民搬迁安置上，时间紧、任务重。对照“571”标准，及时补齐短板，是能否顺利通过各级脱贫验收的关键。

2019年年初，我到乡镇调研发现，贫困户安全住房已基本有了保障，但仍有许多非卡户中的边缘户、残疾户等依然住在土坯房子里。为进一步摸清情况，在接下来的10多天里，我走访了10余个乡镇40多个村（社区），了解到这样的情况还有5042户。看到这么大的数据，我心里一下子就紧了起来，立即召集县政府分管领导、县住建局、县扶贫办、县财政局等部门领导进行专题研究解决，但当研究到资金时，扶贫办同志提出没有该类资金支持，没有资金这个亟须解决的问题就可能成了“竹篮打水”。会后，我逐户认真分析了5042户情况，发现这部分群体，大部分是边缘户，多数居住在高二半山，住房抗震等级低，风险系数大，改造工作一刻都不能等。我立即向县长报告此事，县长非常赞同我的想法并说资金他想办法统筹，安排我牵头落实安居房建设，并要求务必在6月30日前建好。得到了县长认可和同意后，我终于松了一大口气，立即召集会议专题研究制定下发了《巧家县农村危房改造“清零”工作实施方案》。老百姓得到指标后大干快上，在短短4个月就完成了5042户群众的安居房建设并搬迁入住，实现了卡户、符合条件的非卡户安全住房全覆盖。

“救护车一响，一头猪白养；住上一次院，一年活白干。”这是巧家农民怕生病、生不起病的真实写照。2019 年 9 月我到马树镇马树社区卫生室调研，遇到几位正在输液的老人，与之交流后，发现有一位老人在卫生院已经输液半个多月，家庭经济不富裕的他已经很难支付医疗费用。向村卫生室医生了解到，因为卫生室网络系统出了问题，暂时不能办理报销手续。我立即与县医保局了解情况，发现其他乡镇也存在此类情况，立即要求县卫健局、县医保局核查各乡镇卫生院、卫生室网络系统情况，一天之内解决了群众不能报销费用的问题。在调研过程中，还发现部分群众没有参加医疗保险，且医疗费用负担过重，存在因病致贫风险，针对此类问题，我积极协调建立完善未参加基本医疗保险人员的医疗救助制度，由县政府投入 100 万元资金建立医疗救助基金，针对未参加医疗保险、且医疗费用负担过重，存在因病致贫风险的人群开展医疗救助，实现医疗救助制度全覆盖。

巧家县义务教育基本均衡发展 2018 年通过国家督导评估认定后，全县教育扶贫工作重点迅速从基础设施建设转向控辍保学工作。全县所有县处级领导、科级干部、乡村组干部和教师对辍失学生落实挂钩包保，采取“四步法”，即上门劝返、面访劝返、情感劝返、跟踪劝返工作措施，全面开展依法劝返工作。针对一些难啃的“硬骨头”，全县下“狠招”出“重拳”，对多次开展工作仍不送适龄子女接受并完成义务教育的父母或法定监护人做到了“应诉尽诉”，实现了“应返尽返”。2019 年以来，全县共劝返辍学学生 709 人（卡户生 465 人），2020 年春季学期，除身体原因不具备学习条件外的贫困家庭适龄儿童少年，义务教育阶段无人因贫辍学失学。

从 2019 年 8 月开始，结合全县的脱贫攻坚精细化管理，还组织全县干部职工，集中时间对全县建档立卡贫困户、非卡户，采用“三问一讲、四看三帮”的方式开展大排查（问脱贫需求、问发展意愿、问满意度，宣讲扶贫政策。看《扶贫手册》和明白卡基础信息准不准，看帮扶措施记录实不实，看帮扶成效记录真不真，看收支情况记录清不清。一帮解贫，帮助贫困户增加收入；二帮解困，着力解决好“三保障”问题；三帮卫生，挂包干部亲自动手带头，对农户房屋周围、客厅等卫生进行大扫除，着力解决“脏、乱、差”的现象）。对拟出列的贫困村由联系的县领导牵头开展拟出列贫困村、贫困户大排查，包村单位和乡镇党委、镇政府、村“两委”共同参与，对照“571”找差距、补短板，并制定问题清单、整改措施，逐项加以解决。最终，脱贫攻坚高质量通过了国家、省级第三方的评估检查。

苦心耕耘，终获成功

巧家在脱贫攻坚战的关键时期，同步推进移民搬迁安置协议的签订，又加之今年新冠肺炎疫情来袭，三场都是硬仗，全县党员干部精诚团结，随时处于战备状态，“轻伤”都下不了“火线”。

2020 年 6 月，巧家脱贫攻坚正面临国家第三方评估检查，肾结石导致我中度肾水肿，到医院检查时，医生建议尽快手术治疗。但迎检工作的重要性不言而喻，后勤保障、道路保通、人员安排、安全保障等细节千头万绪，一旦手术治疗就不能参与本次工作。为了更好地配合做好国家第三方评估检查，我坚持每天服用止痛药这种简单、便捷的方式缓解病痛。有时候药效过了，确实疼得满头汗水，腰都打不直，但我深知责任重大，不能辜负组织对我的信任，更辜负不起巧家干部职工多年以来的心血和汗水。评估检查工作共持续了一周，待检查评估组反馈的最后一件疑似问题通过提供佐证材料进行佐证，并得到评估检查组认可后，我才请假进行手术治疗。

“这些年，共产党对我们太好了，路给我们修通了，水拉到了门口，小孩子读书不要钱，国家每个月都发低保，生病住院也能减免，现在生活比起以前，太好了！前段时间我老毛病高血压犯了去住院，在医院我感觉自己要闭眼睛了，我心里一直念着现在这么好的生活，共产党这么好的政策，我都要使劲睁开眼睛回过来，争取多过两年这样的生活。”2019 年 9 月，我到马树镇小米地走访时，80 岁的老人这样说对我说。听到这样的话，顿感我们工作的意义重大、使命光荣，所有的辛苦付出和压力在那一刻都化作了鼓舞我干好工作的动力。

我到巧家任县委副书记以来，坚持干字当头，始终把实干作为脱贫攻坚的唯一路径。学习、下乡、开会是我的常态，学习时我与政策为友，案头始终摆放着扶贫政策文件，中央、省、市的政策要点记满了 10 余个笔记本；下乡时我与问题较量，每次下乡前都要再次学习最新的政策知识，做大量的功课，确保“查问题、督整改、提要求、促落实”更加精准；开会时我不顾情面，哪个乡镇或哪个部门存在的问题，都一是一、二是二的点出来，该批评的严厉批评，并要求大家必须按时整改好。

两年多来，我时刻对照上级工作要求和书记、县长工作安排，认真开展现场督办、跟踪问效、专题研究等工作，较好地解决了脱贫攻坚工作中人均收入、安全住房、人畜饮水、控辍保学等一系列“急难杂症”。到 2019 年年底全县累计脱贫 41025 户 165800 人，贫困发生率降至 1.36%。2020 年 5 月 16 日，云南省人民政府印发通知，正式批准昭阳区等 31 个县（市、区）退出贫困县序列，巧家县赫然在列，巧家以“零错退、零漏评、高群众满意度”退出贫困县序列，成功摘掉了贫困帽子。

这场轰轰烈烈的脱贫攻坚战，巧家大获全胜！这既是我呈奉给全县人民的一份满意答卷，也是对我躬耕扶贫的回报，我为此而欣慰！

（作者时任中共巧家县委副书记、县政协主席）

当好脱贫攻坚的“指挥员”和“作战员”

黎 平

雄峻险奇的滇东北最高峰药山，奔腾不息的金沙江和牛栏江，层峦叠嶂的大峡谷，形成了巧家“两江夹一山”壮丽独特的自然景观，令人向往，让人迷醉。但与此同时，大山、大水、大峡谷也伴随着巧家生态脆弱、贫困人口多、贫困面广、贫困程度深的贫困县情。精准扶贫以来，全国掀起了决战脱贫攻坚、决胜全面小康的热潮。全县上下聚众力、汇众智、集众志，举全县之力坚决打赢了脱贫攻坚这场“巧家战役”。

我在巧家生活了40多年，能作为一名“指挥员”和“作战员”参与这场战役中，我觉得无比的自豪与荣幸。每每回忆这场战役，我都清楚地记着每一阶段的战果。2015年吹响脱贫攻坚号角时，巧家全县建档立卡贫困人口共42970户172839人，经过五年奋力攻坚，截至2019年年底，巧家179个贫困村（社区）已全部达标出列，贫困人口减至7039人，贫困发生率从29.35%降至1.36%。2020年5月16日，云南省人民政府正式批准巧家县退出贫困县序列。

靶向施策精准扶贫

2015年12月，我从巧家县文广旅局到巧家县人民政府任职副县长，一上任就正好赶上“脱贫攻坚战冲锋时刻”，作为县人民政府主抓脱贫攻坚的领导，沉甸甸的责任压在肩上，为摸清巧家县的致贫原因、贫困程度，我决定开展遍访贫困乡镇和贫困村，对全县16个乡镇179个贫困村（社区）开展遍访，以此来掌握全县各乡镇的贫困情况、精准脱贫各项措施的落实情况、推进过程中存在的主要问题，及时落实各项脱贫要求。

顶烈日、冒风雨，夜以继日、风餐露宿，圆满完成了对16个乡镇179个贫困村（社区）的集中遍访。通过综合分析研判发现，在2015年新一轮精准识别之初，部分乡镇不够重视，导致对象识别纳入不够精准，该纳入的未纳入，不该纳入的却纳入了。为彻底解决好此问题，我要求各乡镇要始终坚持聚焦再聚焦、精准再精准，切实解决好“扶持谁”“谁来扶”“怎么扶”“如何退”的问题。习近平总书记强调过，扶贫开发贵在精准，重在精准，成败之举在于精准。打赢脱贫攻坚战，必须持续聚焦发力、精准有效施策。在2017年全市开展“找问题、补短板、促攻坚”专项行动时，各乡镇牢牢把握了好机会，对贫困人口进行再识别、再精准，全面摸清农村发展现状，全面精准贫困对象，做到“应纳尽纳、应扶尽扶、应退尽退”精准扣好“第一粒扣子”。

脱贫攻坚项目库建设是脱贫攻坚项目精准安排、资金精准使用、工作精准落实、考核精准实施的重要平台。2018年，我带领县扶贫办等行业部门，坚持自上而下的统筹和自下而上的精准，扎实开展“村村清”“户户清”行动，形成了全县村级施工图、乡级路线图、县级项目库，切实扣准精准扶贫的“第二粒扣子”，为之后的补齐短板、争取资金提供了重要支撑依据。

至此，巧家县的脱贫攻坚工作按照“五个一批”“六个精准”要求，在摸清贫困底数、深入调查研究的基础上，科学制订“一户一策”脱贫计划，真正解决好扶持谁、谁来扶、怎么扶、如何退等问题，紧扣“两不愁、三保障”目标强基固本，认真研究制定了脱贫攻坚方案，为全县脱贫攻坚工作进一步明确了时间表、路线图、任务书。

安全住房不漏一户

习近平总书记指出“让贫困群众住上好房子，过上好日子，养成好习惯，形成好风气，是扶贫的战略目标”。安全住房有保障，是实现精准脱贫不可或缺的重要组成内容。

我第一次到药山镇洗羊塘村调研时看到，“随处可见的低矮茅草房，贫困户家中黑漆漆的墙壁，少得可怜的几样家具和房间里面当作主食的几堆洋芋。”新中国都成立 60 多年了怎么还有这么贫穷的地方，洗羊塘的贫困面貌像一块沉重的大石头压在我的心上。“一方水土养不活一方人”，洗羊塘生态极度恶化，水土严重流失，农作物产量极低，加之房屋状况较差、基础设施严重落后、教育卫生发展严重滞后等因素致使群众生产生活十分困难。当地的老百姓最大的愿望就是搬家，唯一的出路就是易地搬迁，我决心一定要让这些区域的人搬出大山，过上幸福的生活。

县委、县政府通过多方调研论证，最终选择了老店镇尹武海坝安置点，搬迁安置工作才正式拉开序幕。但因资金缺乏等诸多原因，迟迟未启动搬迁。为进一步加快推进易地搬迁安置，县委、县政府成立了由县人大常委会主任任组长的洗羊塘村易地扶贫搬迁安置工作的领导组，我任副组长，具体负责综合统筹工作。为确保搬迁安置工作顺利通过，我经常到药山和老店进行调研，经多次组织召开会议研究，我们最终采取“就地安置一批、货币补助进城入镇安置一批、搬迁至老店镇尹武海坝安置一批”的方式进行搬迁安置。同时对居住在海拔 3200 米以上的群众，滑坡、泥石流等地质灾害隐患点影响群众和洗羊塘水库建设淹没区群众全部实施搬迁。对象锁定后，为确保分房过程平稳有序，我提出按照“随机抽号、公开分房、安置户参与”的原则进行。

2017 年 7 月 13 日，洗羊塘人盼望了 10 多年的搬家脱贫梦终于照进了现实。洗羊塘村首批 32 户群众彻底告别居住了几十年的“穷窝子”，搬迁至百余公里外的新家园——老店新村社区。我参加了药山镇为洗羊塘村举行的搬迁欢送会，又随着搬迁的车队匆匆赶到老店新村社区，在入住仪式上，我鼓励乡亲们要尽快融入老店尹武这个大家庭，与当地的群众和睦相处、互相帮助、共同发展，一起创建“生产发展、生活宽裕、乡风文明、村容整洁、管理民主”的美好生活。并看着他们高兴地排队登记、领取钥匙，随着一阵喜庆的鞭炮声响，看他们迫不及待地搬进各自通过摇号选定的小洋楼。如今，药山镇洗羊塘村实现了整村搬迁。

安全住房是“两不愁、三保障”中最为重要的一项指标，“一看房、二看粮、三看有没有读书郎”，住房是起初认定贫困户的重要依据之一。为使人人都住上安全房，住房认定是关键。认定必须要由专业人员鉴定。因此通过多方学习，我们采取聘请第三方住房认定机构，通过“以户找房、以房找人”的方式，对全县所有农村住房进行逐户全覆盖认定，精准锁定了农村危房对象。在实施的过程中，我发现有的贫困农户因建房有大额举债的苗头，为确保贫困群众不因建房返贫，降低农户改造成本，我要求各乡镇严控建房面积，同时对旧房情况较好的，鼓励他们通过修缮加固改造。但修缮加固刚开始群众参与并不积极，为打破这一僵局，在多方调研后，2017 年 10 月 17 日，我选择在崇溪镇柏木村杨家湾村民小组开展“试点”，按照“一户一方案”，组织群众实施危房修缮加固，并组织各乡镇观摩学习。“我家的土坯房盖了大约有 27 年了，墙面墙角破损都很严重，我们一家住在里面很不安全，长期提心吊胆的。还好现在党的政策好，帮我们把房子修缮加固了，不仅加强了房子的承重能力，房屋外观也得到了很大改善，这是没钱拆除重建最适合的解决办法。”崇溪镇柏木村杨家湾村民小组农户刘兴朝介绍道。为在全县全面铺开，掀起实施修缮加固高潮，我要求各乡镇“试点推进”，组织群众代表现场感受，群众反响很好，后面越来越多群众接受了危房修缮加固。

洗羊塘村的易地扶贫搬迁和崇溪镇的危房改造，只是巧家县在解决贫困户安全住房上的一个缩影。相似的案例还有很多，巧家县聚焦“一方水土养不活一方人”的六类重点区域，帮助群众“挪穷窝、断穷根”，于2018年末建成县内易地扶贫搬迁安置点66个，搬迁安置群众4030户15878人；2019年，如期完成3593户14652人跨县区搬迁安置，药山镇洗羊塘村、东坪镇道角村实现了整村搬迁。同时，采取“修缮加固、拆除重建、兜底帮建”等方式，在规定时限内完成农村危房改造，确保住房安全有保障，实现“危房不住人，住人不危房”。截至2019年年底，全县所有贫困人口都住上了安全稳固住房。

为民服务为民解忧

“药山镇大富村石厂村民小组共20户农户，农网改造已经3年，但电一直没有送到农户家，只能用原来电压不足的电网，给群众生产生活带来不便。”2019年5月14日，我到药山镇大富村调研时，驻村摘帽督导员、市广电局副局长陈元奎向我反映了这一情况。随后，我到当地几户群众家查看，在贫困户何其武家中仅有的几个电器都不能同时使用，有时候照明的电灯都不能正常使用，电压不足给石厂村的村民带来很多生产生活上的不便。了解清楚情况后，我第一时间给县供电局打电话核实石厂村电压的具体情况，要求供电局安排专人及时到现场处理。没过多久，我收到了一条陈元奎发给我的短信：“石厂、富坪、水井3社的电已解决，群众非常满意，叫我替他们感谢你。”药山镇大富村石厂村民小组电压不足的问题得到了解决，大家都能正常用上了电。

针对全县所有乡镇和行政村存在用电有问题的情况，我要求巧家县供电局要增强主动服务意识，切实帮助群众解决用电难的问题。目前，全县184个村（社区）全部通380伏动力电，所有贫困户都用上了电。

记得有一次，我到茂租镇油房村冷寨子村民小组贫困户严祥高家调研，该户家中只有父子2人，儿子疑似智力缺陷有辍学风险，未到校就读，实地走访该农户后，我苦口婆心地和这位父亲拉家常、讲政策，告知他义务教育阶段学杂费全免，不送小孩读书是犯法的，读书才能改变未来。建议他立即将孩子送到医院检查，若孩子确实存在智力方面的问题，要及时医治，读书的事情可以为孩子联系到特殊教育学校就读。到医院检查后，该孩子确实存在一定的智力缺陷，经过治疗，孩子情况较之前有了很大的变化。我对接了巧家特殊教育学校，将该学生送往巧家特殊学校就读。教育是阻断贫困代际的唯一方法，我要求各乡镇高度重视控辍保学工作，不仅要将辍失学学生劝回学校，还要因材施教，确保留得住。

在蒙姑镇拖坑村贫困户王忠高家调研时，了解到他家中只有兄弟2人，快到60岁了都还没找着媳妇，享受了两个A类低保和1个公益性岗位，2015年他家修建房屋，主体完工后无钱购买门窗。我帮他家积极争取了资金，及时将门窗安装好，并搬迁入住。在随后的调研中发现此类情况在全县并不是个例，我向张书记汇报了这类人员要脱贫存在一定的困难，2019年县委、县政府统筹研究，要求各乡镇重点关注残疾、“五保”、低保等特殊对象，拿出一部分资金，专门帮助这类特殊对象修建房屋、安装门窗，购置必要的生活用品。

茂租镇油房村是我的挂钩包保村，油房村人居环境整治缺乏资金，部分困难群众因院坝和入户道路未硬化，人居环境较差，我积极对接协调相关部门和爱心企业，为油房村争取到人居环境提升工作经费3万元，为茂租镇募集到水泥100吨，帮助油房村改善人居环境，提升群众幸福指数。

这几年，我大多数时间不是在乡下就是在下乡的路上，多次深入一线，了解群众所需所盼，帮助基层和群众解决实际问题，精准掌握一线真实信息，为指导全县开展脱贫攻坚工作提供了重要的决策依据。

最高兴的一次失眠

2020年5月16日是巧家人应该铭记的日子，这一天，巧家摘掉了贫困县的“帽子”，这一晚，我激动得一宿未眠。2015年的“挂包帮”“转走访”工作；2016年的易地扶贫搬迁“三年行动计划一年实施”；2017年的“找问题、补短板、促攻坚”专项行动对贫困人口识别再精准和易地扶贫搬迁整改；2018年的“村村清”“户户清”行动及脱贫攻坚项目库建设；2019年的脱贫攻坚精细化管理；2020年的省级第三方评估、国家抽查、普查……这几年脱贫攻坚工作的重要节点像放电影一样在我的脑海中一幕幕闪过。脱贫攻坚战打响的这几年中，记不起有多少个失眠夜，但这一次是我最高兴的失眠。

“打赢脱贫攻坚战，中华民族千百年来存在的绝对贫困问题，将在我们这一代人的手里历史性地得到解决。这是我们人生之大幸。”正如习近平总书记说的，五年的汗水没有白流，五年的努力换来老百姓幸福的笑脸和巧家的如期脱贫摘帽，这每一阶段的战果，都凝聚全县干部群众的心血，它是我们这代扶贫人人生记忆中最浓墨重彩的一笔。

时间的车轮滚滚向前，决胜脱贫攻坚的脚步一刻也没停下。我们将按照习近平总书记“脱贫摘帽不是终点，而是新生活、新奋斗的起点”的嘱托，严格落实摘帽不摘责任、摘帽不摘政策、摘帽不摘帮扶、摘帽不摘监管的“四不摘”要求，持续抓好各类问题整改清零，建立健全防止返贫监测预警和动态帮扶机制，抓好产业就业持续帮扶，进一步激发贫困群众内生动力，着力提升人居环境，全面巩固提升脱贫质量，助力巧家乡村振兴全面发展。

（作者时任巧家县人民政府副县长）

十年未竟　一朝梦圆

袁崇彦

今天，当我们走进老店镇的尹武海坝，就会被山脚那一排排错落有致的“小别墅”、平坦开阔极具现代农业气息的机耕地和一个个蔬菜大棚所吸引，这就是洗羊塘易地扶贫搬迁安置点新村社区。

她既是巧家县实施易地扶贫搬迁工作的一个经典缩影，同时也有我参与精准扶贫、进行挂钩开展易地扶贫搬迁工作交出的一份成绩。

一个迟迟难以推进的搬迁计划

药山镇洗羊塘村辖 10 个村民小组 418 户 1641 人，是全县海拔高、基础设施薄弱、经济发展滞后、贫困程度较深的行政村，已经丧失了基本的生存条件。

为加快全县贫困地区的脱贫步伐，2009 年，巧家县委、县政府认真研究，决定将洗羊塘村的贫困群众，整体搬迁到土地资源较丰富，光、热、水等自然条件较好，宜于发展农业生产，无安全隐患的地点——老店镇尹武海坝。随后，便投入大量资金以解决搬迁群众基本生产条件和必要的生活设施为重点，包括安居房、平整改造土地、农田水利工程、通电工程、必要的通路工程等建设。然而，就在2013年这一切顺利完成，即将实施整体搬迁的时候，尹武当地村民却以土地权属不清或这样、那样的理由阻止搬迁工作的进行。巧家县委、县政府虽然多次组织工作组实施这项工作，但却始终举步维艰、难于向前推进。

一个不同寻常的工作方案

为强力推进洗羊塘村整体搬迁安置工作，2016年4月，在巧家县第65次常委会会议上，县委给刚到巧家县人大常委会工作不到两个月的我安排了承担洗羊塘村整体易地搬迁的工作任务。我十分清楚，这是一副啃硬骨头的重担，但是面对全县脱贫攻坚的艰巨任务，作为县四家班子主要领导之一，没有理由不为县委排忧解难，没有理由不勇挑重担。

行动胜于空谈。承担任务后，我随即轻车简从到药山镇洗羊塘村和老店镇尹武村、阿泥卡村深入开展调研工作。在与群众促膝谈心、认真调查研究、走访座谈的基础上，经过多方征求意见、反复讨论修改，于2016年5月21日印发了《中共巧家县委办公室　巧家县人民政府办公室关于印发药山镇洗羊塘村易地扶贫搬迁工作方案的通知》（巧办发〔2016〕11号）文件。这个方案，明确了工作的指导思想、工作原则、工作目标和安置方式，最为重要的是搭建了强有力的工作班子，提供了坚强的组织保障。方案明确：洗羊塘村易地扶贫搬迁安置工作领导组的组长由我担任，常务副组长由李廷鑫担任（县委常委、县委组织部部长），副组长由陈宏（县委常委、县委政法委书记、县委统战部部长）、马江林（县委常委、县人民政府副县长、县驻村扶贫工作队副总队长）、杨朝邦（县人民政府副县长、县公安局局长）、黎平（县人民政府副县长）、杨永玲担任（县人民政府副县长），成员由所涉相关部门及乡镇的一把手担任。

一个搬迁领导组由7名副处级以上的领导同志组成，这在一个县是不多见的。它体现了县委、县政府对这项工作的高度重视，也反映出了这项工作的难度。

一个关键环节的重大突破

民生无小事，枝叶总关情。工作班子组建后，作为组长的我深感肩上担子沉重，毕竟这是一锅时间煮得太久的“夹生饭”，稍有不慎，就可能“煮煳”，甚至推倒重来。因此，我稍作工作安排后，便一头扎进老店镇尹武村和阿泥卡村的群众中开展调查研究。通过与群众的座谈走访、交心谈心，我逐渐掌握了问题的症结所在，原来群众百般阻挠搬迁工作主要原因是：一方面群众的心理不平衡，觉得党委、政府给搬迁群众修了非常好的房子，创造了优越的生产生活条件，而他们祖祖辈辈居住在当地，却没有享受到这么好的条件；另一方面是群众对土地权属的法律规定缺乏深入了解。本来尹武海坝是被季节性涨水长期淹没的一片土地，后被政府投资开发，按照相关法律的规定，其权属为国有，但部分群众在个别人的鼓动下，加之不明白法律规定，便胡搅蛮缠、阻碍搬迁，甚至将开发出来的土地据为己有。

在掌握了问题的症结所在后，我深深认识到，要实现洗羊塘整村搬迁入老店镇尹武海坝的目标，就要重视因投入差距过大造成的群众心理上的断崖效应问题，更为关键的是必须要对争议土地进行确权。确权工作不做好，整个搬迁工作就失去了基础和前提。因此，我一方面向县委、县政府建议加大对尹武、阿泥卡村的扶贫投入；另一方面督促负责土地确权工作的县人民政府副县长杨永玲组织有关部门负责收集好相关法律、政策及资料依据，制定土地确权方案，依法开展尹武海坝的土地确权工作。但由于尹武海坝的开发历时久远，加之在整个开发工作中没有注重档案资料建立和完善，要提供出完整的确权资料，绝非易事。为了推进该项工作，杨永玲副县长带领国土、农业、林业、水务、政府法制办等相关部门查阅法律法规、精心制定工作方案，同时积极向上汇报争取，得到了省保密局的支持，从省测绘档案馆获取了尹武海坝开发前的地形图，为确权工作提供了最有力的支撑依据。

经过历时半年多的艰苦努力，最终将 1707.5 亩土地确权为国有土地，为易地搬迁工作的顺利推进突破了最关键的一环。

一个协同推进的综合统筹

整体搬迁安置任重道远，但是胜利的曙光就在前方。洗羊塘村的整体易地搬迁工作是一项复杂的系统工程，不仅涉及药山镇、老店镇，而且需要扶贫、发改、国土、住建、农业、林业、水务等多个部门的协同配合。如何将众多的部门协调起来、凝结起来形成工作合力，是作为领导组组长袁崇彦的重要工作着力点。

通过多方考量、深思熟虑后，我提出在领导组下设综合统筹组、群众工作组、土地确权组、治安维稳组、督促检查组和办公室，综合统筹组又下设药山镇指挥部、老店镇指挥部的组织构架，同时要求各工作组于每周五向领导组办公室报送一次工作动态，领导组每月召开 1 次会议，必要时可随时召开，听取各组工作情况汇报，安排部署工作任务，研究解决工作中出现的困难和问题，推进易地搬迁安置工作的开展，从而确保了组织指挥工作的协调、有力。各工作组在领导组的统一指挥下，各负其责、各尽其职，确保了搬迁工作的顺利推进。

一个历久弥新的收官之作

“安得广厦千万间，大庇天下寒士俱欢颜。”2018 年 3 月，洗羊塘村的易地搬迁工作在县委、县政府的坚强领导下，通过搬迁指挥部和各相关部门、各乡镇的持续努力，洗羊塘村的全体村民终于全部搬迁到了老店镇的尹武海坝，他们分得了别墅式的楼房，分得了机耕路和水利设施配套健全的平整土地。从此，他们告别了高寒、贫困的洗羊塘村，走上了摆脱贫困、迈向小康的康庄之路。

2020 年春节前久，当我带着新的工作任务（全县脱贫攻坚总督查）再次来到尹武海坝新村社区，逐户走访了解村民的生产生活情况，看到排排路灯伫立在道路两旁、干净卫生的环境、平坦整洁的公路、安装到户的饮水工程、崭新明亮的住房、一张张随处可见的笑脸。

（作者时任巧家县人大常委会主任）

攻坚克难扛肩上　踏石留痕勇担当

陆开明

为官一地，混也是一天，干同样也是一天。这就是一个人的担当和使命的优劣之所，也是一个人是一坨石头或一块玉石的具体表现。我毅然决然选择了为官就要有为当作自己的人生目标！

根据组织安排，2014 年 1 月，我再次踏入东坪这片充满希望的热土，这已是我第二次到东坪任职，我有幸再次得以满腔热情地回报这方人民的厚爱。转眼在东坪度过了 7 个春秋。7 年的时间，放在历史长河里不过惊鸿一瞥，但对我个人来说却是一笔难得而又丰厚的社会阅历、政治经历。7 年里，我带领东坪干部职工一起并肩作战，打赢了一场又一场硬仗、攻克了一个又一个堡垒、取得了一项又一项突破。全程参与了脱贫攻坚工作，这段经历，是我人生中最珍贵的经历。

精心调研绘蓝图

“梦里不知身是客，只把他乡作故乡。”这就是我再回东坪任职时的感受。我将户口从白鹤滩镇转入东坪镇，时刻提醒着自己：我已经是一名东坪人了，我要东坪建设得更好，不破楼兰终不还。我用了10多天的时间对东坪进行了全面的调研。走遍了10个村，走访了百余户群众，一路走，一路看，一路思考，思绪万千，宏图渐明。

东坪镇脚踏金沙江头顶大药山，海拔高差大，交通闭塞。脱贫攻坚开始后，我更是深感担子重得像大药山，心思就像脚下滔滔的金沙江一刻也停不下来。脱贫这个词总在我的脑海了徘徊，更像一只蜜蜂嗡嗡飞舞吸引我看到了甜蜜的事业……

2014年初期，东坪产业结构单一、基础设施薄弱、贫困程度深，全镇只有少许平地，一间间破旧的土坯房诉说着这里的贫瘠和无奈，一条条崎岖的道路显示出这里的艰难和落后……

集镇上，房屋建设杂乱，街道无统一规划，路面窄、卫生差，乱搭乱建，随意摆摊设点，车辆乱停乱放成了常态。脏乱的农贸市场里花椒、核桃露天交易，怎一个“乱”字了得。

杨柳村的“四大火山”是《巧家的最后一支彝族》里记载的彝族聚居地，这里也是巧家生存最艰难的地方。这里有8个村民小组，来往通行依靠的是不到半米的乱石路，只有勇敢者才敢骑车出行。路的两旁遍布荨麻，荆棘交织覆盖着崎岖小路，这里成了外地人的畏途。这里的彝族同胞过着“与世隔绝”的生活。

道角村，背靠大药山，海拔高达2800多米，高海拔低气温、常年雾蒙蒙、土地只出产洋芋、燕麦、荞子。“靠天吃饭”，教育、医疗、交通、通信等基本公共服务设施严重滞后，属于典型“一方水土养不活一方人”的地方。

东坪的夜静悄悄，我面对肥瘦不一、高矮不齐东坪镇，躺在床上思绪万千、辗转反侧，脑海中始终在搜寻那一把破解贫困的“金钥匙”。经过一番番的否定，一番番的决策，终于明白要改变这里的贫困现状，一要加快基础设施建设，二要加大主导产业培育，三要改变高山居住环境。通过精心调研，思路已明，决策已定。我和党政班子成员一起制定了东坪镇未来发展规划，勾勒出一幅打基础、兴产业、促发展的建设蓝图。

埋头苦干开新局

目标既定，逢山开路，遇水搭桥。为改善基础设施建设，我们超前谋划，实施松林、垭口、新营、水坪4个易地扶贫搬迁安置点，共安置425户1646人。投入资金9187万元。其中，道角村通过实施整村搬迁，实现了“人口分布重构，产业结构重组，生态环境重塑”。

通过易地扶贫搬迁项目，使集镇规模扩展一倍以上，初步形成“三横三纵两联络”的街道规模布局。修建了观景台、文化长廊，建设了两个集休闲娱乐为一体的文化活动广场。在县级没有建设资金的情况下，一方面到处“化缘”，另一方面苦口婆心给群众做通思想工作，群众自愿无偿拿出土地60余亩，高标准、大气魄、严要求规划建设了22.4米宽的街道1400米、16—20米宽街道2700米，硬化道路25公里。

为了壮大产业，我们探索了适合我镇发展的“三区”产业模式。在老街社区、新街社区、杨柳村低海拔地区发展蚕桑、甘蔗、小碗红糖等热带产业，在东坪社区、岳坪村等中海拔地区发展核桃、花椒产业，在道角村、威宁村高海拔地区发展中草药种植、肉牛养殖产业。

撸起袖子加油干。在脱贫攻坚最繁忙的时期，所有干部职工全部取消“双休”和节假日，坚持“5+2”“白加黑”工作，充分发扬披星戴月、苦干实干的良好作风。在领导班子的带领下，东坪干部职工夙夜在公、敢闯敢拼、勤勉尽责，展现出了能吃苦、能战斗的东坪精神。

如今，杨柳村的“四大火山”已全部搬进了新房，威宁村滑石不仅建起了“小洋房”，部分群众还种起了花卉，道角村已实现了整村搬迁。原来的荒地已规模化发展中草药、肉牛养殖产业。

今年4月，我在镇内调研，威宁村滑石小组一位杨姓老人兴奋地说：“下雨天再也不用穿雨鞋，不用担心房子漏雨。”道角村的易地搬迁户熊某深情地说道：“我们是最边缘的贫困区，我们村没有实施易地搬迁项目和脱贫攻坚前，全村上都是土房子。下雨的时候穿的都是水鞋，做梦也没有想到，现在能走上水泥路，能安上路灯。”

新街社区擦耳岩的农民杨某朝激动地说：“我是一位从 20 世纪 50 年代走过来的老人，被祖国的变化感动得流泪。在新中国成立前，没有人会管我们的死活。”听了这些话之后，心里暖暖的。

抗疫阻断返贫路

今年 1 月 24 日晚，我接到东坪卫生院院长吕开平的报告：东坪镇老街社区二台坪子吴某某出现发烧、咳嗽症状，由于该患者是从武汉回来的，可能是新型冠状病毒肺炎疑似患者。我立即安排卫生院将吴某某送至县人民医院进一步诊断治疗，并立即安排老街社区党总支书记李万伦对吴某某家属进行居家隔离，严禁外出。

这注定是一个不眠的大年夜，我深刻意识到这次疫情不仅危及群众的生命安全，也会对社会经济带来巨大的冲击，甚至造成返贫。第二天，吴某某确诊为疑似病例，是全县、全市的首例，疑似病例还未确诊，医疗物资还未送达，工作方案还未确定，封村存在维稳压力，没有任何经验可以借鉴。“全体干部职工、村干部全部取消休假，返回岗位开展防控工作，提前将老街社区二台坪子村民小组进出口的通道全部封堵，将患者吴某某的家属及密切接触者 43 名全部居家隔离，设置警戒线，严禁外出，坚决防止疫情扩散。”我当机立断做出决定。

那段时间，我每天只睡 4 个小时，连续奋战 40 多个日日夜夜，其间因过度劳累，多次出现过胸闷、气短的症状，但为了不影响疫情防控工作，坚持服药控制病情，疫情完全稳控后才到昆明住院治疗，母亲病危急需转院治疗，也没时间回家看一眼。

2 月 9 日，东坪社区老党员陆发银病危时留下遗言：“为了疫情防控，党员同志应该带头，死后不办‘白事’。”当天下午 3 点去世，家人晚上 11 点就将其进行了安葬。这件事让我深深感动啊！我们的党员在国家需要的时候总是冲在前头，他就是我这个党委书记的一面旗帜啊！更是激励我奋进的不竭动力！

回首那段与疫魔鏖战的日夜，东坪镇能取得疫情防控的阶段性胜利，阻断返贫路，保一方平安，哪怕九死一生也值呀！

一道同风雨，东坪是吾乡。一路走来，我见证了东坪翻天覆地般的变化，同干部群众一起栉风沐雨、一起爬坡过坎、攻坚克难，一同进入小康，俯首为牛终不悔！

（作者时任巧家县人大常委会副主任、东坪镇党委书记）

攻坚路　脱贫情

周明普

我曾经是一名军人，7 年军旅生涯的锻炼，练就了恪尽职守、顽强拼搏的军人性格，无论在任何时候都把国家和人民的利益放在第一位。正当党和国家吹响了脱贫攻坚的冲锋号，我再次迸发出军人的激情，在这场没有硝烟的战场上继续征战。

作为县处级领导的我一直挂钩联系金塘镇，2018 年 9 月，任金塘镇党委第一书记。

金塘镇共有 7 个村（社区）103 个村民小组，现有居民 6596 户 17946 人，其中，建档立卡贫困人口 1325 户 5215 人。境内最高海拔 2260 米，最低海拔 670 米，由于交通不便、信息闭塞，没有主导产业，青壮年劳动力都外出务工了，留守在家的群众仍然以务农为主，过着日出而作、日落而息的生活。我在入户走访和群众交流时，他们说得最多的就是“没有来钱路子”。正是由于村上的基础设施建设不足，产业发展滞后，导致群众找不到产业、摸不准产业，陷入奋斗的困境中。想要改变这里，任务还很艰巨！我暗下决心，一定要带领镇党委、政府一班人团结一致，发动群众，依靠群众，改变这里的贫困面貌！

从金塘调研走访回到家的第一个夜晚，我躺在床上辗转反侧，脑海中始终在搜寻那一把破解贫困的“金钥匙”。从到金塘镇的那一刻起，我就在思索着发展之策，如何才能打破瓶颈，带领金塘镇的老百姓脱贫致富？习近平总书记说过“要把扶贫开发同基层组织建设有机结合起来，真正把基层党组织建设成带领群众脱贫致富的坚强战斗堡垒”时时在我耳际回响。以党建引领促发展、脱贫致富奔小康的发展思路在我的脑海豁然开朗。

金塘不脱贫，我就不脱身！第二天一大早，我就在镇上召集镇党委政府班子成员召开了座谈会，和他们一起探索发展思路。我在全面分析镇情实际的基础上，提出了“围绕扶贫抓党建，抓好党建促扶贫，检验党建看脱贫”的发展思路。

金塘镇要充分发挥村级党组织的战斗堡垒作用，全面完善基础设施和村容村貌，壮大集体经济、培育主导产业，在全县打造党建引领、脱贫攻坚、生态保护、社会治理、集体经济发展、美丽乡村建设“六个”示范，走生态脱贫、绿色发展之路。

健全机制，明确工作责任

如何才能真正做到尽锐出战？镇村干部、驻村扶贫工作队、县直部门挂钩包保干部鏖战扶贫一线，为扶贫工作付出了大量心血和汗水。但是，随着脱贫攻坚战的不断深入，我发现了一个共性问题，干部经过几年苦战，一些长期处于扶贫一线的干部，产生了厌战懈怠情绪。上面千条线，下面一根针，这落实那落实，最终都要在村上去落实。在脱贫攻坚最吃紧、最要紧的时刻，如何做到响鼓重锤、尽锐出战？就是要把村作为精准攻击点位，让最能打硬仗的精锐力量下沉到村到户，带头攻坚克难，鼓舞士气，推动干部沉身沉心、凝聚攻坚合力、落实落细脱贫攻坚责任。我作为全镇脱贫攻坚一线总指挥，尽锐出战首当其冲！对全镇的脱贫攻坚工作负总责。各村成立村级脱贫攻坚指挥部，镇挂村领导和驻村第一书记对全村负总责。对照

“两不愁、三保障”目标查找短板，并成立相应问题整改组，由业务精、能力强的干部担任小组组长，明确工作职责，真正实现了人员统筹、力量统揽、资源聚合，凝聚了攻坚合力。全镇通过逐户逐人过筛子，建立问题短板台账和责任清单，工作任务落实到每一名帮扶干部，完成情况细化每一天，干部各个有事干、人人有担子。以前，少数干部存在的“走读式”驻村、“挂名式”帮扶、“点卯式”入户，现在无处遁形，工作节奏明显加快，干部作风明显好转。在带头攻坚上，我做到“五个亲自”，即对镇、村存在的困难问题亲自研究解决，对重点任务亲自督办落实，对薄弱户、边缘户亲自走访精准施策，对干部帮扶情况亲自抽查督导，对意见较大的群众亲自上门或召开院坝会沟通疏导，主动接受群众监督。

随着镇挂村领导和驻村第一书记带头下沉一线，带头攻坚克难，不仅打通了抓落实的“最后一公里”，还把新理念、新思路带到了村上，让基层干部的思想观念得到了解放、思维方式得到了转变、工作能力得到了提升，激发了想干事的动力，增强了能干事的本领，锻造了干成事的胆识，工作节奏更快、效率更高、群众更满意了。为了最大限度地激发党员干部的激情和斗志。制定了《金塘镇村组干部脱贫攻坚专项奖励考核实施方案》，组建了工作督察组，建立健全定人员、定任务、定目标、定时限、定责任的“五定机制”，层层夯实工作责任，形成脱贫攻坚合力。在督查中，采取周督查，周通报，周整改，月考核工作机制，对 7 个村（社区）脱贫攻坚工作进行全覆盖督查，对督查发现的问题进行汇总，于每周召开调度会之前将督查问题清单汇总向镇总指挥部反馈，由镇总指挥部成员分析研判，对存在的问题以指挥部的名义向村级指挥部进行下单整改落实，由涉及村挂村领导负责牵头对问题进行追踪落实，直至整改结束为止。同时，还强化对考核结果的运用，将考核结果作为干部年度目标考核等次、提拔任用、绩效考核的重要依据，在全镇形成了“九牛爬坡，各个出力”的攻坚氛围。

真抓实干，苦练“绣花功夫”

习近平总书记多次提到脱贫攻坚要下一番“绣花功夫”。“绣花”既是要求，更是方法。“绣花功夫”就好比种庄稼，同样是把种子撒在地里，有的任其自然生长，有的精心做好浇水、施肥、拔草等管护工作，生长的过程或许没有多大差别，但到了收获的时候，结果就会完全不同，只有悉心照料的种子，才会结出硕果。对于扶贫工作来讲，入户摸底、精准识别、制定帮扶措施，精准精细的活儿往往就隐藏在这些过程里，谁的“绣花”功夫更好，谁的针线走得匀称细密，谁有耐力和韧劲，谁就能绣出精美的“脱贫之花”。过去几年里，我一直把脱贫攻坚作为一门深耕细作的技术活，在工作摆布上时刻要求干部围绕“实、深、精、心、优”五字要求，凝神聚力做“绣花功”、当“绣花匠”。平时注重把工作往实里做、往深里做、往精里做、往心里做、往优里做，才能在脱贫攻坚成效考核中取得优异成绩。

2019 年 10 月下旬，脱贫攻坚已进入最后“拼刺”阶段。前期经过百日大会战，贫困村水、电、路等基础设施基本到位，但仍然存在一些突出问题。就梨树村来讲，群众满意度方面还有一些细节需要完善，少数贫困户基础信息还不够精准，部分贫困群众对享受扶贫政策知晓率不高。越到最后，越要下足精细、精确、精微的点滴绣花功夫，绝不能因为一针一线的偏差导致错退漏退，绝不能因为任何细节问题让脱贫质量打了折扣。每到一个村，我都会查看问题整改台账，询问重点任务清零工作进展情况。对存在的难点问题，组织挂包帮扶部、镇村干部一个问题一个问题的研究，直到所有问题清零。全镇每一位扶贫干部都能克服各种困难，落实好各项工作部署，脱贫攻坚工作一点也没有落后。我非常庆幸，在全镇脱贫攻坚一线战场上，都有一支能征善战的扶贫队伍，他们舍小家，顾大家，苦干、真干、精准干，用智慧和汗水换取贫困群众的幸福生活。

全镇的清零总攻正在深入推进。越是最后越要盯住关键处、薄弱点和节骨眼，发扬钉钉子精神，一锤接一锤，一锤重一锤，持续发力，久久为功，直到把钉子钉实、钉牢，以深耕细作的“绣花功夫”保证高质量脱贫。

扶贫扶志，激发内生动力

扶贫先扶志，致富先强心。我在推进脱贫攻坚工作中，高度重视扶贫过程中的扶志问题，坚持以精神扶贫、扶贫扶志为抓手，充分激发贫困群众用勤劳双手摘掉“贫困帽”的决心和信心，有力推动了脱贫攻坚工作。充分发挥党员示范带头作用转变贫困群众的思想观念。把规范“一约四会”建设、道德评议、红黑榜、善行义举榜、评选表彰先进典型等作为抓新民风建设的有效抓手。在全镇范围内深入挖掘脱贫攻坚的鲜活典型和生动事例，用老百姓看得见、学得来、做得到的身边故事，教育群众、开导群众、激励群众，增强脱贫信心，增长脱贫智慧。为进一步提高群众对脱贫攻坚工作的知晓度、满意度、认可度，在全镇推行了定期召开群众院落会议制度。坚持哪里有群众就把会议开到哪里，党员干部定期深入田间地头、村组院坝召开群众会议，通过近距离与群众交流，增进了干群感情，增加了发展信心，全面激发了群众脱贫致富自主性。结合村组院坝会开展群众感恩教育，做到晓之以理、动之以情，让群众明白这些年党和国家的好政策，教育广大群众用自己的实际行动回报党和国家。

2019 年 10 月的一天，我来到有着 46 年党龄的 66 岁贫困老党员周兴高家，他家院子不大却收拾得井井有条，在询问过他生产生活后，我和他坐在小椅子上，领着他一字一句的认真研读着《习近平关于“不忘初心，牢记使命”重要论述选编》的章节内容。他热泪盈眶动情地说：“没想到镇党委第一书记会在百忙之中抽时间给我们这样行动不便的老党员送教上门，太感谢你们了，党组织对我们这些老党员太关爱了，我们要永远跟党走……”

我深知，要完成脱贫攻坚任务，最重要的是要把全体党员的心拢在一起，用真心换真情。通过平时耐心细致的工作和真心实意地帮助，慢慢地，党员的心齐了，工作也一步一步向前推进了，党组织真正成为党员群众的主心骨。

党建引领，力促产业致富

支部有力量，党员争先锋，脱贫增动力。我带领镇班子成员积极探索“党建 + 合作社 + 扶贫”的党建扶贫新模式。按照“产业发展到哪里，党组织就覆盖到哪里，党的工作就跟进到哪里，党的作用就发挥到哪里”的原则，成立以村支部书记为法人的村集体劳务公司，以产业发展为载体，采取政府主扶、村支两委主抓、公司运作、群众参与的发展方式，采取“龙头公司 + 党支部 + 合作社 + 农户”的产业发展带动模式，积极鼓励基层党组织创办、领办、帮办农民专业合作社，支持农村党员投身创业，发展壮大村级集体经济，通过发展产业实现脱贫目标。全镇先后成立了 18 个农民专业合作社，带动 1554 户（其中，建档立卡贫困户 1134 户）参与产业发展。梨树村由村党总支牵头协调，成立了巧家县金塘镇腾跃集体资产经营管理有限责任公司，引进巧家腾亚农业开发有限公司合作种植火龙果产业基地，种植火龙果 450 亩，逐步辐射带动周边农户种植 1000 亩以上，项目总投资 1928.4 万元，项目挂联 628 户建档立卡贫困户；引进昭通金太阳农业开发有限公司合作种植软籽石榴产业基地，种植突尼斯软籽石榴 600 亩，逐步辐射带动周边农户种植 1000 亩以上，项目总投资 1993.13 万元，挂联 916 户建档立卡贫困户。两个产业种植基地建成投产后，2019 年，每户每年收入 387 元，每年收益 15% 的红利用来发展村集体经济。带动周边农户和贫困群众增收，全面提升群众的幸福感、获得感，真正把绿水青山变成金山银山。

目前，全镇通过“龙头公司＋党支部＋合作社＋农户”模式有效叠加了党组织的政治优势和合作社的产业优势，让党支部重新站到农村经济发展的最前线，使群众更加信赖和依靠党支部，支部与群众的联系更加紧密，使农村党支部由“管理型”向“服务型”转变，党组织的凝聚力、战斗力得到增强。真正实现支部有作为、党员起作用、集体能增收、群众得实惠的多赢。

完善设施，巩固脱贫成果

基础设施补短板，脱贫攻坚再提高。近年来，按照“道路通畅、水有保障、镇优村美”的建设思路，重点突出交通、水利、村级公益设施建设，着力改善农村发展条件。全镇新开挖村组道路78余公里，硬化通村到组道路148公里，实现村村通硬化路，组组通公路；加固修复沟渠24.6公里，实施人饮管网8件113公里；建设6个村级活动场所和34个村民小组活动场所；新开通光纤网络6个村；新建卫生室7个；新建校舍1900平方米；农村电网改造全覆盖；新建农民专业合作社7个。通过实施“8·03”灾后拆除重建81户，规模内易地扶贫搬迁204户，规模外搬迁85户，全镇共实施农村危房改造1449户，其中，拆除重建1257户，修缮加固192户，贫困户安全住房全部解决。

踏实扶贫路，悠悠为民心。在脱贫攻坚战场上的这几年，我和干部群众一起爬坡过坎、顶风冒雨，一起迎接挑战、经受考验，塑造了知感恩、能奋斗的群众，淬炼出了特别能奉献、特别能攻坚、特别能创优的党员干部。

每每想到这些，我的心里就会感受到这片土地蕴含的无限生机与希望。金塘镇能够如期脱贫出列是我交给党的一份最满意的答卷。

（作者时任巧家县政协党组副书记、金塘镇党委第一书记）

赤子创业系家乡　脱贫出列付真情

邓昌军

我出生在小河镇新田村。小河镇位于巧家县的东北部，距离县城约200公里。过去，县城到小河镇的班车得开一天，可见出入小河之艰难。

在云南，凡有大河的地方必然有大峡谷。小河地处牛栏江与金沙江交汇的大峡谷。峡谷的闭塞，尘封了无数的岁月，这里，曾被土司统治了600多年。落后、野蛮、贫穷曾经是这里的代名词。1950年，解放军消灭了这里最后一个土司——龙绳曾，家乡才有自由的日子。

我1999年在小河镇中心学校毕业，因求学走出了大山，到巧家一中读高中，有幸考取了云南师范大学。2006年大学业后，我走上了创业之路。2011年，创办云南瀚哲科技有限公司。

我现在的身份是：民建会员，云南省委联系专家、云南省技术创新人才、云南省高层次培养计划产业技术领军人才、首届春城产业领军人才、巧家县政协常委、昆明市巧家商会执行会长。从那个滇东北大峡谷里走出来的农家孩子，从一个侧面来讲，也算是一个幸运儿和成功者。然而，家乡贫穷的日子总是如影随形，在我脑海中挥之不去。家乡人负重佝偻匍匐爬山的样子；家乡人鞋露指头、衣不蔽体的愁容；家乡人为孩子上学筹一点钱而四处求爹爹告奶奶的苦楚等，总会时不时在我的脑海里放电影。

我常在夜深人静的时候回想起家乡人那亲切的话语：狗不嫌家穷，儿不嫌母丑。这不正是游子不嫌家乡穷的意思吗？我们儿时小伙伴在一起玩时，有东西不分着吃，就会被骂：大伙吃大伙香，一个人吃打标枪（拉稀的意思）。这些看起来陈芝麻烂谷子的事正是一个游子思念故乡永久的情结。加之，我有幸成为巧家县政协常委，正赶上国家脱贫攻坚的大好时光，我怎么也不能“躲进小楼成一统，管他春夏与秋冬”。因此，我走上了参与家乡脱贫攻坚，回报家乡的扶贫路。

2017 年，是我加入民建的第二年，通过昆明市巧家商会推荐，我成为巧家县政协委员，我对自身的职责有了清晰的认识。一次交流中，我得知民建云南同行公益基金会在一心堂和云南圣爱中医基金会的赞助下，计划即将开展一次义诊帮扶活动，我在还不清楚具体运作情况下，便极力推荐咱们巧家，并不遗余力的争取。

同行有爱，昆医精诚

通过多次向民建昆明医科大学基层委员会汇报巧家实际情况，得到了基层委员会主委姚越苏和副主委龚会军的支持，并开始宣传和邀请各科室主任医师参加巧家义诊活动。

我一边在昆明市巧家商会微信群在线宣传和鼓励会员企业开始捐赠和参与，一边开车赶回巧家，向分管卫计工作的童世龄副县长进行汇报，并得到他的大力赞许和支持。同时，我也分别向县政协、县工商联和民建昭通市委作了汇报，恳请组织上给予更多的关心和支持。

2017 年 5 月 20 日，这是一个特殊的日子——“520”！历经一个多月的汇报和沟通，到巧家送医送药助教义诊帮扶的时间确定了。

5 月 19 日，星期五，天气晴朗。中午 1 点，事前联系好的大巴车准时出现在昆明医科大学门口，团队准时从昆明出发。义诊专家团队由昆明医科大学附属第一、第二、第三医院以及昆明妇幼保健院的心血管、呼吸科、肛肠外、癌症肿瘤、消化肛肠、神经外科、妇产、内分泌科、免疫、口腔、中西结合等方面的14位专家、教授组成。一同前往的还有云南圣爱中医馆的中医药专家，巧家县委在昆明流动党员管理工作委员会和昆明市巧家商会的工作人员。

5月20日，各专家和工作组在县政协、县工商联、县人民医院的统一部署下，十几位专家、教授和声细语地为每一位前来就诊的群众“望闻问切”，认真了解病史和身体现状，亲切温暖。专家教授们春风化雨般的态度和忘我无私精神赢得了群众的一致好评，现场感谢之声不绝于耳。专家、教授们更是从早忙到晚，一共为群众诊病咨询达1000余人次，送出药品价值10万余元。

当天，五名教授级专家结合自己临床实践经验，针对医生的综合能力提升，围绕心血管内科、肿瘤内科、产科安全管理和医师资格考前培训等做了专题讲座。

云南同行公益基金会为支教活动提供5万元的援助资金，昆明市巧家商会提供2.5万元的援助资金，云南圣爱中医基金会提供了价值10万余元的药品。帮扶活动通过讲座和义诊相结合。

饮水思源，依依乡情

经过对云南圣爱中医基金会多次邀请，我得到云南圣爱中医馆的中医专家和云南圣爱中医基金会的支持。我和县工商联、小河镇镇政府汇报后，决定到小河镇的拖车村和新田村进行送医送药就诊帮扶活动。

2017年8月26日，雨季正旺。我和云南圣爱中医基金会一行中医专家，在得知正常行驶路线已经塌方的情况下，冒着连续多天大雨的危险。

从昆明到会泽，绕道马树上哨口子走新店，历经 11 个小时车程，我们专家及药品都安全抵达目的地小河镇。

8 月 27 日，第一站是上拖车村。从小河集镇到拖车村山路蜿蜒，我们一大早就起床驾车前往，村支书杨远明早就召集好需要就诊的乡亲们，在村委会等待着我们的到来。专家们下车后立即投入血压检测、望闻问切、照方送药的工作流程中。从早到晚一直没有休息，到最后一位相亲问诊完成已经是傍晚 7 点半，虽然很累，但我们很开心。回到集镇吃完饭已经是半夜，我们还要清点和整理药品，为下一站帮扶做好充分的准备。

8 月 28 日，到了新田村，天阴有雨。拖车村义诊的消息早就传给了邻村的乡亲们。包括昨天农忙没赶上的拖车村民，问诊人数远超出我们的预期。专家们从早到晚除简单就餐外都没有来得及休息，一直坚持坐诊。加上中途下雨人数众多，村委会主任曹坤和所有村委委员一直帮忙维持秩序，确保乡亲们都能逐一得到专家问诊和精准开方送药。晚上 9 点就诊结束后，大家都已经是累得筋疲力尽，基金会的专家们一直认真、耐心送走每一位问诊乡亲。作为走出大山的一名本村村民，我内心非常感动，感激之情无以言表。唯有更加实干和努力做好每一件事情、让自己家乡更美好、乡亲更幸福。

联系专家，携手联盟

2019 年 9 月，在省委组织部安排的云南省委联系专家轮训班（第二期）学习培训期间，我有幸认识了云南省第一人民医院血液科主任医师杨同华专家。在和杨老师交流中认识了白血病、血性疾病等症状在医治过程的艰难，杨老师希望通过建立专家工作站的方式，与各地县级医院建设治疗联盟。我咨询了昭通巧家对该病症的需求程度，希望他的团队能到巧家建站，得到了他的首肯。

2019 年 11 月 26 日，在县政协、县卫生健康局领导的支持下，在县人民医院、县中医院的帮助下，我受县政协委托，陪同杨同华、辜学忠、赵仁彬等血液疾病临床医学中心医学专家，到巧家开展“云南省血液疾病临床医学中心下基层技术帮扶活动”。其间，专家组对巧家专科医师进行专业医疗知识普及和临床经验培训。举行了签约授牌仪式，巧家县人民医院和巧家县中医医院成为云南省血液病专科联盟、云南省地中海贫血防治联盟成员单位和云南省心脑血栓性疾病中西医结合治疗联盟杨同华专家工作站成员单位。通过形成上下联动的长效机制，为巧家县血液病患者在昆就医开通了绿色通道，为基层医生搭建了学习和锻炼成长的平台。

七一凤还巢，温暖马树行

2019 年 6 月 22 日至 23 日，马树镇党委、巧家县委在昆工委和昆明市巧家商会联合举办了“七一凤还巢　温暖马树行”系列活动。主要以我们瀚哲科技有限公司牵头的昆明市巧家商会共计 12 位会员参加捐款。巧家县委在昆工委和昆明市巧家商会组织在昆党员和商会企业家为马树镇筹集了 101162 元的善款，用于马树镇购买资助乡村爱心超市物资及表彰贫困学生。在马树镇小河塘村开展了“七一凤还巢　温暖马树行”物资捐赠仪式，并在现场颁发了捐赠证书。

恪守初心，济贫捐赠

2019 年 10 月 17 日，为了在公司里深入推进“不忘初心，牢记使命”主题教育活动，充分调动全县非公经济组织参与社会扶贫积极性，主动承担社会帮扶责任，凝聚扶贫攻坚强大合力，巧家县委统战部、县工商联积极组织非公经济组织响应县委、县政府号召，参加巧家县全国第六个“扶贫日”捐赠活动，为全县脱贫攻坚贡献力量。我作为县工商联副会长，义不容辞带领昆明市巧家商会参加本次活动，捐款10万余元。

云南省第一人民医院、省血液病医院、省血液疾病临床医学中心医学专家组到巧家县开展“云南省血液疾病临床医学中心下基层技术帮扶活动”，助推巧家脱贫攻坚健康扶贫。

中国共产党领导下的脱贫攻坚是人类减贫史的伟大壮举，我有幸能在这历史大潮中能为家乡的脱贫攻坚尽一份游子之心，是我生命中最灿烂的一页！

（作者时任巧家县政协常委）

见穷难受　含泪扶贫

张书童

我今年 53 岁了，是巧家县炉房乡噜咘天主教堂管理组的组长，是巧家县政协第九届委员会民族宗教界别组的一名委员，也是本届政协常委。我能够成为巧家县政协常委的一员，是对我工作的肯定，也是我本人的荣幸和自豪。

我信奉宗教是敬佩宗教爱的高尚和伟大。我是一个见钱不眼红，见穷就难受的人，和宗教有些同缘共性的特点。我这份见穷就难受甚至落泪的习惯，源于家乡和我家庭的贫穷。

我居住的地方行政区划名叫马树镇，他的原名叫马书。其意思是彝族首领马书的领地，故名叫马书。凡是滇东北彝族大多居住在高山上，这些地方几乎是贫穷的代名词，这就是家乡贫穷的主要原因。

马树镇从地理上来讲，是中国南高原的中部，有高原的地方故名是山寒水冷的地方。在过去就是边穷落后的地方。我记得小时候家庭非常贫穷，吃不饱、穿不暖是常态。要找几块钱读书比登天还难，我忍饥挨饿的日子总是挥之不去。我去读书全靠走路，我家到当时的巧家二中是 60 多公里，我常常在冰凌中累死累活爬上大海梁子，却还有高高的大白露梁子耸立在前。从学校回家爬了钻天坡梁子已是脚软如泥，还得坚持爬空欢喜梁子。那种没钱苦熬的日子成了我刻骨铭心的记忆。

由于家庭贫穷，高中毕业后无力升学，我只好回家务农。那时我没有什么理想，心中只有一个死想法，就是不怕一切苦，用苦来改变贫穷。为了摘掉这顶箍死人的穷帽子，我先后给人家冲墙（土建房），做过瓦窑工、跑摊做小生意等，一路咬紧牙关挣钱。

我家在高寒山区，人穷穿着破烂，到县城碰到同学，有的是当官的、有的是老板，见了我都没有半点嫌弃，而总是热情地接待我，并鼓励我好好经商，我也就一心扑在经商这件事上，同时，倍加感到爱的伟大和温暖。

由于我勤快，善心待人，善行当头，无形中我成了乡亲们信得过的人。乡亲们信得过我，是因为每当他们遇到难事、急事，我总是不假思索地随心帮助。时间长了，四邻遇到困难有时也会主动向我求助。我的本性是帮人就心热，帮人就舒畅，对于有求于我的人，都是心怀尊重努力帮助，时间长了不做点好事，反觉得心里有所亏欠似的。

有时，实有困难的老人找上门，我总是想尽办法给予帮助，我曾脱下我的衣服送给老人，也亲自到街上为老人买过穿的。一次，一个老人上门说太冷，没有被子盖。天又非常的冷，我没有任何思考就把家里孩子外出读书闲着的被子给了老人。

本镇的胡仁荣能够成为一名中学教师，他家不仅脱了贫，还孜孜不倦地为教育扶贫而努力。可是，回想起他家当年的情景至今还心酸不已。

当年的胡仁荣十一二岁，家住在一个只有 4 户人家的悬崖的坡地上。到镇上虽然只有 20 公里，步行却要 4 个小时。居住的地方海拔却有 3000 多米，主要种植土豆、苦荞、燕麦过日子。要是遇上年景不好，一家人就要挨饿。胡家每年都要去跟别人家借一两个月的粮。胡仁荣的父亲因病多次手术无力劳作，母亲患有风湿性心脏病，做不动重活。因为治病，欠下了许多债，无法供胡仁荣和妹妹读书。我是去胡仁荣的大爷爷家做客得知这一情况，帮人心切，我就主动要求到胡家看看。对于帮助胡仁荣成才的意义，后来胡仁荣介绍自己的求学情况的时候是这样说的：

“张叔叔立马说要到我家去看看，到我家后一直告诫我要好好读书，有什么问题都可以去找他，不要担心学费的问题。从那以后，张叔叔每隔一段时间便会去学校看我，叮嘱我好好学习。每次到街上，他都热情地叫我们去他家，让父母安心让我读书，钱他会处理。第二年，我考入了巧二中，在张叔叔的资助和鼓励下，我没有外出打工，而是继续了我梦寐以求的学习。高中三年，张叔叔像对子女一样关心我，帮助我，资助我，并联系他的朋友给了我很多资助。张叔叔每次下城都要去看我，叫我安心读书。我顺利完成了学习，考入了云南师范大学。读大学的四年中，张叔叔给我联系了昭通市天主教的资助，让我每学年有了4000元的生活费资助，让我顺利毕业。这四年中，张叔叔就像父亲一样，关心我的学习生活，每次上学，我都是从他家出发。幼吾幼，以及人之幼，说的就是我的张叔叔。

张叔叔的无私帮助，让我走出了大山，成为我们村的第一个大学生，改变了我的命运，更改变了我们家的命运。”

能够这样表达，知道友善的可贵，成为一个人才，完全得于扶志和扶智。胡仁荣去上大学那天，到了我家，见他还背着上小学时的双肩包，衣服破烂不忍看，天啦！哪像一个去读大学的样子。妻子见了也含泪难过，立即去给他买齐穿的、用的和一个行李箱，得知身上只有路费，情急之下，我就跑到镇上叫急。镇领导说，你说怎么办嘛？我立即把我身上所有的钱掏出来，一共400多元，大家见了我如此举动，也就纷纷都掏腰包，一共捐款4000多元，送走了胡仁荣。然而，心里还是放不下，就到昆明联系了位于北京路的天主教给胡仁荣支持和帮助，并说好胡仁荣周末可以到教堂吃饭，终于让他读完了4年的大学。

2014年，鲁甸县发生“8·03”地震，鲁巧两县灾情太重，惊动了党和国家领导人亲临灾区看望。

宗教有一个特点，就是灾情发生在哪里宗教就会跟踪到哪里。“8·03”地震不仅牵动了党和国家领导人，也牵动了宗教界的人士。我在“8·03”地震中，有幸结识了来灾区献爱心的河北省石家庄市进德公益基金会，并加入他们的组织。我非常敬佩他们公益的理念：“笃行仁爱，践行信仰。生命是宝贵的，每一个生命都值得我们满怀的敬畏和尊重。爱如涓涓细流，汇聚成大江大河。”2019 年他们提出了“我们除了坚持多年行之有效的服务，也积极配合国家的大政方针，参与到精准扶贫及其他公益事业”。他们的这一切做法，都合我的心意，我也犹如一滴水汇入他们事业中的大海中，并为家乡脱贫攻坚倾尽一片心力。

孔家营村梳子箐朱恩沙对自己的家庭情况是这样介绍的：“母亲患有癫痫病，经常复发，于我三岁那年因病不幸烧伤腿部，父亲送母亲就医途中出现事故不治身亡。母亲腿部痊愈后改嫁他人，与我再没有联系。由于奶奶家离学校较远，我从小便和外公一起居住，一直由外公承担学费直至小学毕业。上初中后，外公患病去昆明就医，我便回到奶奶家和爷爷奶奶一起居住直至高中毕业。奶奶眼睛看不见，生活没有自理能力，家中总是靠爷爷维持。爷爷年纪大了，又患有风湿，一家人的收入全靠爷爷奶奶的养老保险与低保维持着，爷爷奶奶舍不得花钱，每个月的养老保险和低保都省下来供我读书。

我初三那年，学校老师了解到了我的情况，通过张叔叔联系到了敬德公益基金会为我筹集到了 800 元的学费。初中毕业考上高中以后，高中三年，张叔叔都帮我联系敬德公益筹集学费，每年 1000 元。高三上学期，张叔叔与敬德公益相关负责人还有昭通相关公益负责人到我奶奶家组织家访，了解到我家的具体情况后便启程返回，顺便商讨相关资助事宜。家访期间，张叔叔还给过两百元现金作为鼓励。

初中上学期间成绩优异，排名班级前四左右，毕业后考上巧家县第三中学，高中在校期间多次获得老师鼓励与支持，学习成绩在班级前列，高中毕业后考取二本。”

朱恩沙的家庭，一看就令人心酸和叹息。令我最难忘怀的是：一次我和基金会同人从巧家县城连同朱恩沙一同探访她的家庭情况。朱恩沙非常有孝心，尽管自己都是靠人资助读书，却不忘用零钱给奶奶买上几个包子和几块红糖。到了她家，朱恩沙把包子和红糖给奶奶，奶奶却不知怎么吃。也就是奶奶从来没有吃过包子和红糖。眼见这一幕，我们都忍不住落下泪。

好事是不会嫌多的，我多与基金会反映和交流情况，把我们家乡困难情况及时准确地报告给他们。他们非常重视我的反映，每年都会给我们送来几卡车“旧”服装，所谓的“旧”，其中，有很大一部分是换季下架的没有穿过的，吊牌都还在。这些所谓的“旧衣服”，在这里不仅解决穷困人的温暖，还是他们心目中的奢侈品。

当看到基金会把 1700 个“暖心包”发到各个学校，孩子们欢笑的脸时，我仿佛看到了希望的未来！

我热心帮助贫穷家庭的孩子读书，是我认为要脱贫还是得靠自己，只有自己强大了，才会更好地脱贫和帮助别人脱贫。我愿把好事做到人生的最后！

朱汉时　整理

（作者时任巧家县政协常委）

中共巧家县委办公室
脱贫攻坚挂钩帮扶工作侧记

曹善有

在脱贫攻坚战中，县委办承担综合协调、推动问题整改、档案业务指导、挂钩帮扶3个村等工作。2015年以来，县委办深入贯彻落实习近平总书记关于扶贫工作的重要论述，始终把脱贫攻坚作为最重大使命和最首要任务，坚持人人敢担当、事事高标准、时时为脱贫，为脱贫攻坚作出了积极贡献。

每人一任务，敢于担当

县委办全体干部职工倍加珍惜时代赋予的职责使命，牢固树立脱贫攻坚没有“局外人”、人人都是“主攻手”的理念，主动请缨，积极作战，在脱贫攻坚一线检验和提高政治觉悟。

班子成员分工抓。成立由县委常委、县委办主任任组长的脱贫攻坚工作领导小组，明确班子成员既抓本职工作，同时承担脱贫攻坚工作任务，6名科级干部分工负责相关工作，1名负责脱贫攻坚文秘会务、1名负责问题整改、1名负责档案业务指导、其他3名各负责1个村的挂钩扶贫。坚持把工作完成情况，作为科级干部每季度日常考核和年度考核的重要内容。

下派干部驻村抓。始终坚持挑选政治素质好、责任心强、有较强工作能力、作风务实的干部担任驻村扶贫工作队队员，在调整轮换驻村扶贫工作队队员时，经班子研究后先到村跟班学习1个月，经考核合格后再申请调整，确保派人精准。2015年以来，累计派出19名干部担任驻村扶贫工作队队员。

干部职工人人抓。全体干部职工主动向单位递交脱贫攻坚承诺书，自觉在脱贫攻坚中谱写人生华章、体现自身价值，“五加二、白加黑”成为近年来的工作常态。比如，范启慧同志在2019年长达半年没有休息一天，卯巧涛同志被狗咬伤后在卫生院打了疫苗后第一时间返岗工作，陈小龙同志只请了2天陪护假后就返回工作岗位。

每周一学习，精准落实

学习掌握扶贫政策，是干好脱贫攻坚工作的基础和关键。为此，县委办建立了每周五学习扶贫政策制度一个主题学习，明确专人负责收集编辑学习资料，一名熟悉业务的人员负责讲解，并进行交流学习。

学后考试。在每次集中学习后，针对主要政策开展闭卷测试。测试不合格的，要求重新“回炉”学习，确保习近平总书记关于扶贫工作重要论述、脱贫攻坚政策人人清楚、项项明白。

半月一清理，细化措施

对照县委办承担的职能职责，每半个月清理总结一次综合协调、问题整改、档案业务指导等工作，细化工作任务，明确完成时限，高效抓好落实。

综合协调高效落实。按照精文减会、减轻基层负担的有关要求，认真组织筹备全县脱贫方面的会议，制定会议筹备方案，开展专题调研，提高会议实效。2015 年以来，牵头筹备召开 34 次县委常委会研究脱贫攻坚工作、24 次扶贫开发领导小组会、82 次脱贫攻坚专题会。按照“六个精准、五个一批”的总体要求，根据上级有关政策规定，牵头进行专题研究，结合巧家实际草拟了《巧家县关于进一步明确任务压实责任确保打好打赢脱贫攻坚大决战的实施方案》《巧家县打赢精准脱贫攻坚战三年行动实施方案》《巧家县 2019 年整县脱贫摘帽实施方案》等一系列政策文件送县委审定印发落实，细化落实动态管理、危房改造、光伏扶贫、健康扶贫、教育扶贫、就业扶贫、金融扶贫等专项工作方案，明确了目标、细化了措施、压实了责任。2020 年以来，面对突如其来的新冠肺炎疫情，承担县疫情防控指挥部的日常工作，协调推动疫情防控和脱贫攻坚，有力促进全县劳动力转移就业、农产品销售、扶贫项目复工等。

问题整改逐项清零。县委办承担中央脱贫攻坚专项巡视、中央脱贫攻坚专项巡视“回头看”、扶贫领域腐败和作风问题专项治理反馈问题等整改的日常工作，及时牵头制定整改方案，对每个具体问题逐一梳理，明确牵头领导、整改责任单位、整改措施和整改时限。同时，牵头成立脱贫攻坚督察组，对脱贫攻坚重点任务、提升城乡人居环境、各类问题整改等工作进行综合性督查，确保各项工作有力有效落实。

档案指导全面覆盖。县档案局机构改革并入县委办以来，主动认领工作任务，充分发挥职能优势，加强业务指导，确保脱贫攻坚档案完整、准确、系统和安全。制定脱贫攻坚档案管理规范文件，对文件材料收集范围、分类、整理、保管等提出具体要求。全覆盖开展脱贫攻坚档案业务培训，指导乡镇、部门和村（社区）建立完善档案管理制度。成立脱贫攻坚档案管理工作监督指导小组，每半年对脱贫攻坚档案管理进行 1 次全覆盖检查归档。组织完成县委履行脱贫攻坚主体责任和行业扶贫工作档案资料，并进行数字化管理。

每月一清单，补齐短板

县委办公室共挂钩3个贫困村，52名干部职工挂钩帮扶555户2061名贫困人口；目前，贫困村和贫困户已全部脱贫出列。从2015年以来，县委办坚持每月初制定一个挂钩帮扶工作任务清单，月底检查工作任务完成情况；同时，坚持对标对表帮扶，单位1/3的公用经费用于脱贫攻坚，除驻村扶贫工作队队员以外的干部1/3的精力投入脱贫攻坚。2015年以来，帮助挂钩村协调落实项目资金1600余万元，单位公用经费投入80余万元。在工作中，推行挂钩帮扶到户看院子、抬眼看房子、进门开柜子、伸手开管子、走近问身子、坐下问孩子六个环节，逐村逐户排查，逐个环节落实，精准解决“两不愁、三保障”突出问题，做到全面小康路上不漏一户、不落一人。

到户看院子，全面改善人居环境。坚持每月督促和动员打扫一次环境卫生，针对卫生习惯差的农户，组织操家理务，有的还帮助贫困儿童理发等。帮助3个村（社区）各修建1座公厕，全面开展自然村公厕和户用卫生厕所建设。引导建立村规民约管理办法，强引导、硬约束、可量化、重应用，每月每村开展一次卫生评选，每季度奖励50户卫生好的家庭，建立“红黑榜”公示环境较好、较差农户，推动村容村貌越来越美，乡风民风越来越正。

抬眼看房子，加强安全住房保障。坚持“以房找人、以户找房，危房不住人、住人不危房”，协助第三方认定机构逐户逐房进行全覆盖认定，整合地震灾后恢复重建、易地扶贫搬迁、农村危房改造等政策解决建房困难，“满山都是土坯房”的局面彻底改变，住房安全问题全面解决。

进门开柜子，全面实现吃穿不愁。坚持把吃穿不愁作为驻村帮扶的底线任务，明确橱柜中米面油、冰柜中肉蛋奶、衣柜中衣被鞋等标准，逐户排查进行帮扶。围绕“有条件的贫困户至少有1人稳定务工就业”目标，实现技能培训全覆盖，劳动力实现应输尽输；针对13户未就业的农户，用单位公用经费设立13个公益岗位。大力发展生猪、肉牛、蚕桑等产业，仅花椒提质增效就达到1.2万亩，实现村村有主导产业、户户有增收项目，家家收入达标、人人吃穿不愁。

伸手开管子，全面确保饮水安全。坚持把解决饮水安全问题作为帮扶的基础工作，全面收集掌握群众家中是否有水、水质是否达标、管护是否到位、费用是否合理等情况，争取实施管网工程15件、水窖456口，水利设施管理机制建设实现全覆盖。

走近问身子，全面消除因病致贫。深入排查群众家庭成员、健康状况、政策享受、报销比例等状况，统筹医疗资源，全面落实医疗政策，构建健康扶贫“四重保障”。针对少数困难群众医疗费用报销仍然较大的农户，干部职工自愿献爱心帮扶；比如，赵坤同志帮助包保户孩子付住院的自费部分和生活费。

坐下问孩子，全面推进扶智树德。坚持把阻断贫困代际传递、倡导守孝风尚作为挂钩帮扶的关键。狠抓控辍保学工作，动态监控义务教育阶段学生就学情况，派出工作组到昆明等地劝返辍学学生，挂钩帮扶村已经无失学辍学情况。坚持每季度每个村民小组召开一次群众会议，深入做好群众工作，倡导“厚养薄葬”风尚，协调处理子女不履行赡养义务等行为。

脱贫攻坚战启动以来，县委办全体干部日夜尽锐攻坚，真正帮助群众解难题，让群众享公平，做群众贴心人，为群众谋福祉。

（作者时任中共巧家县委办公室常务副主任）

念好"农"经　助农脱贫

——县农业农村局发挥职能优势推进脱贫攻坚

张开辅

乡村变美了，房子变新了，生活变好了，贫困群众脸上笑容多了……来到县农业农村局帮扶的6个贫困村，树绿天蓝，花果飘香，绿水与青山交相辉映，生机盎然。远山处农民收割正忙，村庄里童叟欢笑，校园里书声琅琅，一幅幸福美好的新农村画卷展现眼前。

一个共同的目标，是决战贫困；有一种强大的使命，叫携手奋进。

2015年10月，全县决战脱贫攻坚战全面铺开。县农业农村局负责挂钩帮扶老店镇大岩洞村、红土村、大海村、治乐村、法土南村和金塘镇仁和村，涉及2个镇6个贫困村1209户建档立卡贫困户。除金塘镇仁和村条件稍微好点外，其余5个村都属高寒贫瘠山区，基础设施薄弱、产业发展乏力、增收渠道单一、文化落后，贫困程度深，是全县脱贫攻坚的重点村和难点村。

在精准扶贫、精准脱贫攻坚战中，县农业农村局切实扛起脱贫攻坚的政治责任，实行局领导班子成员包村、职工包户责任制，选派精兵强将18名驻村帮扶、全局干部职工与1209户建档立卡贫困户结成帮扶对子，紧盯脱贫攻坚重点任务和"两不愁、三保障"核心指标，紧扣精准识别、精准施策、精准退出、巩固提升"四粒扣子"，全力发挥部门职能优势，念好"农"经，助农脱贫，帮扶村全部如期实现脱贫出列。

精准识别结“穷亲”

脱贫攻坚精准识别工作，群众关注度高。为确保精准识别工作的标准和质量，我们配合镇、村两级着重在“两严一实”上下功夫。一是严把标准。严格对照“两不愁、三保障”标准和“精准”二字要求，通过入户调查和村民代表会议审议进行严格评定，禁止暗箱操作、禁止拆户、分户，确保不符合标准的坚决不入。二是严格程序。严把农户申请关、入户调查关、民主评议关、公告公示关，确保该走的步骤一步不少，应有的环节一项不落。三是做实公开透明。在广泛宣传，确保群众知情权的基础上，重点把握民主评议和公示两个环节，做到民主评议不走过场、不流于形式，公示公告按时如期进行，整体工作公开透明。

“在精准识别过程中，我们采取‘12345’工作法，即‘一进’就是工作队队员入户与户主及其他家庭成员进行交流，了解家庭情况、生活质量状况、子女读书情况、家庭成员健康情况等；‘二看’是看住房、家电、农机、交通工具、水电路等生产生活设施，看农田、山林、种养等发展基础和状况；‘三算’是算农户收入、支出、债务等情况；‘四比’是与本村农户比住房、比收入、比资产、比外出务工等情况；‘五议’是议评分是否合理，是否漏户，是否弄虚作假，是否拆户、分户、空挂户，家庭人口是否真实等情况。”时任红土村第一书记李清玉同志回忆道。

通过努力，在 6 个村识别出建档立卡贫困户 1209 户，全部与帮扶干部职工挂钩结成了“穷亲”。

培育产业促脱贫

自开展脱贫攻坚以来，县农业农村局积极为帮扶村贫困实际进行把脉问诊，量身打造“脱贫良方”，精准施策、精准帮扶。

局领导班子成员、种养业专家深入实地开展调研，摸清帮扶村基础设施建设、产业发展和集体经济等情况，找准突出问题，研究解决办法，帮助制订脱贫规划和年度帮扶工作计划，协助6个帮扶村争取基础设施建设项目，全面实施道路建设、安全饮水、电网改造、危房改造，深入推进人居环境整治、厕所革命，持续开展教育扶贫、健康扶贫……不断改善基础设施条件。一笔笔扶贫资金向帮扶村倾斜，一件件民生实事相继落实，基础设施的不断改善，不仅为村民的生产生活和出行带来便利，也让帮扶村经济社会发展焕发出新的生机与活力，贫困村村民满意度大幅度提升。

“这几年变化很大，我们康家营村民小组以前不通水泥路，都是毛毛路，雨季还经常不通，种出的洋芋和养大了的牲畜没有人来买，现在修通了水泥路，经常有人开车上门收购，连生活用品和蔬菜都时不时有人开车到村里来卖，出行也方便多了。村里安装了管网、建了水窖，扭开龙头就能喝到干净自来水，还能洗上太阳能热水澡，住房从瓦房换成了砖房，比城里的还宽敞，连茅厕都是卫生厕所。日子比以前好得太多了，就像做梦一样！”大岩洞村康家营村民小组付天云这样感叹自己的好日子。

发展产业是实现脱贫的根本之策，是带动群众就业、促进群众增收最直接最有效的路径，更是实现“两不愁、三保障”目标最有力最可靠的支撑。帮扶村基础设施改善了，交通通畅了，农产品销售也方便了，产业发展就有了条件。县农业农村局立足部门优势，以突破贫困村产业发展的难点和薄弱环节为着力点，立足贫困村资源禀赋和产业发展条件，坚持把“兴产业、补短板”作为破解脱贫增收难题的抓手，按照产业“三个全覆盖”（良种良法、高度组织化和党支部主导的专业合作社全覆盖）要求，指导完善产业发展规划，帮助贫困村因地制宜、突出特色，大力实施“一村一品”“一户一策”特色产业培育工程，主动念好“农”字经，围绕“产业”做文章，大力培育富民产业，鼓起群众“钱袋子”。

如何把小小马铃薯培植成农民增收的大产业？县农业农村局依托帮扶村马铃薯产业优势，通过“建基地、育主体、培龙头、促营销”等举措，以良种更换为突破口，采取“支部＋合作社＋农户”模式，推进马铃薯产业提档升级。

“以前种的老品种，产量不高。现在这个品种就不一样啦，收成很好，每亩大概可以收3000公斤。”大岩洞村村民杨其顺看着地里丰收的马铃薯高兴地说。

“通过‘支部＋合作社＋农户’的模式，建立了脱毒马铃薯原种扩繁基地2000亩，涉及251户952人，其中涉及老店大岩洞、红土、大海等村建档立卡贫困户就达244户918人。”县沐民种植农民专业合作社负责人丁明加告诉笔者，“今年比上年度亩纯收入增加2980元，实现了参与群众年人均纯收入增加到6200元以上。”

发展养殖拓宽路。走在老店镇大岩洞、红土村，呈现出了“草肥、水清、牛羊壮”的可喜画面，这得益于帮扶部门的长期帮扶。先后在大岩洞村实施岩溶地区草地治理试点工程和科技扶贫种草养畜示范项目，累计投入项目资金800余万元，将25度以上的坡耕地全部退耕还草，对退化草场进行改良，修建畜圈和改善农民的生产生活设施，大力开展种草养畜，有效增加农民经济收入。

“养殖业是我们大岩洞村的主要经济和生活来源，现在我们种草像种庄稼一样进行耕种和管理。我家人口3人，2019年养了绵羊51只、马2匹、生猪5头，还安了光伏太阳能，全年经济纯收入都在3万元以上。现在儿子已参加工作，日子过得越来越舒坦了。感谢农业农村局为我们创造了种草养畜的条件。”大岩洞村村民康远忠掩饰不住心中的喜悦。

走进治乐村，蛋鸡养殖和中蜂养殖试点项目吸引了笔者的眼球。据了解，这两个项目都是在县农业农村局的扶持和指导下内培外引实施的。蛋鸡养殖产业项目由巧家县华辰养殖农民专业合作社承接，采取“龙头企业＋村集体经济＋合作社＋贫困户”的扶贫模式运作，与昭通华曦集团建立蛋鸡养殖科技支撑体系，分三期建设，挂联治乐村村集体和738户建档立卡贫困户，总投资1555.84万元，流转土地130亩，建棚舍3栋，计划养殖蛋鸡

15万羽。目前一期、二期工程已投入运行，养殖蛋鸡10万羽，日均产蛋9万余枚，产蛋率达90%，待全部建成投产后，可实现年产蛋675万枚，收入472.5万元。

来到东西部扶贫协作项目——巧家县老店镇治乐村中蜂养殖产业扶贫试点，只见树林的空地上整齐地摆放着印有“巧家扶贫”字样的蜜蜂箱，蜜蜂在空中飞舞，“嗡嗡”作响。该项目通过东西部扶贫协作搭建平台，采取“公司+村集体经济组织+建档立卡贫困户”运作发展模式，由两当环宇公司提供市场保底价回收及技术保障，由村集体经济公司负责实施经营管理，项目挂联建档立卡贫困户100户，按既定方案和标准带动养蜂业发展，建档立卡贫困户享受分红收益，实现脱贫增收。

“发展中蜂养殖不与种植业争地、争肥、争水，也不与养殖业争饲料，具有投资小、见效快、用工省、无污染、回报率高的特点。”治乐村主任徐正华说，按一户饲养10箱蜂，正常年份每箱蜂每年带来纯收入1000元计算，每户养蜂收益每年可达1万元，带动农民增收效果显著。村民余朝海说：“我在这里就近务工，主要负责打扫蜂箱卫生，检查蜂巢板的间隔距离是否合适、蜂箱内是否有绵虫等。这些工作很简单，一学就会，既能照顾到家庭又能赚钱。”

精准退出过小康

“在精准退出工作中，我们通过‘三看三步走’工作法，严把贫困户、贫困村退出的程序和标准，做好精准退出工作，即‘三看’是入户看收支情况、看生活条件、看保障状况；‘三步走’是民主评议、入户核实、村级公示。”时任治乐村第一书记、驻村工作队队长赵春桃这样介绍。

“老康，你家修了安全住房、喝上了自来水、今年家庭人均纯收入达到5869.3元……按照现行脱贫标准，你家已具备脱贫的条件，请你签字认可，接下来我们还要按精准退出程序进行评议公示和审核认定等工作。”工作组在2019年末入户中遇到了康家营村民小组的康远学。

“家庭收入都是我一项一项说给工作队测算的，我肯定签字认可。这几年我家享受了好多扶贫政策：政府补助钱给我们修砖房、为我们安装入户管网、女儿读书享受‘雨露计划’、医疗保险为我们代缴、给我们培训种养技术、实施了光伏扶贫项目、申请到小额贴息贷款3万元发展养殖业，还为我安排了护林员工作岗位……现在收入增加了、生产生活条件也好了，感谢党的扶贫政策和镇村、农业农村局的帮扶。”康家营村民小组的康远学在“脱贫双认定表”等资料上签字认可。

巧家县农业农村局在帮扶村、贫困户退出工作中，积极配合镇村干部组成工作组，严格按照“村评议、镇审核、县审定”的工作程序和“户脱贫、村出列”的标准，对脱贫验收程序的规范性、资料的完整性、数据的准确性进行全面调查核实，确保程序严格、退出精准、数据精确、群众认可、禁得起历史检验。截至目前，县农业农村局挂钩帮扶的6个村1209户建档立卡贫困户均达到甚至超过了相关脱贫指标，顺利通过国家和省级第三方评估，户脱贫、村出列成果得到当地干部和群众的普遍认可。

巩固提升稳小康

“今年顺利通过了国家和省级第三方评估，全局干部职工一定要克服思想懈怠和厌战思想，进一步发挥行业部门优势，推进全面脱贫与乡村振兴有效衔接，以更大力度和更实措施持续抓好脱贫攻坚巩固提升工作。”县农业农村局党组书记、局长杨文超多次强调。

脱贫摘帽不是奋斗的终点，而是迈向新征程、创造新生活的新起点。县农业农村局正汇集全局之力，结合帮扶村实际，一如既往做好巩固提升工作，着力抓好实用技能培训，大力培育壮大高原特色现代农业产业，提高农民组织化程度，完善联贫带贫机制，强化人居环境整治提升，着力解决好群众持续增收致富和后续发展问题。2020 年，已投入资金 338 万元，在老店镇治乐村实施蛋鸡养殖二期项目，覆盖建档立卡贫困户 203 户 735 人；投入资金 152.2 万元在 6 个村实施行政村公厕改造 5 座、农村卫生户厕改造 1022 座。同时在 6 个村继续实施蔬菜种植和生猪养殖项目，共覆盖建档立卡贫困户 428 户 1773 人。

一个个贫困村实现华丽蜕变，一张张笑脸洋溢着幸福的味道……

（作者时任巧家县农业农村局办公室主任）

小康路上一个都不能少

杨　倩

“贫困不是社会主义，共同富裕才是我们的目标，脱贫攻坚，小康路上一个也不能少。”这是我党向人民、向历史作出的庄严承诺，是必须完成的政治任务，也是无数残联人奋斗的目标。

巧家县共有残疾人 42419 人，占总人口的 6.78%。其中，视力残疾 10108 人，占残疾人总数的 23.83%；听力残疾 6626 人，占残疾人总数的 15.26%；言语残疾 331 人，占残疾人总数的 0.78%；精神残疾 2320 人，占残疾人总数的 5.47%；多重残疾 6796 人，占残疾人总数的 16%。这不仅仅是一组数据，对于巧家县残联来说，更是一份沉甸甸的责任。5 年来，我们锐意进取，勇毅笃行，只望他们过得更好，在脱贫奔小康的路上不能少了他们的身影。

残疾人不是残废人

“我是个废人，从小虽然父母不说，但看着他们每天为我忙前忙后，我却什么也做不了，真的还不如死了算了！”这是残疾人李顺兵说过的一句话。短短数语，道尽了无数残疾人经历的辛酸。因为残疾，他们生活不便；因为残疾，他们的家庭背上了沉重的负担；因为残疾，他们备受别人歧视；因为残疾，他们不知道未来的路在何方……

李顺兵的童年是灰暗的。2001 年云南省物资学校毕业后，他满怀希望能像以往的“中专”“中师”生一样分配到工作，但由于多年生病身体极差，体检不合格犹如一道晴天霹雳让他失去了工作的唯一机会，那时候他唯一的想法就是到处求医，希望身体能好起来。然而命运往往就是这样无情，因患类风湿性关节炎导致他再也无法挺直了腰板，成了一个地地道道的“小驼背”，他感觉人生跌落到低谷。

经过两年左右的治疗，身体的疼痛有所好转，但残疾的现实也无法改变，他也试着接受自己也是一名残疾人的现实。在老家农村的那段日子，他渐渐觉得不能让家人养一辈子，尝试着做一些自己力所能及的事，就买了许多有关养殖、家电维修的书籍来看，在村里孵化小鸡，出壳率是最高的，经常就有邻居拿鸡蛋来请他帮助孵化，还帮助邻居们排除一些家电的简单毛病。他也重新燃起了生活的希望，觉得残疾也没什么大不了的，也能通过努力实现自己的人生价值。2011 年，随着手机的逐步普及，他敏锐地嗅到了商机，决定到昆明学习修手机。由于有些修理的基础，加上理论水平比其他学员高，他才学半年就把其他学员学一年的课全部学完，并获得理论知识满分的好成绩。当时教修手机的师傅说，他完全可以提前毕业开店了，并且学费减半。

2013 年，在县残联的帮助下，李顺兵在巧家县城里开了一间手机维修店，从事手机维修、缴费、销售等业务。随着脱贫攻坚的深入，国家对残疾人的帮助政策越来越多，其间他获得了两次小额创业贷款，让店子扩大了规模。2020 年由于新冠肺炎的影响店子关了一个月，当时由于房租高又没有收入，残联的同志知道后，帮他申请了补助，渡过了疫情带来的难关。如今的李顺兵不仅凭手艺自食其力，还收获了爱情，组建了家庭，日子越过越红火。

“9月19日，‘三菱友谊杯’2017年残疾人民间足球争霸赛年终总决赛在北京中国残疾人体育运动管理中心拉开帷幕。来自全国18个省(区、市)的35支基层残疾人足球队伍将在为期5天的赛事中展开激烈角逐，争夺2017年残疾人民间足球争霸赛冠军。9月19日上午，巧家县特殊教育学校足球队代表云南参赛，在总决赛上对阵江西代表队，经过队员们的激烈拼杀，最终1∶0战胜江西队，取得首战胜利。接下来，云南代表队还将迎战上海、重庆、江苏、山东等代表队。”2017年9月20日巧家新闻网一条关于巧家县残疾人足球队的信息迅速在朋友圈传播，从此这支由县特殊教育学校10名聋哑人组成的特奥融合足球队逐渐走进了人们视野，也是从那时起，一份份关于他们的捷报纷至沓来。

2017年，在全国“三菱友谊杯”重庆残疾人民间足球争霸赛《南部赛区》荣获特奥融合组第三名；

2017年10月，在全国“三菱友谊杯”北京残疾人民间争霸赛总决赛荣获特奥融合组全国第五名；

2017年12月，在福建全国青少年校园足球特奥融合组比赛中荣获全国第四名……

他们是一群追梦的少年，他们用翻飞的手语交流和传递情感和力量，足球运动带给他们幸福和快乐，也教会他们团结和果敢。在阳光和雨露的滋养下，孱弱的幼苗也能长成参天的大树，在爱心和信念的培育下，高原的雄鹰也将翱翔朗朗晴天。

他们，也是巧家人的骄傲。

“残疾人绝不是残废人。”县残联理事长徐智在残联组织的培训课上总是会说这样一句话，每次开班仪式，徐智理事长都会邀请李顺兵等一批这样的残疾人向残疾人、贫困户讲一堂别致生动的教育课，旨在改变社会对残疾人群体的整体认知，鼓起残疾人对生活的勇气，改变自轻的错误认识。越来越多有想法、有能力的残疾人重新拾起了生活的信心，在县残联的帮助下成为行业能人，进而带动更多残疾人走向“残而不废　自食其力”的新生。

服务到“家”群众少走路

“多谢你们关心，跑这么远帮我办残疾证。”2016年，白鹤滩镇巧家营村木厂沟村民小组82岁的残疾老人冯代华接过残疾证的那一刻，激动地流下了泪水。

像冯代华老人一样，因为山高坡陡，年事已高不便到县城领证和换证的残疾人不在少数，特别是那些瘫痪、重度残疾和生活不能自理的残疾人要到县城办理业务更是难上加难。没有残疾证，他们本该享受的残疾人补贴和政策就落不到实处，他们的脱贫就只会是一句空话。

“精准扶贫精准脱贫之于残联就是一项细活，而这项细活根本要落实到残疾群众的福祉上来，再具体些，就是要我们残联人多跑路残疾人少走路。”面对残疾人办证、换证难的问题，徐智理事长这样告诫我们每一位残联人。也从那时起，巧家县残联工作人员启动了“告别坐等叫”的常规办证模式，“搬掉门槛，上门服务”，每到一处，县残联的工作人员总是热情地回答残疾人朋友的咨询与提问，为他们检查听力、视力、肢体残疾等情况，对照汇总残疾情况评定残疾等级，为残疾人落实医疗、保险、养老、重残补助等方面的优惠政策和福利待遇。

除去上门服务外，从2017年到2020年，县残联还在办证服务大厅采取措施优化办证窗口服务，提高工作效率。认真接待来电来访群众，对来电群众说明所需材料及要求，尽量减少残疾群众往返次数；对来访群众细致讲解办证流程和指导他们填写表格。请示协调市残联，争取了一周两次复审，进一步加快办证补证进度。一系列行之有效的措施，让我们不知不觉间拉近了与残疾朋友的距离，也扣准了残疾人精准识别的“第一粒扣子”，为残疾人的精准帮扶打下了坚实的基础。

党的政策暖人心

“感谢党和政府关心，感谢残联的同志，如果没有你们的帮助，我想我这个瞎子怕再也看不见了。”一位做完白内障手术重见光明的老大娘感激地说。5 年来，“感恩”成了残联人听到残疾朋友说得最多的一句话，感恩党和政府、感恩这个时代，感谢残联人所做的一切。

康复工程，托起残疾人健康梦。2015 年以来，县残联筛查了符合白内障手术患者 649 名，为他们免费做了复明手术；开设盲人定向行走训练班，培训盲人 20 名；开展了脑瘫、智力残疾儿童康复训练 160 名，培训家长 160 名；聋儿康复训练 18 名，助听器适配 140 名；为成人假肢适配 102 只，腿适配 56 只，大腿适配 46 只；为肢体残疾儿童适配矫形器 99 名，发放辅助器具 1774 件；精准康复项目共计实施 3809 名；为 8 名聋儿申请到免费人工耳蜗手术。

教育补助，让贫困不再代际传递。县残联会同教育部门全面核实残疾适龄儿童少年在校就读和未入学情况，为 87 名贫困残疾学生和贫困残疾人家庭子女提供了上学资助，累计资助 11.4 万元，提高了助学质量，扩大了助学范围。

就业帮扶，助力残疾人家庭脱贫。2015 年以来，其间共收缴残疾人就业保障金 150.093 万元，为残疾人提供就业服务 866 人次。开展盲人按摩职业技能技术培训 19 人次，投入资金约 9 万元；农村实用技术培训 1210 人次，投入资金 60 余万元。打造残疾人创业就业示范点 2 个；创业就业示范户 25 户、补助资金 16.6 万元。安排残疾人农家书屋管理员 11 人次，发放补助 3.96 万元。全面落实再就业政策，2019 年和 2020 年积极协调争取东西部扶贫协作帮扶资金合计 399.8 万元，帮助 666 名农村残疾人实现就业增收。

社会保障，守住保障残疾人生活的最后底线。县残联配合民政、医保和人社部门，进一步保障残疾人生活水平。2015 年以来，全县纳入最低生活保障的残疾人 11044 人，为 10306 贫困重度残疾人减免医疗保险费 132.528 万元，参保率 100%；2019 年共为 10476 人贫困残疾人减免养老保险费用 134.82 万元；2016 年至 2020 年为 63823 名残疾人发放了残疾人“两项补贴”共 3602.193 万元。为 6230 户农村贫困残疾人无房户和危房户实施了危房改造，保障了残疾人住房安全。2020 年，为 27 户残疾人家庭实施贫困残疾人家庭无障碍改造项目，投入资金 16.2 万元。

一项项惠民政策的落实，展现了党和政府对残疾人事业的关心，见证了残联人在扶贫路上的铿锵足迹，42419 名残疾群众在脱贫奔小康的道路上没有掉队，也永远不会掉队。

（作者时任巧家县残联办公室主任）

第二编　产业就业扶贫

巧家农特产业扶贫出实招见实效

昭通市产业扶贫领导小组办公室

县委、县政府紧紧围绕省、市党委、政府脱贫攻坚战略决策及产业精准扶贫总体安排部署，立足资源禀赋，编制了《巧家县农业产业发展规划（2018—2025年）》，2018年以来，巧家县以规划为引领，大力发展特色产业助推脱攻坚，产业扶贫出实招见实效。

内培外引做强生猪产业

养猪业是巧家县农村经济的基础和支柱产业，是农民脱致富的主要依托，具有“猪粮安天下”的战略意义。巧家县委、县政府将生猪产业作为助推脱贫攻坚的主要产业之一进行培植，积极整合资金支持生猪产业的发展。2018年末，全县出栏生猪52.7万头，存栏生猪38.2万头；实现生猪产业总产值13.5亿元，占农业产业总产值的35.4%，农民人均养猪收入2610元。

巧家县在生猪产业发展中不断总结经验，对生猪产业扶贫模式进行了大胆的探索和创新，改变全县生猪产业发展中后端缺失、养殖技术落后，贫困农户自主投入困难，发展适度规模养殖需财政年年投入、年年建设而效果不明显等怪圈。按照“三个全覆盖”的要求，积极探索“公司＋集体经济＋合作社＋建档立卡贫困户＋基地”的模式，带动提升巧家生猪产业化经营水平，助推脱贫攻坚，实现公司、村集体经济、合作社、农户四赢。

着力“内培”苦练“内功”。通过拓展县属国有企业巧家县教投公司职能，支持和培育其发展农业产业，围绕全县学生营养餐配送等经营范围，培育和构建稳固的农产品市场。县教投资公司加大农业专业技术人员招聘使用，经营业务范围增加种植、养殖规模、农产品加工销售，承接全县农业产业扶贫项目的资产保值增值、经营管理、卡户利润划转等职能。2019 年由县教投公司承接实施全县生猪产业准扶贫高效规模养殖场建设，体现了国有企业在脱贫攻坚工作中的责任和担当，不仅充分发挥了扶贫资金使用效益，保障了建档立卡贫困户收益，又发展壮大了村集体经济、合作社，带动生猪产业的发展，还达到了在本地区培育、发展、壮大自己的龙头企业的目的。

着力“外引”加强招商。巧家县委、县政府组织相关部门考察对比、斟酌研究、谈判会商，于 2018 年年底对外引进广东温氏集团公司。县教投公司与广东温氏集团签订生猪养殖战略合作协议，利用其雄厚的资金、品牌、产业链及技术专家团队作为引领和突破口，带动提升巧家生猪产业化经营水平，积极发展猪肉产品精深加工及饲料生产，以加工带基地、加工促发展，改变目前生猪产业发展的困境。县乡政府和有关部门为温氏集团落户巧家县做好建设用地、金融扶持、人才培训、技术指导等服务工作，协助教投公司加快养殖场基础设施建设，为全县打造生猪新型代养服务提供保障，全力加快招商引资项目落地实施的进度，促进巧家生猪产业快速发展。

锁定卡户建强龙头。截至 2019 年 4 月，已启动建设生猪规模养殖场 21 个、实行集中统一建设（马树镇小河村建设 12 个，老店镇尹武社区 9 个）运营和管理、总投资 15035.62 万元，其中统筹整合财政涉农资金 9117.62 万元、小额扶贷资金 4798 万元、东部协作资金 640 万元，社会资金 480 万元。招商引进全国 500 强企业广东温氏食品集团有限公司与县教投公司合作，采用“龙头企业 + 合作社 + 村集体经济 + 卡户 + 基地”的发展模式，建设年出栏 10.5 万头生猪高效规模养殖场。共覆盖村集体 23 个、建档立卡户 9596 户 37471 人。

创新模式真扶实扶。一是统筹整合涉农扶持资金，创新资金使用模式。生猪高效规模养殖场项目规划使用的统筹整合财政涉农资金和东西部协作资金挂联建档立卡户 9596 户，全部用作养殖场的基础设施建设投入，所形成的固定资产作为村集体资产、村集体委托给巧家县教投公司建设运营、管理。县教投公司按统筹整合财政涉农资金投入总的 5% 给予村集体和建档立卡贫困户固定收益回报。二是创新金融资金使用模式，增加卡户经济收益。涉及乡镇组织挂联的建档立卡贫困户按照户均贷款 0.5 万元标准入股县教投公司，作为运营周转资金，贷款本金由县教投公司负责分三年还清。第一年还 40%、第二年还 30%、第三年还 30%。县教投公司按扶贫贴息贷款资金入股总额的 5%（以卡户实际贷款入股金额测算）给予建档立卡贫困户固定收益回报。建档立卡贫困户的收益随贷款参与度的大小而改变。三是强化多方利益联结，创新利益分配机制。统筹整合财政涉农资金、社会资金（东莞市帮扶资金）扶贫贴息贷款资金入股投入部分的固定收益回报，县教投公司按 15∶85 比例分配给村集体和建档立卡贫困户，即每个村集体每年固定收益 2.87 万元以上，卡户每年户均固定年收入 425 元以上。

政府牵“红线”，草莓产业见实效

2017 年，巧家县引入草莓在马树镇种植，经过近 2 年的探索发展，形成较丰富的生产经营经验。完备完善温凉山区种植草莓的品种选择、种苗生产、生态速生种植主要生产环节的技术集成，县委、县政府采取强有力措施强化龙头带动，推进产业纵深发展，全县草莓种植在 2018 年 165 亩的基础上发展到2020年的6000余亩，种植面积翻了36倍，草莓产业扶贫见实效。

政府牵线搭桥，提供基础保障。县政府围绕产业兴县战略，重基础、抓落实、提效率、强发展、科学部署、合理规划，成立产业发展领导小组。县委、县政府领导亲自过问，主要领导一手抓，精兵强将全会聚的工作思路和模式，政府做好新型经营主体与卡户之间的牵线搭桥作用，为草莓产业发展打下坚实牢固的基础。一是5次组队到曲靖、昆明、红河等地考察学习先进经验和管理模式。二是积极申请财政扶贫整合切块资金999.72万元，作为马树镇的固定资产，入股参与巧家县勤丰种植农民专业合作社进行生产经营，按照入股份额进行比例分红。三是深入研究，仔细探讨，请果蔬专家到马树实地调研，试种多品种草莓，确定适合马树种植的草莓品种——蒙特瑞。四是强化制度建设，为种植大户、合作社、企业保驾护航，帮助解决土地流转、水利设施建设等难题，确保他们走得进来、留得下来、做大做强，惠及百姓，实现稳就业保增收。五是对草莓种植户进行指导规范管理，确保草莓品质优良，打造马树草莓优质品牌。

党建引领，主体带卡户，助推产业发展。一是采取“党支部+合作社+公司+农户”模式。大力引导农户成立专业合作社，建立健全新型农村经营主体带动建档立卡贫困户机制，积极探索与外界市场的沟通联系，帮助打开市场，加强集体经济发展的内生动力，扎实推动集体经济发展。二是党委积极争取项目资金支持及引领合作社发展。支部定期组织学习培训，提高社员素质；引导结构调整，壮大产业规模，优化产业发展环境，服务产业规模发展。三是发挥党员引领作用。带领群众致富，着力构建支部合作社、党员引领群众、带领群众共同富的发展格局。四是实行“支部合作”的运作模式和工作机制。即支持不把持，帮助不包办，工作讲配合，经济各独立。村支部与合作社建立了联席会议制度，定期研究合作社工作，对合作社重大生产经营项目提出指导性意见。五是村党支部做好引导和示范，依法加强业务辅导，依法做好章程的制定、内部各项管理制度的完善，推动农民专业合作社建设，不断壮大集体经济，规范运行村集体经济，带动草莓产业发展。

合理规划，发展新型经营主体。2018 年 11 月，县委、县政府结合自身实际以及积累的丰富经验，大胆创新，勇于突破，引入勤丰种植农民专业作社，投资 5000 余万元，在马树镇规划种植草莓 2000 余亩、新建大棚 1350 个，厂房、生产用房 3600 平方米，蓄水池 3600 立方米。将种植大户全部纳入合作社，引导种植大户遍地开花，在马树社区、孔家营村、老箐村等地相继开展种植业。至 2020 年 9 月，已完成 2200 余亩的土地流转、土地平整、大棚搭建。该项目建成后，马树社区新增固定资产将达到 999.72 万元，每亩产值达 3.5 万元，总产值 7000 余万元。合作社收入 3400 余万元，马树社区集体和卡户年收入可达 139.94 万元。

“党支部 + 合作社”带动花椒产业基地建设

炉房乡荒田村花椒产业基地是由巧家县沙沟种植农民专业合作社和巧家中豪绿林种植公司合作实施的产业示范基地。流转土地 620 亩，河滩集中连片改造土地 262 亩，以荒田村中沟河坝为基地，引进企业连片种植花椒 620 亩，带动周边贫困群众分散种植花椒 380 亩，打造千亩花椒产业示范带。规划项目的全面实施，将改变炉房乡荒田村的传统生产观念，为以集体经济为依托的产业发展打好坚实的资源基础，对加快调整农村产业结构、增加农业技术推广应用、加快农民脱贫致富都有重要意义。通过“资金 + 技术 + 物资 + 人力”四个集中，有效瞄准弱势群体，最大范围地覆盖贫困人口、提高扶贫开发成效。一是新型模式运作，增加群众收入。炉房乡荒田村花椒产业助推脱贫攻坚示范基地项目，采取“党支部 + 合作社 + 公司 + 贫困户”的模式运行，以“中共炉房乡荒田村支部委员会 + 巧家县沙沟种植农民专业合作社 + 巧家中豪绿林种植有限公司 + 贫困户”的扶贫模式运作，由巧家县沙沟种植农民专业合作社或者巧家县炉房乡荒村集体资产经营管理有限责任公司与巧家中豪绿林有限公司签委托建设经营管理协议。形成一个多方参与、共享利益的产业链条来壮大村集体经济，助推建档立卡贫困户555户2412人顺利脱贫，带动荒田村花椒产业有机循环发展。二是坚持打造品牌，推动产业发展。做好“三品一标”报审认定工作实现高产、优质、高效、生态、安全发展目标。以现代农业理念为引领，强化“第一车间”理念，按照标准种植、控温烘烤、青深加工、品牌营销思路，把“荒田九叶青”打造成家青花椒系列的特色品牌，推动花椒产业发展发挥龙头企业在品牌培育、技术成型、管理规范、市场营销等方面的主体作用。积极引导群众参与，为荒田村脱贫攻坚工作提供坚强保障。经测定，九叶青花椒每亩栽植120—160株，单株产量2—6公斤，最高可达10公斤；平均亩产1100公斤。保守前栽植133株，单株鲜椒产量4公斤，平均亩产532公斤，每公斤15元，亩产可达7980元。三是建立有效机制，保障群众收入。使用统筹整合财政涉农资金建设的基础部分总资金568.72万元，所形成的固定资产作为巧家县沙沟种植农民专业合作社入股资金。入股巧家中豪绿林种植有限公司进行生产经营，巧家中豪绿林种植有限公司对巧家县沙沟种植农民专业合作社采用固定分红的方式，按年收益5%的比例固定分红，每年28.436万元；该固定收益挂联荒田村、底里村集体经济组织和荒田村、底里村、鲁德村建档立卡户555户。无论中豪绿林种植有限公司当年经营如何，年收益5%的比例固定分红方式不变，回报收益期限为20年。从2019年起算，最终达到企业能发展，合作社能壮大、集体经济有收入，贫困户短期能脱贫长期有收益的目标。每年28.436万元的固定分红收入，荒田村、底里村村集体经济组织提取36%（102369.6元）作为村集体经济收入，各51184.8元专项用于该村社会事业及民生发展方面支出;64%（1819904元）作为挂联的555户贫困户加入专业合作社的产业分红收入，一户一股，一年一付，每户每年获得分红收入328元。

原载《昭通市产业扶贫简报》（第8期）

热区特色产业成为脱贫攻坚亮点

黄得军

有特色的东西从来不会缺少市场。特色不仅能够吸引眼球引起关注还会形成名特产效应，为一方带来名誉和经济的双丰收。

在全县脱贫攻坚大决战中，八仙过海各显神通，县热区产业发展中心精准研判地理优势和市场前景，立足热区特点，发展热区特色产业，为建档立卡贫困户创收，如期过上小康日子。

巧家因海拔高差大呈现出的“一山有四季，十里不同天”干冷同时、热湿同季的高原垂直立体气候特点，加之年平均2155小时日照时数的光热资源，是发展热区特色产业得天独厚的地方。县热区中心始终不断挖掘巧家特色优势资源，不断提升县域特色产业发展竞争力，为全县决胜脱贫攻坚添砖加瓦。

建基地、做示范。2017年全县即将进入决胜脱贫攻坚关键时期，县委、县政府安排县热区产业发展中心负责抓好红糖产业发展、热区水果产业园区建设工作。“红糖，特别是热区水果产业发展是我县的新型产业，群众是否接受和支持？”在一次工作安排中，时任县热区产业发展中心主任的蒋洪福强调：“我们的首要任务就是要快速摸清全县的热区资源情况，了解群众发展意愿！”

热区中心结合蔗糖、热区水果及产业扶贫项目建设的需要，开展历时两个月左右的土地资源摸底调查工作。

摸底调查结束，得出了一个结论：大力发展红糖、热区水果等特色产业必须先建设示范基地，让群众看到希望、充满信心。2018 年 3 月，印发了《巧家县热区产业发展中心关于干部职工挂钩联系产业扶贫重点项目的通知》。组建了 4 个挂钩联系小组分别挂钩联系各乡镇、村督促项目建设。2018—2019 年，全县规划实施水果、甘蔗、中药材、蚕桑产业扶贫项目 21 个，投入产业扶贫资金 1.17 亿元，覆盖了 12 个乡镇 16 个村（社区）。2020 年度规划水果项目 16 个，投入产业发展资金 1.1 亿元，覆盖了 9 个乡镇 18 个村（社区），为进一步巩固脱贫成果起到极大作用。

通过示范基地的建设，不断凸显了热区特色产业的扶贫效应，增强了群众对发展热区特色产业的信心和勇气，但热区特色产业相比传统农业产业科技含量高，要求群众有较高的种植管理技术。

经过多次研究讨论，向外引进人才成为共识。2018—2020 年，先后引进省农科院副院长（原省农科院甘蔗研究所所长）建立“张跃彬工作站”发展蔗糖产业、省农科院园艺所所长建立“陶磅工作站”发展草莓产业，与省农科院热带亚热带经济作物研究所尼章光研究员专家团队、河南农业大学果树专家郑先波团队建立了科技合作关系，共引进专家团队人员 30 余人，覆盖了各产业种植、加工、销售等环节。

立足长远目标，培育本土人才。引进的专家人才虽然为热区特色产业发展提供了科技支撑，但不是长久之计，培育本地人才方能长远发展！

借助各专家团队资源，2015—2020 年，热区中心组织全县蚕桑、蔗糖、水果等热区特色产业的种植、加工、销售人员开展了技能培训 20 余场，共培训 5000 余人次；组织县、乡、村技术服务人员、企业从业人员等 50 余人到科研究院（所）、学校进行集中学习，选派县、乡镇热区特色产业发展工作人员 50 余人进入专家工作站进行跟班学习。

通过本土人才的培养，提高了当地热区特色产业技术水平和科技创新能力，有效有力助推了脱贫攻坚。“原来甘蔗种植也可以盖膜呀！”在甘蔗种植技术推广的现场，一个甘蔗种植的老乡感叹道。

强化研发，夯实品牌。借助“专家工作站”平台、专家团队的技术力量、企业的设施设备及工人和产业基地资源等，开展了系列科研研发工作。

2019—2020 年，以“张跃彬工作站”为承接主体，把红糖生产加工工艺从传统加工工艺改造为现代生产加工工艺，经过跟踪分析，现代加工工艺大大降低了人工和燃料等投入，生产成本降低近 30%。同时，由于现代工艺对加工条件控制较为准确，有效地提升了红糖品质。经专家团队对巧家红糖产业进行调研，科学分析了巧家地理、气候、人文等因素，编制出了《甘蔗种植》和《红糖生产技术规范》标准。成功研发了“玫瑰花酱”“月子红糖”“姨妈糖”等系列产品。2018 年巧家红糖成功登陆 CCTV4《传承》栏目第二季《绝技》，被全国知名的吴晓波频道、CCTV1 推介。2019 年成功注册“巧家”商标用在红糖类产品上，2020 年成功注册“巧家小碗红糖”地理商标。昭通市市长郭大进更是走进抖音直播间网络带货巧家红糖。

2020 年，以“陶磅工作站”为承接主体，在巧家县马树镇草莓种植基地推广了标准化栽培技术，建立了包括标准化育苗、栽培技术、采摘处理、包装等草莓标准化产业链技术规程。

2020 年 6 月底，全县累计实施了热区特色产业项目 34 个，覆盖建档立卡户 7146 户 24805 人，实现全县村级集体经济收入年增加 83.55 万元，涉及卡户户均增收 562 元以上。全县有水果产业示范基地种植面积 2.1 万亩，实现年产量 13000 吨以上，产值 2.5 亿元以上，有龙头企业 4 家、合作社 19 个。全县有桑园面积 10.5 万亩，年发养蚕 3 万余张，年产鲜茧 1100 吨以上，蚕农收入 5000 余万元，户均收入 2440 元以上，带动贫困户 2133 户 8532 人户均增收 3047 元；生丝产量 110 吨以上，实现工业产值 0.8 亿元以上。全县甘蔗种植面积 4500 亩，产甘蔗 30000 余吨，小碗红糖产量 3000 余吨，产值 5000 余万元，受益农户 2858 户 9553 人，带动贫困户 320 户 1180 人户均增收 8600 元；提供了 1526 个就业岗位。全县中草药种植面积 5000 余亩，带动建档立卡户 328 户 1126 人户均增收 2100 元。

特色产业显特色，特色产业圆了贫困户的小康梦！

（作者时任巧家县热区产业发展中心办公室主任）

借一方阳光　助一县脱贫

——县发改局发展光伏经济助力脱贫攻坚

吴春香

到了云南，大家首先想到的最热的地方是西双版纳或河口，而把头想晕转瘪也想不到巧家县是云南最热的地方之一。阳光爱云南特别偏爱巧家。过去，巧家由于缺水，巧家人对太阳没有太多的感情，反而不时羡慕后羿射日的本领，也无奈自己没有这样的本领。当人热得像狗喘气的时候，对太阳也就失去了爱意。

然而，新时代的阳光却突然变成了巧家人爱慕和向往的宝贝。这是因为在脱贫攻坚大决战中巧家的阳光终于变成了钱！县发改局是光伏扶贫最前沿的先行者，义不容辞，站到了最前列。

精准定位确定方向。巧家县地处金沙江干热河谷地带，光热资源非常丰富，常年平均日照时数为 2155 小时，大部分区域太阳总辐射在每平方米 5000 兆焦以上，被列入全国 471 个光伏扶贫工程重点实施县之一。巧家县抓住这千载难逢的机遇依托得天独厚的光热资源禀赋助力脱贫攻坚。发改局牵头整合政府、企业、银行多方力量，引进光伏发电技术成熟、实力雄厚的企业大力发展光伏扶贫项目，在 16 个乡镇大力发展光伏扶贫产业，将资源优势变成了发展优势。

背行囊远取经。2017 年 9 月，县政府副县长殷槐弟带领相关人员到陕西渭南合阳县考察“户用光伏扶贫”项目，通过后期调查研究、可行性分析等，经县委研究决定，最终确定了引进户用光伏发电项目。2017 年 12 月 25 日，首批屋顶光伏扶贫电站 46 户试点在白鹤滩镇、金塘镇全部正式发电。同年 12 月 28 日，装机容量为 5 万千瓦的药山镇洗羊塘集中式光伏扶贫电站项目获省能源局批准。

2019 年，累计投入 2.05 亿元在全县 16 个乡镇建成 7164 户分布式户用光伏项目。经国家能源局、国务院扶贫办审核后，省能源局、省扶贫办于 2019 年 5 月下达巧家县 140 个村级电站建设指标。县扶贫开发领导小组于 2019 年 7 月对村级光伏扶贫项目进行了批复。项目规划投资 9500 万元总装机容量 14000 千瓦，覆盖全县 15 个乡镇 140 个村，每村建设规模为 100 千瓦。

发动宣传稳农心。充分利用新闻、广播、宣传册、干部入户等多种形式进行广泛宣传，让农户了解光伏扶贫相关政策、产业特点和收益等情况，引导广大建档立卡贫困户和社会各界积极支持并参与光伏发电扶贫工作。同时通过以点带面，示范推广，让一小部分群众先安装、先发电，让广大建档立卡户看到实实在在的收益，逐步理解、接受、支持光伏发电。

投得起收得回。政府专项扶贫资金每户补助 5000 元，项目承建企业捐助 3600 元，农户出资 2 万元。农户出资部分全额向农业银行贷款，贷款期限 15 年，贷款利率为 4.9%（其中省财政贴息 4.64%，农户承担 0.26%），政府贴息 10 年，前 3 年只还利息不还本金，产权归农户所有。

采取发用分离、全额上网，发电收益按月计算、按季支付。通过政府扶持、群众参与，光伏发电设备安装到自家房前屋后，一次安装可使用 20 年，贫困群众对效益看得见、摸得着，激发了贫困群众的内生动力和脱贫信心。

新产业，新成果。建成分布式户用光伏 7164 户，截至 2020 年 5 月 31 日，累计发电量 3640.74 万度，产生收益 2549.06 万元，兑付 2549.06 万元。

建成装机总容量 1.4 万千瓦的村级光伏电站 140 个，每个村级光伏电站挂联一个村集体经济，实现村集体经济收入 6 万元以上，挂联建档立卡贫困户 2480 户，保障了挂联户持续增收。截至 2020 年 5 月 31 日，累计发电量 812.25 万度，产生收益 570.85 万元。

通过招商引资，投资 4 亿元，装机容量 5 万千瓦的药山镇洗羊塘集中式光伏电站项目建成发电，挂联建档立卡贫困户 2000 户。截至 2020 年 5 月 31 日，累计发电量 3558.35 万度，产生收益 2490.85 万元。

巧家县充分利用光热资源优势，变输血为造血，让贫困户持续稳定增收，小康日子有奔头有靠头。

（作者系巧家县发改局职工）

开发资源创新路　脱贫攻坚齐发力

——记县林下食用菌仿野生种植试验事迹

吴炳顺

随着时代的发展，人们的生活逐渐走向多元化，更营养更健康的食材成了大家追捧的对象。云南是野生菌的王国，野生菌被视为云南的山珍。而巧家县的垂直立体气候滋养了丰富多样的森林资源，而这种得天独厚的条件正是脱贫致富的有效路子。

全县森林资源丰富，拥有林地面积 318.57 万亩（其中，森林面积 128.93 万亩，国有林场 18.66 万亩），但林下资源开发利用还处于初期阶段，发展空间非常广阔。为了合理开发利用这一丰富资源，拓展脱贫攻坚产业发展路子，发展绿色经济，助力脱贫攻坚，县林草局按照县委、县政府的统一安排部署，2018 年以来，充分利用林地资源优势，探索以玉米芯、谷壳、木屑等不同基质配方培育，积极开展了林下食用菌仿野生种植试验示范并取得了初步成效，通过逐步科研探索、试验示范，明确了林下食用菌“产供销”一体化的发展思路。

林下菌产业发展空间大、潜力大、条件优，同时具备“不与人争粮、不与粮争地、不与地争肥、不与农争时、不与其他作物争资源”的“五不争”特点，是循环农业、维护国家食物安全、实现废弃物资源化的朝阳产业，同时林下菌产业发展还具有可持续、短平快、风险相对可控的优势，发展林下菌产业投资少、见效周期短，效益高，群众接受度高。

巧家林下食用菌仿野生种植的发展，得益于省委组织部、市委、市政府、县委、县政府的高度重视和关心，省委组织部李小三部长亲自到种植基地实地调研，并多方协调了300万元资金用于相关配套设施建设；市委杨亚林书记、县委张华昆书记、县政府陆颖县长、县委组织部陈永生部长、县人民政府杨永玲副县长等领导也多次深入实地进行调研指导，帮助解决项目建设中的困难和问题。

科技引领，开展试验示范

2018年，引进西南林业大学林下资源开发专家技术团队到巧家成立专家工作站，在县国有林场开展林下仿野生食用菌种植试验，成功培育出赤松茸、羊肚菌、平菇、杏鲍菇共4个品种，为林下菌推广打下基础，提供科技支撑。在试验成功的基础上，2019年上半年，先后邀请中科院昆明植物研究所、昆明食用菌研究所、西南林业大学、云南农业大学等科研机构专家进行了实地考察，并对当地气候、土壤、水源等做了全面检测和评估，认为在林下发展仿野生食用菌产业投资少、见效快，群众易于接受，能使贫困群众不砍树就能致富、不离乡就能创业，是加快山区、林区贫困群众增收脱贫的有效途径。2019年，统筹整合财政涉农资金630万元，由县龙头企业县移民投资公司、九棵松生物科技公司作为承接主体，运用科研成果，推广建设林下仿野生食用菌900亩试验示范基地。

多方联动，推动项目快速落地

县成立了专门的组织领导机构，解决项目推进中遇到的困难、问题，积极帮助企业融资贷款，协调相关行业部门在技术指导、“三品一标”认证、品牌打造等方面给予充分支持，确保项目启动迅速、推进有序、落地有力。同时通过与龙头企业合作，充分利用龙头企业的市场优势和技术优势，解决产品种植、销路的难题。大力开展政策宣传，充分发挥群众脱贫致富的主体作用，带动群众积极参与产业示范基地建设，到基地务工和学习种植技术，既推动了林下食用菌种植项目迅速落地落实，也解决了部分群众务工问题。通过在国有商品林内发展科研示范性质或者巧家县内首次开展林下经济的，免收或者减收林地租赁费等政策保障措施支持项目落地。

探索“党支部 + ”，创新发展模式

采取“党支部 + 公司 + 合作社 + 贫困户”的模式，投资 907.31 万元（其中，统筹整合财政涉农资金 717.41 万元，承接经营公司自筹资金 189.9 万元）给县九棵松生物科技有限公司、县移民投资开发有限公司，分别在马树镇小河塘村种植大球盖菇 500 亩，老店镇治乐村种植大球盖菇 400 亩。合作社积极提供产前、产中、产后三个环节服务：产前，主要做好优质优良菌种的引进推广；产中，邀请市、县农业专家、技术专家做好食用菌生产技术指导；产后，主要做好食用菌产品的流通服务。挂联村集体经济组织 2 个，年固定回报收益 5.385 万元以上。挂联建档立卡贫困户 730 户 2790 人，户均年固定回报收益 417.6 元。

拓宽渠道，盯紧市场销路

合作社遵循“风险共担、利益共享”的宗旨，制定了规范章程、建立健全了组织机构、完善了管理制度。坚持“民办、民管、民受益”原则，实

行统一制种、统一消毒浇水、统一采摘包装、统一销售、统一结算的“五统一服务”，实现了土地规模经营，降低了生产成本，提高了经济效益和市场竞争力。经营上坚持以市场为导向，依托组织化的优势，成立了专业的营销队伍，充分利用网络掌握有关的市场行情，准确定位定量，引进外地客商进行洽谈，签订销售合同，拓展产品销路，销售得到有效保障，保持价格稳定。2019 年，销售林下食用菌 1350 吨，收入 1080 万元。

示范引领，补齐产业短板

通过示范培训，农户，特别是贫困户掌握了林下食用菌培育技术后，为山区群众开辟了一条增收的途径，充分利用有限的土地资源和生态优势，生产出符合消费趋势的绿色食品，进一步丰富了市场、优化了产业结构、补齐了短板，增加了农户收入，带动了群众增收致富。

利益联结，助力群众脱贫

在项目实施中，实行整合资金投入部分形成村集体经济资产入股经营公司，固定分红，挂联村集体经济组织和建档立卡贫困户，稳定壮大集体经济、增加贫困户收入。将年总投资 5% 利益回报，按照 15 ∶ 85 的比例，作为集体经济收入和关联卡户收益。2019 年，林下食用菌种植挂联卡户 730 户（产业种植挂联 630 户，基础设施建设挂联 100 户），户均年分红收入 417.6 元。另外，按照优先使用建档立卡贫困户劳动力的原则，每亩每年提供临时就业岗位约 50 人，每人每天可获取务工收入 80—100 元，共提供务工就业岗位45000余个，增加年务工收入360万元，为解决群众脱贫致富持续发力。

林下菌种植带动了贫困群众脱贫致富，县林草局将加大机制体制创新，加强市场营销策划，进一步扩大种植规模，将资源优势转化为产业优势，为贫困群众脱贫致富添砖加瓦。2020年继续投入资金4947.58万元，其中三陕集团援助资金2876万元，统筹整合财政涉农资金2071.58万元，开展林下菌仿野生种植500亩，大棚种植多品种食用菌330亩，并在国有林场设置各种食用菌展示大棚30个，示范基地50亩，逐步启动菌种培育场、商品菌初加工厂、保鲜冷库及成品仓库等。

新型产业紧跟时代的潮流，适时应运而生，拓宽产业渠道，富裕当地人民功不可没！

（作者系巧家县林草局职工）

小小花椒树　致富大产业

——红山乡抓花椒产业助力脱贫奔小康

罗可皓

红山乡年均气温在20℃—30℃，年降雨量在1000毫米左右，冬春季日照时数特别长，常年暖和湿润，境内的全年日照均在1796—1918小时。独特的气候造就了红山青花椒特色产业，青花椒从海拔517米的江边河谷发展到海拔2000米高二半山的不同区域均有种植。因品质独特，味道醇正，具有“颜色好、含籽少、椒皮厚、油包大、麻味醇正、香味持久”的特性，有“青椒王”之美誉。

在红山乡，人们边摘花椒边哼唱自己随意改编的歌儿：“八月花椒遍地香……”这是发自内心高兴的自然流露，也是时代的欢歌和脱贫致富丰收的赞歌。

红山花椒在巧家县及周边独占鳌头，市价明显高于周边地区的，有的还特意买了红山花椒去作为自己的“招牌”吸引顾客。

正值金秋时节，红山乡空气中散发着阵阵的花椒清香，香味浓郁、沁人心脾。不论田间地头，房前屋后，映入眼帘的都是成片成片的花椒树。丰硕的果实密密麻麻挂满枝头，这道风景和这番香味把红山点缀成了令人神往的地方。

花椒园里，随处可见三五成群的村民，他们或背着背篓，或挂着竹兜，忙着采摘，欢声笑语中一派忙碌的喜人景象。这一棵棵小小的花椒树，已经成了红山乡群众的致富大产业。

“在我小的时候，屋后就有一棵花椒树，但只是作为家里面普通的一种作料，没想到现在成了我家的主要收入来源。”正在花椒园采摘的红山社区黄高文高兴地述说自己的花椒事。他还说：“当时乡里、村里的干部来做思想工作，让我们搞退耕还林，规模种植花椒，心里还打鼓，万一都种上花椒，没有了粮食怎么办？现在一亩地的花椒可以顶几亩地的粮食。”

目前红山乡青花椒种植已经形成规模型产业，面积达到了 30000 余亩。一共培育了 6 个花椒种植农民专业合作社，覆盖到 85% 的村民小组、90% 建档立卡贫困户。红山乡为了培育好核桃和花椒产业，抓住了新一轮退耕还林政策的机会，因地制宜、提早规划设计。于 2015 年在白果和纸厂村规划设计核桃退耕还林 4500 亩；2016 年在纸厂村规划设计花椒退耕还林 2000 亩，对种植有花椒的地块进行花椒改造升级，提质增效，对海拔较高的地块，根据农户意愿种植大红袍或青花椒。2017 年在白果村中高海拔地块退耕还林栽植花椒 2000 亩，通过退耕还林的政策引导，改变农户中高海拔不能种花椒的观念，带动了白果村的花椒产业。2018 年规划设计退耕还林种植花椒 10000 亩，覆盖全乡七个村，其中补植补造 8139.2 亩，新建 1860.8 亩，力求做到疏密补植，未建新建，老幼树种更替。

牛栏村种植大户陈兴文感慨地说：“花椒不娇贵，方便管理，旱涝保收，见效较快，平地山坡均可以栽种，栽植 3 年左右就可以挂果，绝对是一个能够实现增收致富的好产业，值得规模种植，尤其是我们这些陡坡地，得到了充分的利用。”

花椒是红山人民的“摇钱树”，为了让这棵摇钱树不枯萎，适应市场发展，红山乡党委、政府有针对性地在花椒改良上下大力气，下大功夫。大力引进技术人才。干部下沉到田间地头，摸清农户产业培育意向，加强组织领导，注重林业产业发展成效。根据红山的地理气候特点，土壤特性，海拔差异，选种栽植，红山乡充分利用“请进来”和“本土人才”资源，统筹林业、农业、产业发展中心等部门，通过以会代训、现场培训和专家指导等方式，不断加强对椒农的实地培训和技术指导，让花椒种植户掌握真正的花椒管理技术，从而发展壮大花椒产业。

云南侨通包装印刷有限公司为红山乡青花椒提供了精包装技术支持；2017年，红山乡邀请中国农业大学产业规划团深入红山乡开展农业产业调研，并结合全乡农业产业发展现状，为红山乡今后农业产业发展进行了规划；2019年，邀请中国林科院资源研究所专家深入红山乡对青花椒产业提质增效提供了技术指导；2020年，全乡累计开展农村实用技术培训15期90课时，并为1033户建档立卡贫困户“送技术上门”108人次，培养了20余户能人带动大户，“本土专家”深入田间地头指导66人次。

由于群众采取传统模式管理，在花椒的修枝整形、水肥管理以及病虫害防治方面相对落后，树种更新换代滞后，多数花椒表现树根老化、抗病抗害能力减弱、产量有所下降。为了改变这种现状，促进种植现代化、科学化，红山乡一方面是采取提质增效，引进技术人才，加强对农户修枝整形，病虫害防治、科学施肥等进行培训；另一方面是引进优良品种，更新树种，在树种老化的地块植入新树种，在不破坏青花椒的同时，栽植雅安大红袍或本地幼苗青花椒。红山乡主要以种植青花椒为主，在白果村、纸厂村、红山社区、天星村海拔较高的地块种植少部分大红袍，其中雅安大红袍于2012年从四川雅安引进，经过多年在红山乡的高低海拔培育和试种，该种能够在红山的土壤和气候条件下生存，可以大面积推广种植，并且近年大红袍的市场价格有所上升，通过抽样农户交流和市场调研，大红袍的价格每斤在50—80元，高海拔区域的群众实现了增收致富。

红山乡党委、政府坚持“经验可以借鉴，产业不可复制”的理念，充分利用网络销售、花椒专业合作社集中销售，与云南侨通公司建立合作伙伴关系，以“内销带外销”方式积极拓宽销售渠道，红山青花椒逐渐走出大山，逐年销往北京、上海、广州等地。同时，每逢青花椒采摘季节，合作社、花椒大户都会聘请部分村民从事花椒采摘、摊晒、装袋等工作，并给予相应的务工费用，实现就近务工就业，真正带动了村民增收致富。

在红山，每逢花椒采摘季节，赶集天就会有一个“奇怪”的赶集方式，摸黑赶集，热闹非凡，来自五湖四海的花椒收购商和椒农讨价还价，喧闹声不绝于耳。天刚蒙蒙亮，居然赶集的人就散了，客商开着载满花椒的大车小车走了，椒农揣着大扎小扎的钞票回家开始新一天的采摘。村民张国辉津津乐道：“红山青花椒能卖到优越的价格，这里面有它独特的‘门道’，红山特殊的地理环境和独特的气候造就了青花椒色青皮厚的优势，椒农们一直延续的传统晾晒工艺更保持了青花椒‘香、麻、油’的特质。每到青花椒收获季节，椒农就会天不亮到集镇售卖花椒，白天抓紧时间采摘后天然晾晒，家家户户楼顶天台上总是随处可见的晾晒棚这道独特亮丽的风景线。”

红山青花椒连续五年均价每斤 40 元左右，2017 年，全乡产干花椒近 207 万斤，产值达 7245 万元；2018 年，全乡产干花椒近 280 万斤，产值达 9800 万元；2019 年，正值全乡花椒产量盛产期，全乡干花椒产量 460 万斤，产值达 1 亿元；2020 年，全乡花椒总面积达 5.1 万亩，挂果 3.8 万亩，产量 1900 吨，产值约 1.2 亿元。

红山乡坚持“绿水青山就是金山银山”的发展理念，确保花椒这棵树不枯萎、不退化，让满山遍野的花椒持续绿山致富，积极探索延伸花椒产业链条，增加花椒附加值。重点打造以“保鲜花椒、干花椒、花椒油”为主的花椒产品后期开发，全力打造红山青花椒“麻、香、油”品牌，通过助推农产品品牌化助力农民增收、乡村振兴。

小小花椒树，致富金元宝，一方特产保一方民生，红山乡正当其中。

（作者系红山乡职工）

大洋芋富了马树一片天

施汝金

昭通人特别钟爱洋芋，马树人对洋芋更有一种特别的感情—— 一天不吃洋芋，全天无心无力。许多人都爱说：吃洋芋长子弟。洋芋好吃，自然也就有了市场。马树镇在脱贫攻坚的战斗中，抓住机遇，立足优势，以产业促进脱贫攻坚。其中洋芋产业成了主打产业，富了马树一片天。

马树镇是巧家县洋芋种植大镇，同时，洋芋种植也是马树镇的主要农业产业之一，历年都是农业生产的重头戏。2017 年种植面积达 43000 余亩，2018 年达 48900 亩，增长 13%；2017 年产量达 6 万余吨，2018 年达 10 万余吨，增长 22.7%。种植面积、收益都呈逐年增长趋势。在围绕“大产业 + 新主体 + 新平台”加快马树镇经济社会创新协调发展过程中做强以洋芋为主的传统种植业，坚持以良种良法，高度组织化和集约化、党支部 + 合作社“三个全覆盖”为引领，全镇洋芋种植业持续保持迅猛强劲的发展态势。

强化技术支撑，逐步实现品种改良

洋芋生产近年来虽然得到迅猛发展，但生产水平仍然不高、品种混杂退化严重，大田生产中病害多、致使洋芋产量低而不稳，加之贮藏技术不科学、烂薯现象普遍存在，导致商业竞争力不强，经济效益下降、从而影响洋芋产业的发展壮大。为提高脱毒种薯的生产质量，促进洋芋产业化发展，就必须加强洋芋生产基地建设和贮藏加工设施建设，发挥马树镇高寒地区洋芋特色产品优势，利用冷凉型的气候条件，种植适应市场需求的优质洋芋品种，精深加工洋芋为洋芋产业化发展迈出坚实的一步，为贫困农民脱贫致富打开一条致富之门。

2018 年前，全镇洋芋种植主要以会云 2 号为主。在此之前，这个品种已有 20 年种植历史，但受种性退化、晚疫病发病率较高等因素限制，近几年产量偏低、品质也逐年下降，导致销量不高。

2014 年，马树镇全面启动了粮食科技示范园建设，在全镇范围内大力推广实施洋芋、玉米规格化间套种植。2015 年又实施洋芋、夏播油菜规格化间套种植，但洋芋产量仍然只有 3000 斤 / 亩。

2017 年是从传统品种到改良品种的过渡期和转折期。镇政府立足于稳增长、调结构、促增收、抓外销的工作思路，在县农业局等的大力支持下，着力开展品种改良、引进优良脱毒种薯等工作。2017 年，在县农业局组织协调下引进云薯 505、葳芋 5 号、青薯 9 号等改良品种，农户试种植 104 亩。经财产验收亩单产云薯 505 号 5600 斤，葳芋 5 号 7200 斤，青薯 9 号 6200 斤，最高达 8200 斤。至 2018 年，全镇品种改良、脱毒种薯引进工作已实现全覆盖。

强化支部引领，切实保障互利共赢

一是按照“集中连片、产业带动”和“项目到村、效益到户”原则进行洋芋种植以“基地 + 公司 + 农户”的模式，实现带动农户经济创收、洋芋种植基地与农户多方共赢目标。二是通过项目的建设实施力争使项目区贫困群众的生产生活条件有较大的提高，产业结构得到调整优化，农民增收渠道不断拓宽、村容村貌有一定的改善，社会事业全面进步、经济全面发展、贫困状况得到明显改善、自我发展能力得到较大提升。三是利用省内技术领先的脱毒洋芋种植技术，以生产技术引进和农户产前、产中、产后等种植技术培训将是保证种薯扩繁顺利实施的重要因素。四是由镇农综中心牵头负责，组织技术人员加强对农户及企业技术人员进行选种、栽培、施肥、病虫害防治、田间管理、种薯储藏等方面的技术培训，确保取得实效。

2018 年，马树镇以村党支部主导、农民专业合作社组织、农户代表参与并采购脱毒种薯发放到农户。合作社从洋芋原料基地建设着手、重点抓好“品种 + 基地 + 农户”的联建机制弥补产、销、加工环节之间的缺陷，为农民脱贫致富开辟一条新途径，同时推动合作社快速发展。2019 年，马树镇在洋芋极量创新示范中支持湿峰合作社引进丽薯 6 号种植，并实施夏季洋芋种植 80 亩，效果显著，亩产高达 7000 斤，平均亩收入 6000 元。2020 年湿峰合作社种植夏季洋芋 400 余亩，引入外商 1 名流转土地 80 余亩种植，覆盖到孔家营、老箐、小河塘等村组。由于均改良为脱毒品种且个头大、性状好、皮色光滑，卖样好，价格高，农户普遍比较满意，得到了群众的认可。

强化“三有”打造，逐步实现产业规模化和集群化

2019 年，完成洋芋绿色高产高效示范样板 5000 亩。其中，县级核心样板 2000 亩。洋芋晚疫病统防统治示范样板 3000 亩，洋芋极量创新试验区 1000 亩。2019 年 10 月，县农业局组织全县 16 个乡镇农综相关技术人员在马树召开洋芋种植现场观摩测产现场会。在市农科院专家的指导下进行两个点采挖现场称重亩产分别为 2817.95 公斤和 3181 公斤。该地块是大春洋芋采挖后再种洋芋的产量，此季洋芋的种植成功解决了有市场无新洋芋的市场空白，同时也为农户增收创造了条件。

着力围绕“村村有亮点、组组有看点、户户有支撑”的三有建设，想方设法抓好产业培育和发展。全镇产业经济已形成了种植业以洋芋、草莓种植，生猪、肉牛养殖为核心，以蓝莓、刺老包、林下食用菌等产业多点开花的产业发展布局。全镇“一村一品”和2908户贫困户产业全覆盖目标基本完成，产业结构得到进一步优化。

挖掘资源优势，大力拓展发展空间

马树镇国土面积291.2平方公里，有耕地14.85万亩，土地平坦肥沃，距巧家69公里，距昭通116公里，距会泽59公里，境内S206公路和昭巧二级路纵横交错，大幅度提高了道路交通速度和质量。随着政府的投入力度不断增加，各村（社区）乡村级主干道路硬化已全部完成，群众的生产生活条件得到了很大改善、发展环境进一步得到了优化。辖区内有巧家县最大的马树海坝坝子。马树河、红乐河、孔家营水库、小海子水库、大海子湿地等得天独厚的水利资源为马树的种植业提供了良好的灌溉条件。此外，马树镇户籍人口13319户39056人，劳动力人口占比约64%。从事第一产业的劳动力占比约59%，这一切都是马树镇发展洋芋产业的最佳优势，具有较好的规模优势和发展前景。

到了马树镇大家最爱吃的就是洋芋，马树人也喜欢用洋芋招待朋友，这就是马树镇洋芋的特点和亮点！

（作者系马树镇农业综合服务中心负责人）

现代化养猪保小康

张昌元　周　鑫

2019 年 11 月 29 日，巧家县生猪养殖精准扶贫示范项目小河塘养殖小区举行猪苗进场仪式，1800 头猪苗进入小河塘生猪养殖小区，标志着小河塘生猪高效规模养殖场正式投入运营。

小河塘生猪养殖小区建设项目总投资 8704.8 万元，由广东温氏会泽公司与县教投公司合作建设年出栏 50000 头生猪高效规模养殖场，共占地约 300 亩，规划建设 1 个标准化生猪养殖小区，配套 12 栋猪舍、2 个生活区等设施，于 2019 年年初启动规划选址、土地租用流转、建设方案设计、手续报批等前期工作，5 月份正式进场建设。

猪舍采用全欧式密闭式设计，配套现代化自动喂料、自动饮水、自动漏粪及自动环控系统等设施。同时，建立与国际接轨的中小规模生猪健康养殖生物技术体系，以“高产、优质、高效、生态、安全”为目标，实现“人畜分离、干湿分离、集中饲养、封闭管理”，严格执行动物免疫接种、场舍消毒、无害化处理、兽药和生物制品购进及使用、疫病诊治相关制度，提高生猪标准化规模化饲养水平。

生猪产业是巧家县“一县一业”主导产业，小河塘生猪养殖小区建设项目将辐射带动白鹤滩镇核桃村、药山镇木瓦村、大寨镇安居村、茂租镇火山村、东坪镇凉坪村、红山乡红山社区、老店镇新村社区、苞谷垴乡新坪村、马树镇小河塘村、炉房乡噜布村、崇溪镇老屋村、金塘镇大洼村12个村（社区）生猪产业发展壮大，覆盖建档立卡贫困户5376户21441人，经济效益、扶贫效益凸显，对全县农民收入稳定增长、“一县一业”示范创建中小规模养猪业起了大作用。

2018年8月，我国发生首例非洲猪瘟疫情以来，作为生猪调出大县的巧家县高度重视，及时采取以防堵和疫情监测排查为主的防控措施，严防死守，禁止生猪及其产品调入调出，有力有效推进非洲猪瘟防控工作，确保了生猪产业健康稳步发展。

居住在海拔约2700米的崇溪镇背风村村民李洪才显得很兴奋，他说：“我家养的是黄毛乌金猪，近两年每年我都要杀两头过年。”

李洪才家是建档立卡贫困户，2016年，巧家县科协免费赠送他家1头“扶贫猪”，每年可产十五六头猪仔。同时，他还加入巧家洪福养殖农民专业合作社。“每年我只养4头猪，自己吃2头，卖2头，剩余的猪崽就卖给合作社。”李洪才说。

为做好生猪养殖技术指导、防疫工作，保障养殖户的权益，合作社为此做了大量工作。“养猪防疫非常关键，俗话说传染病吃掉老本，寄生虫吃掉利润。”洪福养殖农民专业合作社负责人王安洪说。自2015年合作社成立之初，他就专门聘请了昭通农校专家李国灿作为技术顾问，全程指导合作社生猪养殖。

“作为技术顾问，我主要从消毒、防疫疫苗的使用等方面对养殖户开展现场指导培训，并要求他们严格按照规范进行养殖。在养殖过程中，不论遇到什么问题，我都会去现场查看或通过电话、视频等指导他们。”李国灿说。

“非常感谢合作社免费为我们提供技术指导、防疫服务等，我们养的猪只要愿意卖，合作社都会以每公斤比市场价高2元的价钱收购。”李洪才说。如今他通过养猪不仅将2016年修建新房时欠下的5万元债务还清，还有了存款，成功摘掉了“贫困帽”。

据养殖小区养殖主管胡仁昭介绍，除了内部实行规范化管理以外，也认真做好外部的环境处理工作，只要是外界进入养殖小区的车辆、人员以及禽畜，都必须通过多次消毒、长时间消毒，确保万无一失。

作为“一县一业”的主导产业，自2012年以来，巧家县被国家列为生猪调出大县进行扶持。自国内发生非洲猪瘟疫情以来，巧家县积极落实防控措施，采取组织宣传、发放宣传手册、印发和张贴告知书、新闻媒体宣传等措施，积极开展非洲猪瘟疫情防控知识宣传培训，做到不漏一场一户，使防控工作家喻户晓。

巧家县先后对全县16个乡（镇）184个村（社区）的生猪养殖户和生猪进行监测，并巡查以猪肉为原料的食品生产加工销售企业，检查猪肉销售者、集贸市场等。还通过设立检查站点，检查过往车辆及开展运输畜禽车辆登记备案。

“全县大力实施生猪卫生圈建设，推行猪圈、厕所、沼气池和青贮窖配套建设，积极开展送科技下乡和科技活动月等活动，把先进实用的科学养殖技术送到广大养殖户手中。”县农业农村局张昌元说，通过不断夯实生猪养殖基础设施，加强技术推广，全县的生猪生产水平得到显著提高。

小河塘养殖小区目前已饲养生猪24000多头，已出栏肥猪10000头，实现收入247万元。饲养员肖家贵激动地说：“我和妻子王清会一直在这里务工，我家是建档立卡贫困户，现在夫妻二人月收入9000元，全家人收入有了保障，我家实现了脱贫摘帽。”

走进老店红土村尖角地小组时，最吸引眼球的是一座由返乡大学生创业新建养猪场，场主朱家斌是畜牧专业的大学专科毕业生，在大型养猪场工作5年，理论知识和实践技能极为丰富。在县农业农村局驻村干部黄学朝的鼓励下，朱家斌于2019年年初回乡投资修建养场，当年就实现出栏肥猪69头，收入27万元。他父亲是建档立卡贫困户，通过参与养猪，当年就实现脱贫摘帽。

通过龙头企业带动，2019年全县出栏肥猪100头以上大户有66户，饲养6头及以上的能繁母猪大户431户，全县存栏生猪37.49万头、出栏肥猪53.37万头，生猪产值16.92亿元，占全县畜牧业产值的75.74%，成为全县农业农村经济的主要支柱。

除了小河塘生猪规模养殖小区外，现已在老店镇尹武坝子的新村社区建成9栋生猪规模养殖场设计年出栏生猪4.5万头。目前正建设7栋生猪规模养殖场，设计年出栏生猪3.5万头，在此区域即将启动建设昭通市第一家楼房养猪场，设计年出栏生猪10万头。为了有效解决规模养殖场粪便处理问题，实行生态养殖，保护绿水青山，即将在马树镇马树社区启动建设年产5万吨有机肥厂建设项目，在科技创新的强力推动下，配套建设废菜叶堆沤处理池、冷链物流配送中心、冬早蔬菜和冷凉蔬菜基地、杧果示范园、金果梨示范园、水果种苗繁育中心等，形成种养循环的生态农业发展格局，引导带动全县生猪产业走生态发展、绿色发展、循环发展的新型农业之路。同时，实行农教结合、自产自销，将养殖场猪肉直接配送到全县各中小学校，既解决了部分生猪产业的销售问题，也让近10万名中小学生吃上了放心的绿色猪肉。

2020年2月27日，省委书记陈豪率队在巧家县调研，陈豪书记视察了马树镇小河塘村年出栏6万头现代化生猪规模养殖小区，对巧家县积极招商引资，建设现代化生猪规模养殖小区，挂联12个村的集体经济和近2万名建档立卡贫困户的做法给予了充分肯定，当陈豪书记了解到巧家县走的是种养循环模式时，肯定地说："你们的种养循环模式非常好，是今后农业产业发展的大趋势和方向，值得推广。"

（作者张昌元时任县农业农村局乡村振兴办主任，周鑫系县农业农村局职工）

牛人牛事　靠牛脱贫

吕祥奥

在脱贫攻坚的一线，见过的事犹如满天的繁星，有的一闪而过，有的记忆犹新，扎根心里。那件牛人牛事，靠牛脱贫的事总是牵动着我的心。

2020 年 7 月 20 日，我走近了他。他就是药山镇大村村羊棚村民小组邓先能。他 53 岁，黝黑的脸上总挂着满足的笑容。他是男女老幼都心服的“牛人”。因为他“干活像牛——耐劳；为人像牛——实在；脱贫更牛——有方”。

药山镇属于高寒山区，产业发展单一，规模不大，贫困群众增收渠道单一，农业产业难以维持温饱。“牛人”邓先能是村子里的贫困户之一。他可算得上是村里的勤快人，却过着靠天种地的日子，一年下来仅仅能够维持温饱。他和大多数贫困户一样，住房条件差、收入低、没有稳定产业……

在脱贫攻坚的日子里，大家都在忙脱贫，邓先能是勤快人，怎么也不愿坐冷板凳。他思前想后，选择了养牛脱贫的路子。看着自家牛圈中的 1 头母牛，他萌生了养殖创收的想法。

为改善生态环境、调整产业结构、助农增收致富，药山镇在县党委、县政府的领导下，于 2014 年规划 3000 亩面积的退耕还草项目，除发放草种外，补助资金达 260 余万元，其中的 39 亩草地和 3.45 万元的种草资金补贴就规划给了邓先能家，想着即将种下绿油油的青草，本就抱有养牛想法的邓先能开始了他的计划。他用 2.6 万元购买了 2 头母牛，加上自己原先的那头牛，有了 3 头能产崽的母牛。

同时，药山镇根据贫困村群众意愿、自身环境条件，激发贫困群众参与产业扶贫开发整村推进的积极性、主动性和创造性，大力发展种草养牛产业，2014年药山镇在大村、小村、麦坪村实施了整村推进项目，共投入财政资金260万元，受益农户363户。

2015年，药山镇大村村、木瓦村、团堡村和药山村都实施了整村推进、种草养牛等养牛产业项目及规划800亩的退耕还草项目，邓先能一家人又是种草养牛项目的受益户，在获得的6100元的产业资金帮助下买了牛，修建起了规范化的圈舍。

随着牛儿越来越多，邓先能又开始在怎么样能让牛快速长个子、增重、产崽上下起了功夫。咨询周边村里的养牛能人，借鉴他们的养牛致富经，再通过电视学习养牛技术、主动查阅书籍资料。到了6月，他更是没有闲着，凭着勤奋、吃苦、耐劳的精神每天5时30分起床上山割草，进行晾干铡碎后储存。这样天天周而复始，他要用两个月时间把饲草储存房塞得满满的，退耕还草项目的39亩青草地足够保障牛的过冬喂养。这几年，每年他都至少能够卖出两头大牛，纯收入均在2万元以上，日子过得越来越好。

2019年，他又购置了几头优质品种牛，长期存栏规模达到了9头，有了专门的饲草储存房，割草机等设备。

靠养牛过好日子的邓先能遇到扶贫工作人员都会说："现在我们老百姓住房有保障、饮水有保障、医疗有保障……日子好过了。现在虽然脱贫了，但我们还要继续努力过上更好的日子。"

发展养牛产业，每年都有了比较固定的产业收入，走向了他们自己的"牛人"之路。同时，采取"合作社（公司）+村总支（村集体经济组织）+建档立卡贫困户"的一种新型经营夯实了脱贫致富的小康路！

在成立了专业合作社后，全镇养牛产业的发展壮大有了坚实出路和保障。

牛人邓先能养牛有依靠，致富有出路，小康有奔头！

（作者系药山镇职工）

产业扶贫富万家

——记县产业精准扶贫工作

张昌元　周　鑫

方兴全，炉房乡噜布村一普通农民，家庭人口六人中有四个是学生，一个高中，两个初中，一个小学，耕地少，传统农业种植效益低，年收入8100元，人均纯收入1350元，2013年被识别为建档立卡贫困户。妻子陈东莲于2019年到巧家县勤丰种植农民专业合作社务工，每天工资80元，年务工收入24000元以上，靠就近在草莓基地务工走上了脱贫致富之路。

在巧家，像方兴全家一样，借着政府真金白银的产业扶贫投入和真抓实干的扶持，实现脱贫摘帽奔向全面小康的人还很多很多。

脱贫攻坚大决战以来至2019年，巧家县共投入产业发展资金10.39亿元，规划入库并已批复启动实施产业扶贫项目209个，重点发展以生猪、肉牛、马铃薯、果蔬等为主的优势产业，有产业发展条件的卡户36428户和179个贫困村（社区）集体经济实现全覆盖，每个卡户产业项目挂联年收益320—933元，在产业基地务工的卡户每户年务工收入达1万元以上，贫困户通过产业帮扶获得的年人均纯收入达1520元以上。

多层推动，筑好产业发展“攻坚营”

全县产业散小弱，品种老化，市场发育程度低，规模化、集约化严重滞后，投入不足，设施落后，科技贡献率低……如何打破这种落后的产业现状，发展一批短能脱贫、长能致富的产业成为全县干部群众必须面对的“硬骨头”，怎么攻下这一战？

县里从推进机制着手，成立了县政府县长陆颖“挂帅”任组长、县委副书记宋廷柱任常务副组长的产业扶贫工作领导小组，县政府分管农业的副县长杨永玲任副组长并兼任办公室主任，将工作推向前沿阵地。领导小组下设办公室及农村土地流转、生猪肉牛、马铃薯、林产业、果蔬、农村电商、劳动力转移就业、光伏扶贫、乡村旅游业发展等 12 个专项工作小组，明确职责和目标任务。产业扶贫项目实行挂钩包保责任制，由乡镇及行业主管部门主要领导带头，至少挂钩 1—2 个项目，帮助解决产业发展中的困难和问题。乡镇和行业部门结合实际，提出具体产业扶贫计划，明确责任分工、实施步骤、时间节点、检查督促等。县产业扶贫开发工作领导小组定期和不定期召集联席会议，解决制约难题，对产业扶贫履职尽责及工作推进情况开展调度和督查。村级党组织建立村集体经济公司、领办合作社，走“党支部 + 合作社或公司 + 农户”模式，由村党支部与合作社建立联席会议制度，定期研究合作社发展工作，充分发挥了党支部引领作用，党员示范带动作用。县、乡、村同频共振，干部群众齐心协力抓产业、谋发展，形成“干在一线”的产业扶贫攻坚格局。

科学规划，下好产业选择“先手棋”

选准产业，是生产发展关键的一步，产业咋选？巧家县组织农技人员外出考察论证，听取挂钩单位专家意见，高标准聘请中国农业大学农业规划科学研究所、北京市富通环境工程有限公司对巧家农业产业现状进行实地调研后，精准对接国家、省、市产业发展战略，在分析巧家县自然条件基础上，按照“一乡一业、一村一品”思路，坚持“长短结合”，提出了“三区、一环、多点”整体空间结构布局。

在规划引领下，着力培植长期受益产业和短平快产业，加快培育优势特色主导产业、脱贫增收支柱产业，树立“大基地”支撑“大扶贫”走科学化、规模化、标准化、特色化的发展理念，结合巧家县的资源禀赋和现代农业发展要求，狠抓基地建设，仅 2019 年，建设脱毒马铃薯良种扩繁基地 4.3 万亩；流转土地 13800 亩，集中打造特色产业扶贫示范基地 5 个；在 140 个贫困村实施了村级光伏项目；建年出栏 5000 头生猪高效养殖场 21 个、年出栏地方特色品种黄毛乌金猪 1200 头养殖场 2 个、能繁母牛养殖场 8 个、肉牛养殖场 4 个、毛驴养殖场 1 个、家禽养殖及加工场 4 个。特色养殖和蚕桑、花椒、红糖等老产业得到巩固升级，草莓、中药、中蜂、光伏等新产业得到全面发展。

示范引领，练好技术培训“基本功”

邀请专家培训。引进西南林业大学徐永艳专家工作站、张跃彬专家工作站等科研团队落地巧家。与云南省农业科学研究院、云南省畜牧科学研究院、西南林业大学研究生院、凉山州农科所、昭通农业科学研究院等院校合作，为巧家农业产业发展提供技术支撑。

产业基地培训。2019 年，巧家县实施东西部协作中蜂养殖试点项目 1 个，养殖蜜蜂 1000 箱。2020 年，县教投公司以老店尹武蔬菜产业基地为依托，实施技术培训 4000 余人次。

2019 年以来实施科研项目 11 项。县农业农村局牵头编印《马铃薯栽培技术手册》1300 册，组织培训卡户 23536 人。组建 346 人的产业指导员队伍，开展产业发展入户指导，抓实农村实用技术培训，提升群众产业发展技术水平。

创新机制，建好利益联结“共同体”

巧家县结合农业产业现代化、规模化、集约化发展及产业精准扶贫需求，指导国有企业（县教投公司）通过拓展、整合公司职能，将农业“种养加”一体化、农业休闲旅游、农业产业扶贫开发及学生营养餐配送纳入经营范围，带动全县农业产业发展壮大，构建巧家高标准、现代化农业产业链条。通过招商引进广东温氏、四川攀枝花箐河农业、两当环宇、华曦牧业、昭通绿健商贸等龙头企业，实现带动建档立卡贫困户发展的新型经营主体 217 个。

为了强化收益分配管理，将产业扶贫资金投入产业项目形成的村集体和农户收益纳入村集体经济统筹，采取积分制管理，优化分配方式。通过对建档立卡贫困户水费缴纳、家庭邻里关系、道德品行、公益美德，参与脱贫攻坚、社会治安、人居环境提升、美丽乡村建设、乡风文明建设、参与公共服务等方面进行量化评分，由村（社区）奖励补助扶贫暨村民积分制管理工作领导小组通过《积分制管理奖励补助积分卡》对贫困户积分每月评定一次，按年度汇总，根据贫困户年度积分情况进行一次性奖励，实现功酬相当，正向激励的分配氛围。

细化管理，打好风险防控“组合拳”

巧家县制定农业产业扶贫资金管理办法、项目管理办法、验收办法，按照分级分类负责的原则和村级申报、乡镇审核、部门评审、县级审定批复的程序，对产业项目实施的必要性、科学性、合规性、可行性进行审查。重点对行业标准、工程设计、实施内容、投资概算、绩效目标等方面进行把关，降低风险，确保扶贫资金投入精准、使用高效。采取分级分类的公告公示形式，及时向社会公开统筹整合涉农资金及财政专项扶贫项目资金信息，项目所在乡村在项目实施前后，将项目名称、扶持对象、资金来源、补助标准、资金使用绩效等情况进行公示，接受社会监督。对统筹整合涉农资金使用情况和项目实施效果进行绩效评价，纳入党政领导班子和“一把手”实绩考核，评价结果在全县范围内通报，并作为下年度资金分配的重要依据。

农业是基础产业，也是典型的风险产业，时常伴随市场风险和自然风险，巧家县将购买产业保险作为承接产业扶贫项目的硬性要求写入项目方案，纳入验收体系，选定财产保险、太平洋保险公司具体承接产业保险业务。同时，为小额扶贫贷款购买保证保险，增强小额扶贫贷款投入产业扶贫的风险防控能力。鉴于发展条件制约，巧家县放眼夯实产业扶贫根基，从产业配套设施水、电、路着手改善，2019 年建设高标准农田 4.78 万亩，2020 年度规划农田建设任务 3.75 万亩，其中高标准农田建设 2.78 万亩、高效节水灌溉面积 0.97 万亩。

延伸链条，唱好巩固提升“合奏曲”

品牌强则农业强，品牌兴则农业兴。巧家县积极引导涉农企业、农民专业合作社开展“三品一标”认定。已认定无公害农产品 8 个、有机食品 4 个，两个农产品已通过绿色食品认定检测，等待颁证。巧家小碗红糖农产品地理标志已通过保护认定。

为了送农产品出山，市长郭大进在抖音直播间为“巧家小碗红糖”带货；东莞挂职巧家副县长卢广基，专程前往小碗红糖制作工厂，为巧家小碗红糖出镜带货，录制视频参加“东莞扶贫农特优品公益展播计划”首播。通过南方 +、《昭通日报》、巧家融媒等媒体的全方位推广展播，视频点击量破百万人次，巧家小碗红糖的原料生长环境、古法制作工艺和食药功效受到了社会各界的广泛关注。海元华伟汽车电商（东莞）有限公司总经理单永康一行到巧家考察农副产品、“云货出滇”现状和相关扶持政策，签订了“精准帮销”巧家农副产品协议。受益于“领导出镜”等现代销售模式，在罕见的新冠疫情下，全县农产品未出现滞销。

企业引进来，产品“走出去”。巧家县产业扶贫办公室常务副主任、县农业农村局局长杨文超说：“脱贫攻坚以来，巧家县农业产业逐步实现从单干到抱团、漫灌到滴灌、分散到规模的根本转变，巩固提升的重点是高质量引进一批带动能力强的龙头企业，产、供、销同步谋划，一、二、三产协调发展，不断延伸产业链条，挖掘农产品附加值，真正实现农业增效、农民增收、农村繁荣。”

县冷链物流精准扶贫项目已建成并投入运营，冷库仓储量达到 300 吨，每年可分选配送农副产品 6000 吨、工业产品 500 吨，提供固定就业岗位 50 个，为延伸产业链条提供了必要条件。县农业农村局 2020 年引进两当环宇公司入驻巧家发展中蜂特色养殖 23520 群，引进华曦牧业与华辰养殖农民专业合作社在老店治乐村发展蛋鸡养殖 10 万羽并产生了收益，正在与猪猪侠集团洽谈入驻巧家发展生猪事宜……

山高谷深的巧家大地上，连片的蔬菜大棚蔚为壮观；拔地而起的生猪规模养殖场和养牛场顺势崛起；一个个产业基地、合作社如雨后春笋般涌现出来，小康日子红红火火！

（作者张昌元时任县农业农村局乡村振兴办主任，周鑫系县农业农村局职工）

电商为脱贫攻坚注入新动力

吴登琼

俗话说“酒香不怕巷子深”，而如今是百花齐放，八仙过海——各显神通的时代，酒再香也怕无人问津，坐等花开也无任何希望，电商已经成为新时代拓宽销路促发展的新思路。但是，在边远山区，有了好产品，如何拓宽销路卖个好价钱，帮助大家适应时代的发展已成了我们工科人的头等大事。

金秋十月，是收获的季节，大寨镇海口社区的稻田里一片忙碌，社员们有的在收割，有的在捆扎，有的在运输，忙得热火朝天。然而，合作社负责人夏成位却满心忧愁，丰收的红米如何才能走出大山一直困扰着他。自2016年彩霞种植农民合作社成立以来，负责人夏成位一边抓种植，一边不断思索红米的“出路”问题。终于，一次电商培训，夏成位找到了一条让红米“飞入寻常百姓餐桌”的途径。

原来，巧家县正在大力推广电子商务的应用，以县级电子商务公共服务中心为主阵地，结合10余户入驻孵化特色企业，按照“电商＋企业＋合作社＋农户”的发展理念，采取“公司＋合作社”的混合经营模式，建成了覆盖县、乡、村的电商服务体系。为进一步提升广大农民脱贫技能，增强农民持续发展的内生动力，电商中心积极培育农民互联网思维，加大农民电商技能培训力度。以前一直都知道电商销售是条好路子，但苦于没人懂技术，懂策划，夏成位也只能“望电商兴叹”。通过电商技能培训，夏成位掌握了线上销售技能，与巧家县电商服务中心负责人李六一沟通之后，双方开启了长期的对接合作。

通过实地考察，巧家县电商服务中心了解到，大寨镇海口社区者拉塘10余户村民发起成立了彩霞种植农民合作社，通过流转土地，集中规划，统一管理来种植红米，2018年红米种植面积150亩，产量50000斤。同时成立者拉塘种植公司，负责销售运营，主要依靠线下销售，由于销售渠道单一，销量并不好。公司注册了“古滇映山红”商标，但商品包装未能体现出巧家红米的特色。了解了合作社的困难和需求后，电商中心开始筹划如何对红米进行全方位的推广和销售。

红米是怎么网络销售的呢？肖代勇告诉你。通过电商中心的辅导培训，合作社社员肖代勇开始了短视频制作、直播宣传，《一粒红米的诞生》《原来红米砖是这么来的呀》《一粒红米的来源，古滇映山红，生在农村就得勤奋》……一系列的短视频在抖音、头条号、微信公众号等平台发布，肖代勇兴致昂扬地说：“短视频的发布可以让更多人直观地了解红米的生长过程和加工过程，更生动形象地展示我们的红米，宣传我们的红米。”好产品也需好形象，电商中心根据者拉塘红米的产品特色帮助其重新设计了一个全新的外包装，使产品能更加吸引消费者的注意，同时更便于进行线上销售。电商中心在帮助解决了红米的资质问题之后，便积极尝试线上销售，成功在“公益中国”“淘宝”等平台上注册网店，展开推广销售。截至2020年10月已累计销售800余单，帮助销售库存红米5吨，为合作社的社员们脱贫致富注入了新动力。合作社负责人夏成位高兴地说：“这是一个良好的开端，我们以前从没有想过自己种的红米可以走向全国。”

不只是红米，巧家小碗红糖、甘蔗、核桃、蓝莓、青花椒、金丝皇菊等农产品品质好，营养丰富。然而，由于巧家地处山区，位置偏远，农产品藏在深山人不知。为了解决这一难题，巧家县紧紧抓住电子商务进农村这一机遇，经过两年多的发展，巧家县建设完成16个乡镇电子商务公共服务站、92个村级电子商务公共服务点（物流配送中转站），行政村覆盖率50%。规划物流下行路线5条，通过整合物流资源，快递上行费用由15元（首重）+10（续重）降低为10元（首重）+5元（续重），快递下行取件均取消收费。逐步完善的电商生态体系赋予巧家脱贫攻坚和乡村振兴新动能，让更多天然优质的农特产品“走出去”成为可能。

为进一步提升电商助农效能，巧家县创新电商扶贫机制，以“电商中心+服务站点+贫困户”和“电商企业+合作社+贫困户”双扶贫机制为抓手，搭建“巧家山货扶贫驿站论坛”，通过乡镇村站点带动贫困户发布产品供应信息，电商中心入驻企业通过优先收购贫困户产品、优先贫困户用工等方式带动贫困户增收，带动建档立卡贫困户创业就业350人，累计为贫困户增收35.53万元。截至2020年巧家县网商数达到649家。经巧家电商中心数据显示，2020年1—5月，全县网络零售额1395.7万元，网络零售额同比增长14.4%，实物型网络零售额558.1万元，实物型网络零售同比增长263%，服务型网络零售额837.6万元，同比下降21.4%。2020年1—6月入驻企业（含运营商）网络销售额165万元。电商扶贫的成果是令人欣喜的，在巧家脱贫攻坚战中，电商已然成为一股新的力量，为全面脱贫注入新动力。

巧家县电商中心农特产品体验馆里挂着一面锦旗，上面写着：“电商扶贫，助力上行”。电商中心负责人李六一说：“巧家农特产品的线上旺销是一份属于巧家电商中心团队的荣耀，更是一份沉甸甸的责任，我们将继续通过电子商务进农村综合示范项目的深入推进，切切实实为当地优质农产品上行助力。”为带动更多农民脱贫致富，巧家县电子商务服务中心持续探索电商助农新机制，依托淘宝、京东、苏宁、拼多多等专业电商平台以及抖音、快手等直播平台，深度整合开发本地特色农产品。线上举办了“东莞扶贫·农特优品公益展播计划”、广东观想堂堂主携手巧家网红副县长卢广基网络直播带货、“百日总攻，抖来助力——抖音直播助力云南脱贫”等多场直播活动；线下对接东莞海元华伟汽车电子商务有限公司、中航亿通电子商务（北京）有限公司、保利集团及下属单位等企业开展消费扶贫工作。线上线下深度融合，在带动消费扶贫的同时助推乡村产业可持续发展。

正如习近平总书记所说：“电商在农副产品的推销方面，是非常重要的，是大有可为的。”在未来的工作中，巧家县将进一步补齐农村地区电商基础设施短板，推动贫困农村电商产业化发展，让更多的农村百姓搭上电商“数字快车”，通过电商扶贫这条路子走向脱贫致富。

（作者系巧家县工科局职工）

一技傍身不怕贫

——县人社局就业扶贫工作综述

康德坤

巧家县贫困面大、贫困程度深，是国家级深度贫困县，是一个传统的农业大县，同时也是一个劳务输出大县。外出务工是精准扶贫、精准脱贫的重要一环，在解决贫困问题中具有立竿见影的效果。

2019 年 5 月，我来到就业局工作，有幸参与了就业扶贫工作。作为一个人社人，能为脱贫攻坚贡献自己一份微薄力量而感到庆幸与光荣。我的脑海里总会回响起习近平总书记的话："一人就业，全家脱贫，增加就业是最有效、最直接的脱贫方式，长期坚持还可以有效解决贫困代际传递问题。"

授人以渔，拥抱新生活

全县有近 30 万名劳动力，但基本上都有一个共同特点：没技能、文化程度低，出门打工难。随着经济社会的不断发展，靠体力挣钱完全不能适应当前的用工需求。因此，让大量劳动力拥有一技之长改变生活面貌成为最为迫切的现实需要。

"你看这最近也没啥事，趁现在农活也不忙，给你报个职业技能培训班吧？学点技能也好出去找工作，这几天刚好村上正在举办职业技能培训班，你看咋样？”这是县人社局局长李芳燃于2019年6月11日来到大寨镇山店村梁子社雷定银家，对其进行职业技能培训推荐邀请。经过一番耐心细致的劝说后，他随即参加了电工的培训。培训后，他兴奋地说：“有了技术在手，这下出去找工作要容易点了，脱贫致富更有信心了。”

“一技傍身不怕贫！”技术在手，是让贫困人口得以真正脱贫的“造血剂”。脱贫攻坚以来，县人社局立足部门职能，坚持以“培训一人、就业一人、脱贫一户”的目标，出台了《巧家县农村实用技术和职业技能培训实施方案》，对因“缺技术”致贫的建档立卡户开展农村实用技术培训，确保每户至少1人参加培训；对有条件有意愿的应培尽培，共开展职业技能培训22679人次，其中培训贫困劳动力17445人次；农村实用技术培训23771人，实现“缺技术”的建档立卡贫困户培训全覆盖。为巩固脱贫攻坚成果，2020年继续开展职业技能培训5000人。

牵线搭桥，打通就业路

蒙姑镇干冲村贫困户周兴聪夫妇找到了心仪的工作后愉悦地说：“我们夫妻俩就决定去东莞市昱峰光学科技有限公司做操作工，据说工资首月4200元，也很满意，相信自己的能力到那里能赚到很多钱，争取早日脱贫奔小康。”

2019年2月14日，县人社局成功举办了农村劳动力转移就业“百日行动”“春风行动”春季招聘会，东部沿海省和省内46家企业提供了8000余个工作岗位，到会应聘人员800余人，登记有意愿外出务工人员230人。脱贫攻坚以来，共举办各类招聘会37场次。新冠肺炎疫情发生后，各类现场招聘会被停办，通过开展就业服务网约行动，利用移动公司平台向全县劳动力推送“三免一补”政策短信18.36万条，通过“三农通”平台发送务工动员信息 6 万余条，不让就业服务工作因疫情而停滞。为真正把岗位送上门，全县整合乡（镇）村社干部、包保干部等力量通过入户或微信、短信等方式，向有劳动力的卡户推送岗位信息，全心全意做好就业服务工作，实现对有劳动力的建档立卡户 100% 推荐就业岗位。

通过多形式的牵线搭桥，让众多建档立卡劳动力外出务工不再茫然，在家即可挑选岗位，外出务工想出即出，切实改变了以往外出务工靠亲戚朋友帮带现象，建立起了完整的就业服务机制，只要群众愿意外出，就业服务立马跟上。

就业攻坚，不破楼兰终不还。回首脱贫攻坚工作启动之初，劳动力出门打工靠的是“亲朋带”，县域内工厂、重大型工程项目建设吸纳劳动力能力极为有限。想在家门口挣钱较困难，而很多劳动力因照顾家庭等因素无法外出，残疾人、弱劳动力等群体收入得不到保障，东部地区需要大量劳动力又输不出去，一系列难题摆在了面前。

扶贫小车间，脱贫大作为。如何让因特殊原因不能外出务工，又渴望脱贫致富的劳动力就近就业，成为县人社局领导关心的头等大事。2018 年，全县拉开了扶贫车间建设序幕，投资 36.3 万元扶持建设就业扶贫车间 16 个，吸纳劳动力就近务工 945 人，其中贫困劳动力 415 人，成功帮助贫困劳动者实现灵活就业、居家就业。

“真的很感谢党委、政府，帮我实现了在家门口上班的愿望，使我有了固定收入，不再担忧返贫。”在马树镇小河塘村进行保洁的卡户胡发万对县人社局工作人员激动地说。针对有劳动能力、无法外出、无业可扶人员、残疾人等安置乡村公共服务岗位 7577 个，着力解决就业困难问题，为贫困户增收创收。对需要照顾老人、孩子无法到县外务工人员，依托白鹤滩水电站、格巧高速公路等建设项目及马树镇蓝莓、草莓基地、教投公司等产业项目，扩大农村劳动力转移途径，就近就地安置就业 8237 人，有效解决了务工增收、照顾家庭“两不误”难题。

五年来，出台了一系列就业扶贫配套政策、办法等就业扶贫相关配套政策，形成了环环相扣、有机衔接的政策支撑体系，积极争取资金发放交通补贴、稳岗补贴，提高劳动力外出积极性。2015 以来，全县累计转移劳动力 27 万人次，其中建档立卡劳动力 9.7 万人次。2018 年共发放稳岗补贴 2123 人 150 万元；2019 年发放一次性交通费补助 51386 人 1907.16 万元，共发放鼓励组织劳务输出资金 51386 人 770.79 万元，农村转移就业贫困劳动力申报务工收入 6.53 亿元，有效促进贫困劳动力外出务工。

全力抗疫，劳务输出强劲有力

2020 年年初，新冠肺炎疫情突如其来，我从老家红山乡吃完年夜饭立即回到工作岗位。大战当前，全局干部职工快速反应、立即行动、积极应对，大力精准摸排外出务工回流人员情况，为县委、县政府提供有力决策依据。2 月中旬，疫情得到有效控制，大量劳动力闲置在家无法外出，如何打消群众因疫情不敢出去的思想顾虑，如何有序、有效、安全地把劳动力转移出去，如何巩固脱贫攻坚成果等难题成为人社部门的头等大事。

通过发布外出务工动员书、公开信，推行“三免一补”即交通免费、健康体检免费、防护用品免费，发放外出务工生活补贴政策。加强与“珠三角”“长三角”等用工需求较大的人社部门沟通联系，大量储备工作岗位，相继出台复工复产、务工人员返岗及健康体检等工作方案，组织“点对点”“从家门口到厂门口”专列，通过“点对点”方式在新冠肺炎疫情期间共输送劳动力 4105 人，为复工复产奠定坚实基础。

2020 年 2 月 16 日，巧家县首趟为外出务工和返岗人员定制的客运班车从巧家客运中心发出，23 名符合疫情防控要求的外出务工和返岗人员从巧家起程，“点对点”送达昆明火车站，再从昆明火车站奔赴工作地上岗。文山州广南县第一中学教师杨福游就是通过点对点回到工作岗位的人员之一，他说："这种'点对点'统一运送的方式方便了群众的出行，让大家外出务工或返岗非常安全方便。"

通力协作，携手奔小康

东西部就业扶贫协作是提高劳务输出组织化程度、实现先富帮后富的重大举措，巧家县与东莞市人社部门双方积极构建协作机制，在县与镇、镇与镇、企业之间就业扶贫领域各层面的交流互访频繁、互访合作。在东莞市樟木头镇设立了人力资源工作站，向巧家县各乡镇推送就业岗位，为在东莞巧家籍务工人员提供就业服务。

2019 年，全县共使用东西部协作资金 934.16 万元，兑现一次性交通费补助 24974 人；2020 年争取到东西部协作资金 527.5 万元实施稳岗补贴项目；选派了 288 名贫困学生到东莞市职业院校和技工院校就读，享受优质教育资源；帮助 333 名残疾人劳动力安置乡村公益性岗位，实现就近就业；特别组织了 497 名妇女在基地内以"以工代训"方式学习了草莓、蓝莓科学高效种植管理技术，"以产业促就业、以就业帮脱贫"的造血功能明显增强；特别安排 50 万元为 125 名贫困劳动力组织了挖掘机装载机双证培训，取得了良好社会效果。在东莞的大力支持下，我县转移就业工作得到了很大程度的提高，赢得了社会各界广泛好评。

通过几年的不懈努力，群众腰包鼓起来了，脸上露出了轻松的笑容，巧家县 2019 年整县脱贫摘帽，就业扶贫犹如雪中送炭更是锦上添花！

一招新鲜，吃遍天，已经成了全县许多贫困户致富的法宝！

（作者系巧家县人社局职工）

第三编　基础设施建设

家家通达　人人欢畅

——巧家县交通换来脱贫攻坚新天地

刘永顺

巧家地处滇川交界，连接滇中经济圈和成渝经济圈，是四川与云南之间重要的“交通走廊”“文化走廊”“经济走廊”，区位优势明显，发展潜力巨大。但是由于交通条件制约，商家进不来，产品出不去，严重制约经济社会发展。

2015 年以来，抓住云南实施“五网”建设和昭通实施交通先行战略的机遇，下定决心啃下交通发展“硬骨头”，实现通乡油路和通行政村公路硬化率 100%，农村客运开通率、通邮率 100%，根除了交通发展肠梗阻，建成了连通万家，人人畅通的致富路、美景路。

交通成网，路无断头

巧家是山下收庄稼，山上才开花，隔山看得见，相见要半天。高山峡谷，山脉呈海浪是巧家亘古的姿态。蜀道难、上天难，巧家的交通更难。建设难度大、造价高。2014 年年底，全县仅有公路 2362.2 公里，高等级公路为零，公路覆盖率仅为 0.7 公里每平方公里。公路等级低，畅通能力弱，

16个乡镇油路通畅率仅达75%，行政村公路硬化率仅有35%，行政村客运开通率60%，建设难、出行难、流通难的问题突出。为了全面实施精准扶贫，从2015年开始，全力推进县乡村组公路和高速公路建设，截至2019年年底，共实施重点交通项目107个，总投资160亿元，比“十二五”时期增长960%；建设农村公路3914.49公里，全县公路里程达6413.14公里，农村交通建设成绩跃居全市、全省前列。

借力发展，着力畅通对外“大动脉”

主动融入国家战略，努力争取国家、省、市政策支持，破解项目和资金瓶颈。格巧、会巧、都香、鲁巧、沿金沙江5条高速公路和昭攀丽巧家段、东巧等铁路，纳入国网或省网盘子，总概算投资1100亿元。格巧高速已建成通车，结束了巧家没有高速公路的历史；都香高速公路已启动建设，鲁巧、会巧高速公路即将启动。高速公路全部建成后，巧家出滇入川大通道地位更加凸显，将加速融入昆明经济圈、成渝经济圈和攀西经济圈。

多方筹资，着力打造乡镇“交通圈”

2015年以来，累计投资35亿元，实施通乡油路硬化13条457公里，S206省道195公里，完成6座溜索改桥，重要县乡道建设15.52公里，在2017年年底实现了县乡油路通畅率100%，距离县城最远的乡镇行车时间缩短2小时以上，全县16个乡镇形成了四通八达的“3小时交通圈”。整合资金1.5亿元建成鹦哥溜改桥项目，“亚洲第一高溜”退出历史舞台。抓住白鹤滩水电站建设机遇，争取资金42.5亿元，启动实施S303巧蒙公路、昭巧公路、金中公路、巧大公路、硫磺洞至炉房公路等 5 条等级公路还建和 9 条库周村庄道路建设。

苦干实干，着力改善村组“微循环”

克服投入难、征地难、施工难、协调难等重重难题，采取政府补助、群众投工投劳、“一事一议”等方式，加大村组公路建设。2017 年投入 3.5 亿元资金，完成 540 公里建制村公路硬化，截至 2017 年年底，提前完成了全县 184 个行政村（社区）1335.48 公里的建制村公路硬化，通畅率达 100%。2018 年争取国开行贷款 7 亿元，2019 年投入 1.7 亿元，按照“一事一议”模式两年累计实施村组公路硬化 1300 公里，新建农村公路 1000 公里。2020 年，启动建设村组公路硬化 219 公里，计划投入资金 1.3 亿元。村民小组通路率 90%，硬化率 70%，群众出行难的问题有效缓解。比如，投入资金 6000 万元，建设完成鹦大公路（茂租镇鹦哥村至大寨镇）15 公里，鹦哥村人民实现了千百年来的通车梦。

优化网络，着力构建运输“服务网”。坚持“城乡统筹、以城带乡、城乡一体、客货并举、运邮结合”，优化完善农村公路运输服务网络，开通农村村级客运班线 40 条，发展农村客运车辆 183 辆，覆盖全县 16 个乡镇 184 个行政村（社区），乡（镇）、村（社区）通客车率 100%，通邮率 100%。

落实管养新模式，筑牢安全生命线

坚持“建设是发展，管理养护也是发展”的理念，积极探索农村公路管养新模式，保障农村公路畅通安全。一是实行“保护 + 防护”管养。在强宣传、重管理、严整治的同时，加强安防工程建设，2015年以来实施安全生命防护工程建设1211公里，建设农村公路“五小工程”125个。二是实行“队伍+机制”管养。按照“县道县养，乡道乡养，村道村养”的原则，全面推行路长负责制，建立县有路政员、乡有监管员、村有护路员的路产路权管理队伍，落实乡镇农村公路管理和建制村村道管理议事机制，实施农村公路养护类项目18个，实现了有路必养、养必达标。三是实行“公司+农户”管养。采取招投标方式，选择养护公司进行专业养护管理的同时，开发公益性岗位对村组公路进行管护，实现了县乡村公路养护管理专业化和规模化。目前，共管养县乡公路760余公里，乡村公路136条1413公里，其中带动建档立卡贫困户396户，户均年增收3000元至6000元。

交通畅通，提速乡村振兴

通过交通枢纽带动大物流，大物流带动大产业，因地制宜建设一批特色农业产业基地、输出一批农村富余劳动力、打造一批乡村文化旅游景点。一是“交通畅”带动“产业兴”。将农村交通建设与农业产业发展相融合，为脱贫攻坚注入新鲜血液。通过S206、昭巧二级路等互联互通后，破解招商引资难的问题，引进16个企业在马树、金塘等乡镇发展生猪、草莓、林下食用菌等涉及多个产业。2015年以来，全县通过农业产业发展交通配套设施建设直接带动卡户36428户，人均纯收入增加1520元以上；带动卡户发展新型经营主体217个。二是“交通畅”带动“务工潮”。随着交通基础设施不断完善，群众出行安全便捷，农村富余劳动转移力度不断加大。素有“小西藏”之称的红山乡建成通乡油路后，村民到县城从6小时左右缩短到3.5小时左右，出行安全、畅通，该乡劳务输出从“零星就业”快速发展成“高度组织化外出务工”。三是“交通畅”带动“旅游热”。随着交通基础设施不断改善，旅游业发展优势初步彰显。2017 年以来，举办了三届“乡村文化旅游节”，接待游客 12.8 万人次，实现旅游业收入 9000 余万元。

经过 5 年的脱贫攻坚，县域“3 小时交通圈”目标已实现，闭塞一隅的巧家一举成为川滇大通道的重要枢纽。展望未来，随着都香、鲁巧、会巧、沿江高速公路的开工建设，昭攀丽、东巧铁路的建设，金沙江航道的建设发展，巧家便是“千里江陵一日还”的巧家！

（作者时任巧家县交通局局长）

红山路畅腰板直

聂中柱

红山乡仅只是位于县城东北部198公里的地方，然而大家却宁愿走昆明、跑昭通，而不愿走红山乡。因为大家常爱说“红山是巧家的墨脱”。全境偏居于金沙江和牛栏江大峡谷的陡坡上，海拔从550米几乎垂直上升到4040米的药山顶。要走红山乡，是要勇气的，因路不通畅，一切皆有可能。

因为红山偏远，外人视为畏途，道听途说，红山乡竟然成了贫穷落后的“发配”地！作为红山人，自然也觉低人一等而汗颜折腰，最担心别人说自己是红山人。而今，乡党委、乡政府注重抓全乡的形象提升工作，把交通作为打开红山乡“宝库”的金钥匙来抓，在脱贫攻坚中把“墨脱”这顶贫穷落后帽子抛进牛栏江！彻底结束了红山人民匍匐负重翻山越岭的千年历史。

要致富，先修路

对于红山乡来说刻不容缓，也是抢抓脱贫攻坚机遇助推红山跨域式发展的出路，道路交通建设成为红山决战脱贫攻坚的首要任务。在乡党委、乡政府的精心规划下，提出了“一山、两带、三片、四通道”核心规划建设布局。

2014—2019年，全乡掀起了乡村道路、村组道路开挖、硬化的高潮。6年间，以“乡村主责、群众主体”，“民建公助、企业捐资、群众筹资”等建设机制，全乡乡村道路硬化通达率达100%，新建村组道路138公里，硬化道路89.96公里，硬化户间道69.61公里，实施村内户间道建设13条30余公里，逐步改善“晴通雨阻”的交通状况，争取实施62公里生命防护工程建设，改善临崖临水危险地带交通安全，全乡村组道路建设达到90%以上，重要村组道路连接线硬化达70%以上，户间道硬化连接达70%以上，村组公路通达率和通畅率分别在2013年的基础上提高到100%和95%。乡内有县乡客运班线1条，县村班线2条，市乡班线1条。彻底解决红山乡“看得见、喊得应、跋山涉水一整天”交通困局。红山人民再也不用为了进一趟城而连滚带跑地赶到金沙江边过江，追赶四川的客车。如果误点，就得慢慢翻山越岭过彝区，投宿鸡茅野店。

“十三五”时期，随着脱贫攻坚、乡村振兴、长江经济带、综合交通等战略部署，红山迎来了前所未有发展机遇。

2015年启动的省道S206建设，2018年建成通车。是巧家县“8·03”地震灾后交通恢复重建项目，乡内实施里程全长27.13公里，境内红山段涉及保坪隧道道1座，辐射红山黑铁村、牛栏村、保坪村3个村9个村民小组，S206道路红山段止于红山乡牛栏村。2018年全面建成通车，与石门坎大桥相连后，成为巧家“出滇入川”的重要交通通道，为助力红山群众脱贫攻坚奠定了交通基础。

都香高速路过境

2017年6月，都香高速昭阳至金阳段开工，红山乡成为连接昭阳、鲁甸、永善及四川凉山州金阳的交通要道，形成出滇入川交通网络。都香高速公路昭金段止于巧家县红山乡北侧的牛栏江与金沙江交汇处幺米沱村，通过设置金沙江特大桥跨越金沙江后接四川境内都香高速，是过境我县的首条国家高速公路，出滇入川左右服务区均建在红山黑铁。

红山乡是两江一山秘境，中国虫蜡之乡。境内的许多农产品都是地方名优特产，路不通时待闺而枯。如今，路通了，日子也就好起来了！在一片正在忙碌的花椒地前，看着下方的油路一直延伸到大山之外，红山乡保坪村53岁的村民黄方正十分激动。他说："红山人受够了交通条件落后的苦，以前乡村公路、村组道路不通的时候，村民们生产生活物资购买和农产品出售靠的是人背马驮，晴天一身灰，雨天一身泥不说，物品买卖还得凌晨出发，夜晚归家的两头黑，翻山过梁，人背马驮辛苦不说，如果运气不好，途中出现人仰马翻的惨景也是有的。修房子就更难了，拉建筑材料往往都是一个大问题，完全修不起，日子确实太苦咯。哪像现在，公路通到哪里，砖房就修到哪里，天天都有车拉着蔬菜、日用品、肥料等农用物资走村串户叫卖，就连核桃、花椒等农产品销售都有人上门收购，与前些年比起来，我们现在的交通条件太好了！"

红山乡因交通通达而华丽转身一举成为出滇入川，连接川、黔、渝的桥头堡，为红山实现跨越式发展奠定建设基础。全乡定位是："生态立乡、产业兴乡、交通富乡"，以"一山、两带、三片、四通道"核心规划布局。着力发展花椒、核桃、脐橙、魔芋、马铃薯等种植及生猪、玉屏山鸡、能繁母牛养殖等产业。实现了一山：国家级自然保护区药山，呈现好"秘境红山、生态家园"自然风光。两带即环红山7个村海拔1100米至1700米县乡沿路村容村貌整治、美丽宜居乡村"药山"经济带。三片：海拔2300米至

3300 米药山高山草甸片区，以发展牛、羊养殖业为主；海拔 800 米至 2300 米片区，以发展核桃、花椒、蜡虫、豆类产业为主；海拔 800 米以下，以发展热区蔬菜、水果及水体养殖为主片区。

如今，一条条蜿蜒盘旋的道路环绕红山，远远看去就像一条条玉带环绕着村村寨寨，更像一排排整齐的琴键弹奏着红山大地的变化，风情牛栏、秘境红山，在脱贫攻坚中摇身变成了人见都说好的地方！

（作者系红山乡村干部）

亚洲高溜变坦途　脱贫致富民安康

蒋诗扬

茂租镇鹦哥村的“鹦哥溜索桥”被称为亚洲第一高溜而闻名遐迩。它因矗立于高 260 米的绝壁、宽 470 米的江面，再加之四周环境的峡深、壁窄、险峻、奇异而令人胆寒，也因这些特性而吸引了无数的探险者和猎奇者。对于外人来说，这便是奇闻异见，更是炫耀见闻的资本。然而，对于世代居住在这里的葫芦口村村民小组却是畏途和绝路，是永远挥之不去的噩梦。

为了生存，祖祖辈辈都希望身长翅膀自由往返金沙江或一桥飞架东西，出入犹如逛天街。村后的绝壁直插云霄与药山连为一体，南北也是绝壁，“座云南走四川”成了唯一的出行选择。

苦撑苦盼的葫芦口村的人民不甘因此而困死一隅，解决出行难成了全村人共同的梦想。

1992 年，本村的蒋世学与四川省布拖县冯家坪的亲友商议，由葫芦口溪里的九户人家和四川的住户人家凑了近 8 万元，用两根直径五六厘米的固定钢索连接两岸，溜筐吊在这两根钢索上，一头连着云南葫芦口溪村民小组，另一头连着四川布托县的冯家坪村。

到 2001 年，10 户股东买了柴油发动机来牵引溜框。溜索已增加到五根，上面两根悬吊溜框，下面两根承托溜框，中间一根牵引溜框。溜索动力改为电力发动机牵引，极大方便了大家的出行。但也只是解决了胆战心惊的出行问题和日用货物的采购，而无法改变人居环境建设难的问题。

正当在脱贫攻坚的征战中，天降喜事——迎来了国家实施“溜索改桥”立项。2015年5月，省公路局组织桥梁方面的专家开展了鹦哥溜索改桥的初步设计评审工作。10月，鹦哥“溜索改桥”工程正式开工。2018年7月10日，历时2年零8个月工期的鹦哥大桥竣工。建成的大桥主桥与江面的垂直距离200米左右，大桥全长385.5米、宽9米。2018年9月1日10时30分随着一声“可以过桥”的宣布，代表着用溜索作为出行方式的时代结束了。2014年3月4日，习总书记在关于农村公路发展的报告上批示强调：特别是在一些贫困地区，改一条溜索、修一段公路就能给群众打开一扇脱贫致富的大门。意想不到的是总书记的报告在鹦哥村竟然变成了现实。

这天大的喜事突然降临，对祖祖辈辈被困的葫芦口村民来说是多么美好的事啊！原来路不通再好的致富项目也只能被隔绝在外，再好的农产品也只能是不值钱的山货。村民李陆贵在自己的甘蔗地里说：“国家政策是好，但路不通我们种的甘蔗、魔芋、花椒这些农产品种植得再好都没有办法拿出去卖，就算拿出去成本也太高了。现在好了，桥通了我们的致富路也就通了”。还说道：“现在桥修好了，我们出行方便了，自己种的农产品也能送出去卖了，也能够脱贫致富过上好日子了。”

茂租镇决定将利用鹦哥村自身生态环境和自然气候的优势条件，引进新品种软籽石榴、金魔芋等产品，计划种植软籽石榴50亩、金魔芋30亩，并与相关产品公司签订市场保价合同，确保群众的利益。同时在能确保溜索设备安全的前提下，将溜索作为一个旅游景点为村民增收，也为发展金沙江峡谷旅游增添一景！

如今的鹦哥村，往西走四川、一桥飞架迈脚便到。往南北挂壁公路北通茂租镇，南通大寨镇，虽然只是三面通达，却也是潇洒随意。再看，昔日搬运费高过成本费建成的瓦房，逐渐变成了栋栋小洋房。看地里一年四季常绿，甘蔗、杧果、花椒、蜂蜜总会招来八方来客，甚至是提前预订，坐在家里也能赚钱过好日子。

一桥连天堑，万仞绝壁坦途去。险江峡谷跨虹来，鹦哥也成好地方！

（作者时任茂租镇人大主席）

光伏电力为脱贫攻坚助力

程昌明

能源永远是发展不可缺的助推器。随着科技社会的发展，新能源已闪亮登场。

在巧家的脱贫攻坚大决战中，巧家供电局抓住机会，看准潜力，发展集中式光伏电站与户用光伏电站为巧家的脱贫攻坚发势助力。就是采用太阳光照射光伏板发电，将光能转化为电能，再向巧家电网售电，实现电量电费收益的扶贫项目。

一台 3 千瓦户用光伏电站占地约 20 平方米，一般分散安装在每家每户屋顶上，发出的电采用低压 220 伏并网，安装、计量、并网都相对简单。而集中式光伏电站占地面积较大，一套 100 千瓦的电站占地需要 1200 平方米，还要通过升压变压器和 10 千伏高压线路实现并网。

2019 年 10 月 20 日，巧家县 140 个村级光伏扶贫电站建设项目开工仪式在金塘镇梨树村举行，这也是继第一批 7164 户户用光伏成功投入运行后启动的“十三五”第二批光伏扶贫项目。工程涉及新建及改造 10 千伏线路 26.1 公里，配电变压器安装 122 台，容量 14140 千伏安，140 个村级电站通过村级联建的方式分别建设在 15 个乡镇的 72 个村社。

据县供电局统计，2019 年 7164 户户用光伏电站收益 2548.76 万元。其中含购电费 1222.26 万元，政府补贴电费 1326.50 万元，平均每户光伏用户年收益3500余元。2020年上半年，140个集中式光伏电站共收益电费570.84万元。其中含购电费272.75万元，政府补贴电费298.09万元，平均每个电站半年时间收益4万余元。事实证明，这一阳光工程在巧家县成功落户，已成为巧家县贫困山区成功走出一条“借光”脱贫的致富路、阳光路。

巧家县奇星实业有限公司施工负责人黄薪至今还清楚地记得，他接到工作任务的时候是2019年10月22日。当时他正在小河镇组织农网升级改造，但集中式光伏电站不仅是巧家县脱贫攻坚的重点建设项目，更是事关全县是否如期实现脱贫的大事，要求必须在2020年元旦节前完成建设并网，因工期紧、任务重、压力大，他立即将工作重心转移到光伏扶贫电站的建设上来，竭尽全力完成这项艰巨而光荣的任务。

巧家县地处乌蒙山区，大部分乡镇山高坡陡，道路崎岖，在72个光伏电站选址上，有一半以上是车辆不能完全到达的地方，这给整个施工材料运输带来很大困难。接到任务后，黄薪安排好手里的工作后，立即投入光伏电站建设工程中，他马不停蹄，用了一周的时间和施工人员跑遍了所有的光伏电站选址点，通过现场查看施工地形和线路走向后，发现难度要远比他意料中的大得多，最主要的还是材料搬运问题，临近冬季，多数选址点又地处高海拔地区，气候寒冷，如小河镇马店村、崇溪镇安居卡村等多个选址点还不通公路，他负责的电网配套建设及光伏电站安装要在不到70天时间完成72个点的施工，平均每天至少要完成1个光伏电站并网发电，这谈何容易？在困难面前，他没有气馁，也没有被吓倒，凭着多年在各乡镇农村电网改造的施工经验，按照每一个选址点详细研究作业点最有利的施工方案，绘制好施工图，确定施工方案后，他不等不靠，迅速带领施工人员一头扎进工程建设中去。在巧家供电局的指导下，提出多点同时施工和先难后易的策略，一方面，为了争取时间，结合高寒山区气候特点和道路交通情况，趁天气晴朗立即开工，在电杆等材料还没到位的情况下，先组织修便道、挖电杆坑等；另一方面，要时刻催促供应商及时将电杆、变压器等材料运输到指定地点，不能因为施工组织和材料运输问题影响整个工程进度。

材料陆续到位后，第一批 25 个点的施工开始了，200 多人的施工队伍被分配在 10 多个不同的小组，由小组负责人负责现场指挥，每天天刚蒙蒙亮，施工现场就一片热火朝天的场景，挖坑、立杆、架线……一直到晚上，有时因工作需要，还要用手电筒照亮加班，冷了，施工队员就在工地找点柴草点燃后取暖，饿了，就到当地村民家买点洋芋煮了充饥。为了节约时间，甚至住宿也要求就在当地村子里集中安排，以节约往返乡镇住宿时间。没日没夜的超强度施工让工作人员有些吃不消，但大家心中都报着一个信念，就是早一天发电，就多给村集体经济和老百姓多增加一天的收入，多为巧家县脱贫攻坚事业尽一份自己的力量。

黄薪每天奔波在各乡镇每个施工点解决工程遇到的困难问题，衣兜里装了 2 部手机，还有一个 2 万毫安的充电宝，随时随地保持联系，联系工程进度、材料运输，协调土地占用、青苗赔偿、施工安全等方方面面的事宜，虽说每个点都有小组负责人，每当遇到棘手的问题，黄薪必到村民家中耐心做工作，处理好青苗赔偿、土地补偿等事宜，有时，甚至还要邀请村干部来一起解决，耐心细致的群众工作和各施工班组的文明施工逐渐得到群众的理解和支持。

巧家供电局领导和奇星实业有限公司都非常重视这项工程建设，局分管领导陶建平副总经理更是将此项工程列为全年重点工程，实时和相关负责人深入施工现场，掌握安全、进度、质量等方面存在的困难问题，做好物资后勤供给，并提醒每个施工班组一定要在确保安全的前提下施工。

2019 年 11 月初，海拔高度 2300 米的小河镇马店村瓦窑坪社，天空中飘着雪花，天气异常寒冷，这是一个 9 村联建的光伏电站，由于不通公路，材料无法运输到指定地点，工程停滞不前。面对小山一样的材料，局分管领导陶建平现场指挥，联系租赁小河镇挖掘机、装载机前来新修公路，历时 2 天，终于将一条近 1.5 公里的便道开挖出来，新公路一直通往光伏电站安装地点。可是，载重车一行驶在新公路上，后轮立即就陷在淤泥里，路虽然修通了，路面却松软不能承重。在陶副总的建议下，一方面，挖掘机来回碾压，将车道泥土夯实；另一方面，又联系当地村民农用车进行二次少量倒运。在挖掘机、装载机、农用车前拖后拽的配合下，又经过两天，一件件光伏板、变压器、电杆终于被运输到指定地点，卸货后，好多崭新的材料都被淤泥抹得花里胡哨。施工人员手上、鞋子上早已沾满厚实而冰冷的淤泥，他们顾不上喘口气，在地上跺两脚，双手在杂草上抹一把，把脚上和手上的淤泥稍微抹落，便往双脚套上脚扣，往腰间系上安全带，匆匆忙忙投入紧张的施工中。

随着工程的一步步推进，看似不可能完成的任务，就这样被大家齐心协力一一攻克。2019 年 12 月 31 日这天，是所有施工人员永远值得铭记的日子，随着最后一台光伏电站的并网成功，大家亲眼见证着一排排耀眼的光伏板在太阳光下熠熠生辉，听着变压器呜呜的声响，一个个施工人员沾满灰尘的脸上露出了灿烂的笑容。200 余人辛苦鏖战 70 天，终于安全、圆满、按期完成了这一惠民工程，用实际行动啃下了“硬骨头”，向巧家县委、县政府和 140 个村集体交上了一份满意的答卷。

光伏发电既为全县的脱贫攻坚雪中送炭助一臂之力，也为边远山区的人民送去了光明和温暖！

（作者系巧家县供电局职工）

楼上楼下电灯电话不再是梦

彭　倩

入夜，新店镇天上的星星比不上地上的电灯，皎洁的月光比不上万家灯火的璀璨，那万盏灯火照亮了崇山峻岭中散如星辰的千家万户……

这个距县城 117 公里，所辖面积 157 平方公里，有 13 个行政村，88 个自然村，254 个村民小组，常住人口 8304 户 32988 人的山区小镇，海拔从 940 米至 3426 米，地势高差较大，地形呈西高东低，人口分散，用电问题一直都是新店镇的大问题。

精准扶贫以来，国家一直强调，电网是国家重要的基础设施，电力供应是基本的公共服务。做好电力扶贫工作，加强贫困地区电力设施建设、提供电力普遍服务、因地制宜开发利用当地可再生能源，是改善贫困地区生产生活条件的关键举措，也是精准扶贫的重要途径。大力发展电力基础设施建设既能有效破除制约贫困地区发展的瓶颈，也能改善贫困群众生产生活条件、提升公共服务水平。这一切国家的惠民政策在新店镇都一一开花结果。

新店镇以脱贫攻坚为契机，持续加强农村电网改造，提高电网装备水平和功能，形成完备高效、安全可靠的输送网络，确保每一户群众用上优质电能。同时依靠电力系统的综合建设，结合当地太阳能资源优势，发挥好光伏扶贫的重要作用，提高贫困地区无劳动力和无固定收入贫困户的收入，提升精准扶贫的质量。

1999 年，新店镇通电，告别了煤油灯时代，当时的电力基础设施非常落后，各村安装的变压器非常小，仅能带动部分加工厂的磨面机，甚至用电高峰时，电灯亮度还不如煤油灯，常常是“电灯脚下煤油灯”。由于电费过高，许多村民也不愿安装电表改用电能，依旧以煤油灯、蜡烛为照明工具，做饭煮菜等都用柴火。即便通了电，用电率也十分低下，随后几年乡里不断投资增加了变压器，全镇基本都用上了电。进入 21 世纪后，供电公司对镇里进行农网改造，更换了老变压器，规范了线路，村里逐步用上了放心电。但由于新店镇部分村落山高坡陡，地形复杂，仍有部分村村民小组没有进一步实施电网改造，电线杆依旧用木杆子，用电需求得不到满足。

随着精准扶贫的开展，2018 年，县供电局围绕脱贫攻坚目标任务，按照云南电网公司“优化主网、做强配网、升级农网”的工作思路，依照巧家县“两年脱贫出列、一年巩固提升”的脱贫攻坚计划，发挥“电力先行”优势，在全县 16 个乡镇加快推进新一轮农村电网升级改造，全年开工 8 个批次建设项目，共投资 10 千伏及以下配电网改造和升级改造项目资金 1.13 亿元，着力解决农村电网低电压、重过载、安全隐患突出等问题。新店镇供电所，结合新店镇实际情况，再一次对新店镇进行电网改造，上百名电力工人想尽一切办法，用尽一切手段，克服各种困难，以无私的奉献精神，围绕贫困村通 10 千伏动力电的要求，实施 13 个村（社区）通村动力电项目建设，为新店镇全镇电力设施进行了升级改造，确保家家户户都能用上优质的电能。

新店镇部分村落海拔较低，适宜种植青花椒，随着花椒市场的兴旺，花椒种植农户越来越多，但花椒采摘季节正好是新店镇多雨的时候，花椒采摘下来不及时晒干的话，颜色容易变黑，价格就会下跌，所以大多数农户都会采用烘干的方式来保证花椒的质量。传统的柴火烘干，火候不易掌控，一不小心就会烘烤煳，电力烘干机操作简单，安全快捷，就成为椒农们烘干的首选，但由于烘干机功率较大，用户较多，电压不稳导致很多烘干机不能正常工作。每次下乡入户时，群众都会向我们反映这个问题，新店镇党委、镇政府高度重视，及时和供电所联系，商议解决办法。最后依托电力改造，对花椒种植大村采取增加变压器的方法，确保群众能够正常使用优质的电能。“现在我们的花椒烘干机再也不用担心电压不足了，供电所工作人员还定期上门服务帮我们维护供电设施。”这是谓姑村花椒种植户们对新店镇电力服务的称赞。说起新店镇电力改造的历程，几位上了年纪的老人激动地说道：“世道好了，感谢党和政府啊！以前条件差，不要说用电了，能用得起煤油灯都算好的了，现在党和政府关心我们老百姓，给我们接通了水，修通了路，还给我们拉通了电，通了电不说，还不断地给我们进行电网改造，日子是越过越好了。”

强有力的电力基础设施在一次次的升级改造中，不断趋于完善，新店镇优质的电力供应，离不开供电部门的倾情服务。在巩固电网架构、提升供电服务水平的同时，新店镇供电所始终把为脱贫攻坚提供坚强电力保障作为首要任务，持续从“做好电力供应、稳推光伏扶贫、提升服务效率”三点发力，切实发挥电力部门的帮扶作用，着力提升新店镇电力保障水平。

对农村客户而言，电费缴纳曾经是一件费时费力的事情。偏远地区的村民，可能要赶很远的路才能到供电所缴纳电费。为解决这一用电痛点，新店镇供电所结合实际推出手机缴费、各银行APP缴费、绑定社保卡扣费等便民措施，简化缴费流程，提供扣费信息，大幅度提升了客户满意度。同时按照逐步改进电路设施，为广大用电群众提供了优质快捷省事、省心、省时的用电服务。“为老百姓提供优质的服务，是我们每一位电力人应尽的义务和责任，在推出快捷缴费的同时，我们还推出了快速报修、电表及时迁移、停电信息通知、缴费提醒等业务，提高了办事效率及群众满意度。为进一步提高群众收入，电力公司和光伏能源公司通力合作，完成了光伏扶贫项目的接入和提供光伏扶贫电站信息服务，积极支持农村特色产业的发展，在今后的工作中，我们仍然会以服务群众为初衷，持续为老百姓提供优质的用电服务，尽心尽力做好光伏扶贫产业，为群众增收提供一份保障。"一名供电所的职工这样说道。

光伏扶贫项目作为国务院扶贫办 2015 年确定实施的"十大精准扶贫工程"之一，成本低、见效快、收入可持续。习近平总书记曾提出："光伏发电扶贫，一举两得，既扶了贫，又发展了新能源，要加大支持力度。"新店镇高度重视光伏扶贫项目，结合自身光照优势，坚持脱贫攻坚与新能源利用相结合，在全镇积极推广，全面实施户用分布式光伏、村级光伏。

针对农户分散、筹资难等问题，新店镇政府按照县级要求，采取"政府 + 银行 + 企业 + 贫困户"模式，由政府专项扶贫资金为每户补助 5000 元，项目承建企业捐助 3600 元，农户出资 2 万元。农户出资部分全额向农业银行贷款，贷款期限 15 年，贷款利率为 4.9%。其中省财政贴息 4.64%，农户承担 0.26%，政府贴息 10 年，产权归农户所有。

综合光照条件、投资收益、安装条件，全镇共实施 155 户 3.8 千瓦户用光伏和杉曲等 10 个村 100 千瓦村级光伏建设，分别拓展 155 户贫困、60 户挂联卡户和集体经济增收问题并收入 137.7 万元。

新店镇供电所以服务全镇经济社会发展为己任，主动开辟绿色通道，优化报装流程和并网手续。并积极同新店镇党委、镇政府、光伏企业联系对接，多方面支持光伏发电项目并网。主动向政府汇报公司电网光伏接入和消纳能力，对接入点的光伏扶贫发电项目设备及配套电力设施进行检查验收，确保光伏扶贫发电安全可靠运行。高度重视光伏扶贫发电项目并网前的涉网安全检查工作，规范光伏发电项目并网调度运行管理，确保电网稳定运行。并根据全镇光伏扶贫项目建设规划，免费提供电能表计 165 只，组织人员对并网项目进行全过程跟踪服务，加强日常用电服务，切实履行公司主体责任，确保光伏扶贫工作尽早发挥惠民经济效益。

光伏扶贫项目采取电能全额上网的方式并网运营，3.8 千瓦户用光伏和 100 千瓦村级光伏所产生的电能全部并入电力公司电网，发电收益按月计算、按季支付，贫困户发电收益除偿还贷款本金及贫困户承担的利率、支付运行维护费用外，每户年收益可达 3000 元以上。

新店镇的万家灯火，是各级党委、政府和一辈辈电力人辛苦努力的成果，点点灯光，温馨了 8304 户 3288 人的家，改变了多年的生活方式，留起青山，壮了树，肥了牛羊，人们过上了幸福的生活。

老人们生活在光明随心的今天，他们时常感叹——楼上楼下电灯电话不再是笑话和梦想！

（作者系新店镇职工）

安全饮水无小事　巩固提升奔小康

程廉早

“扶贫工作必须务实，脱贫过程必须扎实，扶真贫、真扶贫，脱贫结果必须真实，让脱贫成效真正获得群众认可、禁得起实践和历史检验，决不搞花拳绣腿，决不摆花架子。”这是习近平总书记在十八届中央政治局第三十九次集体学习时的讲话，诠释了真正的扶贫工作应该怎样去开展。脱贫攻坚“两不愁、三保障、一达标”是脱贫攻坚的核心，是解决人民群众切身利益的工作，解决农村饮水安全问题至关重要。

作为巧家县炉房乡分管安全饮水的分管领导，我亲身见证了这一切，切身感受了这一切。

“我们片区吃水困难啊，基本只能靠水窖解决！”在2019年年底我在噜布村安家坪村民小组的一次会议上，有群众提出来。顿时，全场鸦雀无声。“现在都接近年底了，还要写方案上报审批项目获得资金支持，这么短的时间还可以补齐这个短板吗？还有项目年初已经规划好了，现在都在竣工验收阶段，还可以批到项目吗？2012年全村民小组就已经解决水窖用水，还能解决吗？”面对一系列问题，噜布村脱贫攻坚指挥部召开专题会议研究，村书记陈玖忠说：“涉及安全饮水保障的硬指标必须想办法解决，虽然安家坪、笔摩村、祭祖坪已经覆盖了水窖，但是这么多年过去，随着发展，部分群众基本只能满足简单的人畜饮水，请指挥部向上级反映争取资金解决这三个村民小组的管网水，明天我们一起去现场实地看看，确定取水点还要看看距离有多远。”

第二天一早，乡村两级人员到该片区实地查看，找水源、看线路、统计缺水农户等工作火速开展起来。到下午 4 点左右，前期工作全部结束回到村上，指挥部组织召开了会议研究方案编写及项目申报等工作，并及时向乡级指挥部报告了这一情况。

过了三天，乡长告诉我：“噜布村安家坪等三个村民小组饮水困难的问题已经解决了，县上正在组织一批巩固提升项目，有机会给大家解决。”安排我与村干部到项目实施的村民小组召开村民会议，动员和宣传饮水管网项目的启动和实施。在笔摩村民小组会议地点，我们等待农户陆续到来。突然，听到一个苍老的声音问：“同志些，什么时候能帮忙解决我们这个社的吃水问题？我们现在只能靠水窖蓄水，但是这几年小娃娃成家了，人多了，水都只能满足简单的人畜饮水，要是再给我们拉到家里就更好了。”看到老人殷切的表情我心如刀绞，告诉了他我们这次来开会的目的。老人说：“以前我们这里在 2012 年的时候政府出钱给我们打了水窖，如果真的能再帮我们把水拉到家门口那就好了，现在的政策是越来越好了，感谢党，感谢政府。”

村民到得差不多了，开始开会了。村书记陈玖忠在会上说明了该事项后，村民不安定了，全场人员情绪高涨、笑容满面，但听得最多的还是解大爷发出的感叹和谢意。会议在一片鼓掌声、欢呼声及感动的情绪中结束。

随后由乡村组干部，从噜布村新房社找到了水源，并由村上出面协调水源，从 12 公里以外的地方新建一件人饮管网，由县扶贫开发领导小组批复实施，从群众开始反映用水困难到确定项目实施，到完成规划设计，乡村干部无数次步行 12 公里；经过一个多月的施工，全面解决了三个村民小组饮水困难问题。当下乡再遇到这几个村民小组的群众的时候，群众更加显得精神，对生活充满了热情与希望、对党和政府更是感恩在心，基本上是开口就提、遇人就提他们这管网是党和政府帮忙建设的。

2017年至2019年经县扶贫开发领导小组批复的统筹整合涉农资金项目实施建有水窖885口解决885户的饮水问题。所有农户“水量、水质、取水方便程度、供水保障率”四条指标均已达标，乡党委、乡政府为解决群众实际困难，为了群众切身利益，早日实现奔小康努力着。

我来炉房的两年里，看到了炉房的发展，没有华丽的辞藻，但字字皆是从点点滴滴的脱贫工作中总结得出。现在虽然已经脱贫出列，但未来还有更多的攻坚战需要我们参与，不努力的青春不完美，告诉自己：不乱于心，不困于情，不畏将来，撸起袖子加油干！

（作者时任炉房乡副乡长）

网通牛角　天涯若邻

——中国电信巧家分公司脱贫攻坚的经历

舒　朗

电信公司作为百年央企，在脱贫攻坚的长征路上，我们坚决不辱使命，全面践行“担当在肩，使命在行”的扶贫决心，吃透精准，有效实施。我们始终把“共同富裕，实现人民对美好生活的向往”作为公司的扶贫目标。与县委、县政府保持步调一致，接受统一部署，如期实现包保的牛角村达到贫困县退出标准，实现脱贫摘帽。

我们定点帮扶的是新店镇牛角村。牛角村背靠大海梁子，属于高寒山区，是新店镇海拔较高的村。岩多坡陡地少，闭塞和贫穷是注定的常态。尽管在政府坚持不懈的努力下，终于实现了水、电、路三通，却无法实现网络的全覆盖。打个电话找个山包成了村民的惯常，一伙年轻人聚在一处守信号成了一道“风景”。大家的日子好过了，精神需求也更加迫切，而网络不畅，限制了人民对美好生活的向往和追求。而我们的任务就是加快网络建设，解决网络全覆盖，助力脱贫攻坚就成了我公司的使命。

我们的精准定位是：通信通畅、网络通畅、信息通畅。其中包括村内的网络 4K 电视家家通、光纤宽带接入农家、网络基站建设覆盖等。

一是移动基站进牛角网络连万家。我们首次进村时，村委会主任吴天云向公司派驻村第一书记赵明辉诉苦：“村子里面绝大部分的地方都还没有通网，甚至使用的手机也没有信号。”一方面对村委会的扶贫工作有着很大的影响。由于网络没有覆盖，扶贫工作的信息传递、计算机网络办公、通信信息通畅、对同事和村民的联系等都有很多不便。另一方面，牛角有很多年轻人在外打工，留守老人和儿童，无法与亲人联系和沟通。老人想听听自己儿子女儿的声音，孩子响听听自己爸爸妈妈的声音都无法满足。一个家庭相隔千里，却连基本的打电话听听彼此的声音都成为奢望。

公司把牛角村的基站建设、网络覆盖作成为重中之重的工作来抓。经理余才荣说道："千难万难，我们也要让牛角村民能用网络，能打电话。"

各个部门协同努力，截至 2019 年在牛角村新建基站 3 个，宽带端口 60 个，牛角村及村委会、学校、卫生院通网，实现网络覆盖，并免费使用网络。

二是家庭宽带进农家天涯若比邻。使用家庭光纤宽带网络，对于过去的牛角村的村民来说，是一件从来没有听过的新鲜事情，也是一件想都不敢想的事情。他们也未曾想过，自己有一天能够用着自己家里面的宽带网络，连着 Wi-Fi，用一部小小的手机就能够看到外面的世界是什么样子，体验到网络信息新世界带给他们的前所未有的视听体验。如今这一切都成为现实，基站的建设，网络资源的覆盖，让现在的牛角村民都能够使用上光纤宽带网络，足不出户看世界。

一天，几位老人带着自己的孙子孙女到村上，找到村主任吴天云和驻村书记赵明辉说道："我们几个老人听说村里好多人家都用上了什么网络，说是在手机上就能看到外面的人，还能说话。我们岁数也大了，这些东西都不懂，来到村上就想着你们能帮我们用上网络，看看在外面打工的子女，也让我孙子孙女看看他们的爹妈。"

看着他们那充满着期待的眼光和急切的语气，赵明辉、张书顺两位老同志立刻联系公司的装维员工，并与他们一起建箱子、拉光纤，将光纤网络一户一户地接入了这些老人的家中。他们每装完一家宽带，都耐心地教会他们怎么安装软件，怎么使用，当看到老人们用手机将视频通话接通的那一刻，看到一部小小的手机将相隔千里的一家人相连，看到他们脸上的激动、高兴、热泪盈眶时。

公司与县扶贫办联合开展并组织人员为指定的建档立卡贫困户赠送“扶贫卡”12670余张，其中对牛角村村民赠送238张，每月每卡赠送19—29元通信费，赠送手机30余台，终端费用4170元，实施“话费扶贫卡，两年免费打”。

三是网络电视家家用开开心心过日子。2015年公司领导分9批次带领工作组到扶贫点走访挂钩贫困户，与地方党委、政府对接研究扶贫工作。结合公司通信企业的特点，确定扶贫工作重点，按2015年10月印发《关于认真开展“挂包帮”“转走访”工作的通知》，对有关工作进行了安排：聚焦农村通信基础设施建设，使信息手段进村入户。信息扶贫，结合“挂包帮”工作，在广大农村积极推广移动电话、宽带、IPTV等业务，支持电商下乡，让信息手段进村入户，提高信息化水平，将致富信息、党和政府的声音传到广大农户，帮助广大农户致富增收。其中，IPTV即电信4K网络电视，也进入了牛角村的每户人家中。

公司经理余才荣带队到牛角村各个村民小组入户，了解村民的物质、精神生活实际情况。其中就遇到了很多村民反映的问题：想要用上电信的网络电视，平时看新闻、看电影电视、小孩子要看动画、老人要听山歌……但是等了好久都没能够用上。现在每家每户的条件都好了起来，每天农忙结束的休息时间就想可以在家里面看看自己想看的电影电视、小孩放学回家也可以看看动画片。在知道了这一情况后，经理余才荣立即就开始组织公司员工开会，部署相关的4K网络电视进牛角的具体计划。很快，网络IPTV电视成功地覆盖到了牛角村。

四是为国担当是我们义不容辞的责任。公司各部认真按照“挂包帮、转走访”的工作要求，开展定点挂钩扶贫工作。驻村队员当好桥梁作用，承担挂帮贫困户入户走访、精准动态管理的主要职责，与挂帮干部密切联系，建立机制，共同完成挂包贫困户的帮扶工作。2015年以来，巧家公司定点挂钩扶贫新店镇牛角村，帮扶281户贫困户，886人；累计安排挂钩干部员工 27 人，目前还安排挂钩干部员工 25 人；累计派出驻村扶贫干部员工 5 人。依托互联网 + 助力农村发展，公司积极响应各级党委、政府号召，加快推进农村互联网基础设施建设，推广普及智能手机及其应用，积极打好农村信息扶贫攻坚战役。充分利用大数据平台，用有限的扶贫资金，结合行业扶贫，完成各级政府安排的“挂包帮”定点扶贫任务。坚持扶贫攻坚与基层党建双推进，大力践行网络扶贫、信息脱贫，有效推动“输血式”扶贫向“造血式”脱贫的转变。

巧家县如期脱贫摘帽，我们公司能够参与巧家县的脱贫攻坚的新长征，并圆满完成目标任务，我们感到无比的欣慰！

（作者系巧家县电信公司职工）

脱贫攻坚圆了电视梦

宣传部（广电局）

曾几何时看电视是巧家人最高兴的一件事。20世纪70年代初在巧家县城的制高点杨家湾梁子上架起了巧家县第一座电视差转战，恰遇毛主席逝世，于是几乎全城的人摸爬滚打爬到山顶看电视，却遗憾无奈——人多电视小，画面不清，空跑一趟。

县城某家有电视，便是乡亲们眼中的显贵，大家聚在一处看电视曾是最幸福的一件事。可谓巧家人对电视情有独钟！

然而，金沙江和牛栏江把巧家县切割成雄鹰惧怕的高山峡谷，加之滇东北最高山大药山横亘雄踞于巧家境内，巧家的山脉也多垂直，闭塞和阻隔成了巧家的地理特征。无论是电视信号或网络信号要传遍巧家，也犹如巧家的人出行，隔山看得见，见面要半天——要通犹如登天！

巧家62万名各族人民沿坡就势居住在“两江夹一山”的峡谷里，山高谷深道路险阻信息闭塞、精神文化生活不丰富成为一种常态。广播电视是让广大群众听到党和国家的声音、了解全国各地信息丰富精神文化生活的主要渠道。

2014年以来，巧家县广播电视行业在脱贫攻坚战中，围绕广播电视卫星、无线、有线三种信号至少有一种方式可以收听收看广播电视节目的目标，向坐落在高山深谷的边远村寨、贫困山区发起总攻，通过近6年的努力，实施村村通 72341 户、户户通 62211 户，累计建成无线基站 28 座、调频广播 13 座、中心机房 17 个，架通县至乡镇广播电视光缆线路 363.2 公里，建立光节点 196 个，传送电视节目 159 套。截至 2019 年年底，全县广播电视信号覆盖率达到了 100%。

广电人要有双铁脚板

实施“村村通”“户户通”等惠民项目的时候，要求所有广电技术服务人员必须走到每一户为群众安装小锅盖，调试电视节目。越到边远山区、贫困地区，群众居住越散，大量的农户家安装锅盖、调试节目都需要步行前往，为了加快工作的推进，安装人员通常是一天到晚都在村子里往来奔走，很多时候无法按照正常时间吃饭，有时候一天只吃一顿饭。

在小河镇竹山村安装的时候，差不多每天都要走 13 个小时山路。老百姓住得太分散了，往返全靠走，好多老百姓安装完了都留吃饭，但是吃顿饭的时间起码要耽搁两三家的安装，任务太紧了，哪里顾得上吃饭啊！

让山坳里都能听见党的声音

提起广电扶贫工作，县委宣传部副部长、广播电视局局长刘平贤打开了话匣子，为我们讲述起他在红山乡担任分管广播电视工作时的故事来。

故事之一：行不行，试试才知道。“通了、通了，不要动，电视节目出来了。”巧家县红山乡白果村的一户彝族老头儿老普，满面堆笑地从自家才新建的安全住房中跑出院坝来喊道。斜仰着头，笑盈盈地望着刘平贤。

“通了？”刘平贤从房顶伸出半个脑袋问老普，满脸的汗珠从下颚处滴淌下来，正好落在老普的眼窝里，大家都在笑，“老普，你怎么还高兴得哭了！”老普一面擦拭一面说：“是高兴啊，盼了好几年了，终于通了！”

大家宁愿走昆明、跑昭通，却不愿走红山乡。因为大家常爱说红山是巧家的墨脱，海拔从 550 米几乎垂直上升到 4040 米的药山顶。

老普家坐落在白果村曾家坪的山腹中。从“户户通”开始实施以来，技术人员就说白果村安装“户户通”是安装不了的，山形可能正好挡住了卫星，无法对星安装。可刘平贤就是不相信，说不试一试怎么知道到底能不能安装。他是红山乡分管广播电视块面的副乡长，为了给群众搞好“户户通”安装服务，他几乎每天都奔忙于各个村，和技术人员一道指导“户户通”的安装。

之所以到白果村，就是因为技术人员说白果村无法对星，他偏要到现场亲自试一试。他拔下自己的手机卡，装进“户户通”机顶盒里，按照规范的操作流程，定位、对星、开通，从白果村老普家开始，一干就停不下来。

“看来，这行不行，得试试才知道啊！”刘平贤对工作人员说。“走，我们去下一家看看……”接着就是 10 家、20 家，从山谷一直延伸到山梁，没有一家开不通的。

故事之二：云开雾散才有信号。当刘平贤忙完这山梁的最后一家，正准备歇一歇的时候，纸厂村的安装人员打来电话，说是一台“户户通”都调不出来。尽管在电话里指导了一通，还是调不出来。他也顾不上满身的疲惫，叫上技术员直奔向纸厂村大坪子。这里是海拔 3000 多米的小山村。昨夜才下了雨，满山的浓雾覆盖住了整个山岚，云雾缭绕，车从云雾外缓缓地驶入了云深之处的人家。

到了安装现场和现场的安装人员进行了一番对接，了解清楚安装的情况，也觉得纳闷儿，怎么就连接不上信号呢？

“我来试试。”刘平贤说。按照正常的操作流程开始作业。

一次，不行；两次，不行；十次，还是不行。

真是奇了个怪，连白果都能安装上，这纸厂村就不行了？

电话咨询厂家，一切安装程序正常啊！就是定不了位，对不了星，卫星信号断断续续。刘平贤手里掐着刚进门时农家递过来还没来得及点燃的土制烟卷，走到院子，不经意地点燃手里已半湿的烟卷，抬头仰望着那屋外的“天锅”犯愁。由于雾太大，就在几米开外的“天锅”也像是害羞似的半掩着身子，朦胧得眼睛都要看出花来。围观的群众本来就多，都在你一言我一语地说着、指指点点。

“雾”，刘平贤志像惊鸟似的跃了起来把烟卷重重地摔在了地面高声喊道，“是不是雾太厚了信号受阻？”他似乎茅塞顿开，兴冲冲地跨进屋里对技术人员说，“等雾散了我们再试试。”

可不，“有雨山戴帽，无雨半山腰”，锁山浓雾把这片山崖裹得严实得紧，对信号的传输应该有直接影响。

等远山露出了她那婀娜的身姿时，雾已经不见了踪迹。刘平贤拿出电话卡装了进去，几分钟时间，电视节目就出来了，看一看信号强度和信号质量，90% 左右。刘平贤面对天空：“一尺浓雾锁山村，云开雾散得天音；暖日晴照山河峦，水土一方孕党恩。”

故事之三：我的电视又看不上了。正当刘平贤和一帮安装人员沉浸在喜悦中时，电话响了。是熊家梁子老熊来的电话，一接通电话就听没好气地说：“你们这是什么东西嘛？才看了两天！就收不到电视了，你们要给我整好，不然，老子告你们去。”安抚了一下老熊的心情，说我们马上就赶过去处理。

路不通车，车到山边走了 10 多分钟才到了老熊家。老熊满脸的不高兴：“看你们办的这是什么事？该不是烂了的东西拿来给我了吧！”刘平贤满脸堆笑地向着老熊说：“老熊啊，不要急，我们去看了才好说呀。”跟着老熊走出了几十米，“老熊，你带我们去哪里，你家不就是在这里吗？前几天就是在这里给你安装的呀？”刘平贤惊奇地问。老熊不耐烦地说：“这是我儿子家，我要想把电视安装在我住的地方。”说着手指向山坳里的另一面山间的一幢白房子。沿着山间小路约走了40分钟，到了老熊的住处。打开电视一看，电视画面显示："位置信息改变，请联系客服。"

拿起电话联系客服申请注销，重新定位。不一会儿，电视节目出来了。查看了信号强度和信号质量，挺好，86%以上。刘平贤才回转身来笑着对老熊说："老熊啊，这东西是认地点的呟！在你儿子家定位开通了，你再拿到你住的地方来，两地差不多有1公里了。你移动了设备当然就收不到电视节目了，这东西是只认儿子不认老子的呟。"老熊红着脸不好意思地岔开话题说："来来来，都整累了，喝口水。"

通过无线、有线、卫星等接收方式互补，巧家县如期完成了广播电视覆盖率达到了区域内全覆盖的目标。让老百姓看上广播电视节目，听到了党和政府的声音，守住了基层农村意识形态阵地，丰富了群众精神文化生活。

电视的覆盖，不仅丰富了山区人民的文化生活，也传播了党的好声音，还给在脱贫攻坚中奋斗的人民开了眼界，提供了致富信息。

人民心向党，共度小康日，天下大同，千古一例！

将厕所革命进行到底

梁坤平

全县脱贫摘帽，进入小康社会。小康社会是文明的社会，日子好过了，生活的品质问题自然进入人们的话题。农村要美丽、宜居、振兴等一切都与卫生健康分不开。

在全县脱贫攻坚决战中“健康”是“三保障”中的一保，是脱贫攻坚的重要一环，让人民不仅过上好日子，还要让人民过上有品质的生活是脱贫攻坚的重头戏。

回想起 2017 年 11 月 27 日，习近平总书记作出重要指示：厕所问题不是小事情，是城乡文明建设的重要方面，不但景区、城市要抓，农村也要抓，要把这项工作作为乡村振兴战略的一项具体工作来推进，努力补齐这块影响群众生活的短板。总书记的指示，余音绕梁，久久铭记，不达目的有负韶华。

农村“厕所革命”既是一项得民心、顺民意、惠民生的重大民生工程，更是一个集人们生活文化习惯与卫生健康理念、生态环境与人居环境等都至关重要。县委、县政府高度重视这一民生工程，在巩固提升脱贫成效的基础上，紧扣人民群众对美好生活的向往，以实施乡村振兴战略为契机，以建设美丽村庄为目标，全面打响了农村人居环境整治及“厕所革命”攻坚战。

统筹谋划绘蓝图

2018年8月10日出台相关文件，明确三年行动目标任务，成立了以县处级领导任组长的“厕所革命”工作领导小组，下设办公室在县住建局，吹响了农村“厕所革命”的号角。

2019年9月12日出台《中共巧家县委办公室　巧家县人民政府办公室关于成立巧家县农村人居环境整治工作领导小组的通知》，领导小组组长为县委副书记，副组长为分管副县长，下设办公室在县农业农村局和4个专项小组，其中农村“厕所革命”专项小组组长为县农业农村局局长，调整了牵头部门为县农业农村局。明确2019年年度户厕目标28335座，政府补助1000元/座，其中，省级补助400元/座，县级600元/座。2019年11月14日出台，明确2019年年度公厕目标40座。明确2020年年度户厕目标8335座、公厕29座。

真抓实干结硕果

通过三年行动，全县完成户厕改建36670座、公厕69座，全面提高了全县无害化卫生户厕和行政村无害化公厕的覆盖率。截至7月30日全县的农户户厕改厕基数为124312座，其中，无害化卫生户厕达65545座，覆盖率达52.73%，较2018年以前提升了29.45%；行政村村委会无害化卫生公厕达126座，覆盖率达72%，较2018年以前提升了39.43%。

在县级财力极度紧缺的情况下，共争取县级投入改厕资金2200.2万元，为全面完成农村“厕所革命”目标任务提供了资金保障。

一是建立县乡“厕所革命”技术指导员档案，明确县级指导员4名、乡级35名、村级344名；二是强化培训，通过工作群、检查、督查等方式，深入乡村对指导员进行技术培训；三是明确改厕指导员职责，按行政区划定责任片区，对本片区改厕工作负责技术把关，2020年，共指导农户户厕建设8335座，行政村村委会公厕29座。

苞谷垴青山村“厕所革命”展新姿。“绿色”是苞谷垴乡青山村的代表色，走进青山村，一幅美丽宜居的乡村画卷铺展开来、让人耳目一新。

青山村位于乡政府南9公里，最高海拔2300米，最低海拔1000米，平均海拔1650米。全村辖27个村民小组，总户数1115户4099人。

乡党委、乡政府坚持“绿化、亮化、净化、美化”的村庄治理理念，强力推进农村生活垃圾、污水治理、厕所革命、村庄绿化和庭院美化等农村人居环境专项整治行动；始终坚持把提升广大人民群众幸福感、获得感、满意度作为农村“厕所革命”的出发点和落脚点，要求乡村改厕技术员进村入户，实地指导，全程把关。通过发放宣传册、入户动员、党员干部带头等多种方式，采取“春风化雨”的工作方法，与群众“零距离”交心谈心，努力改变群众传统如厕观念，摒弃传统陋习，让群众主动接受改厕工作，变“要我改”为“我要改”。

2019年以来，青山村共完成农户无害化卫生户厕改建340座，农户卫生户厕实现100%全覆盖。彻底消除了非卫生户厕对环境的污染、影响村容村貌等问题，群众生活条件得到极大改善和生活品质显著提高。

茂租镇“厕所革命”变旧为宝。废旧沼气池华丽转身，作为无害化粪池再利用，不但节约了改厕成本，老百姓的积极性已非常高，2019年和2020年两年来我们镇县级下达任务1330座，采用三联沼气式模式改厕农户有1310户，占总任务数的98.49%，都是提前完成改厕任务，农村厕所革命革在了老百姓的心坎里，茂租镇副镇长李忠贵说。是啊，农村户用沼气项目曾经为解决老百姓的照明、生活用气等发挥了巨大的作用，特别是减少广大农村砍伐树木用于烧柴为实现生态环境持续好转作出了不可磨灭的贡献。然而随着时代的发展，不合卫生标准的沼气也只能服从“厕所革命”。走进茂租社区公厕，制度、标识标牌规范悬挂，洗手盆、便器、供水塔、冲水箱、手纸一应俱全且安装规范，地面和墙体均铺设明亮的瓷砖，达到了地面净、墙面净、厕位净，无蝇蛆、无溢流，灯明“三净两无一明”的标准。

镇技术指导员钱议说：“实施项目前，乡镇主要领导就开专题会议研究，要把行政村公厕建在最方便老百姓使用的地方，必须高标准严要求把好建设质量关，把有限的补助资金用好、用到位，建好后续有人管理，并实现长期保洁，真正为老百姓到社区到镇办事提供如厕便利，体现政府温度。”

将农村“厕所革命”进行到底，换来农村一片新天地！

（作者系巧家县农业农村局职工）

第四编　易地搬迁扶贫

老店新村新面貌

陈正彪

这里林木葱茏，田畴井然。蓝天白云之下，绵延的群山之间坐落着这样一个新区，别墅式的楼房整齐亮丽，硬化的通道连通每一户的二层小楼，小楼设施完备，功能齐全，315 户 1220 人在这里安居乐业，信心十足地展望着未来。这就是脱贫攻坚伟大战略在巧家结出的硕果——老店镇新村社区。

新村社区位于老店镇东南，国土面积 2.04 平方公里，辖 10 个村民小组。这里海拔 2180 米，土地肥沃，气候宜人，物产丰富，主产玉米、土豆、荷兰豆、大蒜等农作物，平均亩产值在 4000 元以上。2020 年，实现村脱贫出列。

作为易迁安置点，老店镇新村社区以狂飙突进式的速度推进了历史进程，深刻地改写了村民的生产生活方式，生动地诠释了脱贫攻坚伟大战略功在当代利及千秋的深远意义。

在新村社区易迁安置点的村史馆，陈列着许多古旧的生产生活用具，张贴着系列往昔村民们生产生活的照片。这些承载着村民们历史和记忆的实物和照片，将我们的记忆拉回到村民们昔日生存的另一片土地——药山镇洗羊塘。

洗羊塘位于药山镇东部，平均海拔 3000 余米，属于高寒特困山区。那里气候寒冷，植被稀少，生态脆弱，交通不便，教育滞后。长久以来，村民们沿袭着祖祖辈辈落后的生产生活方式，封闭、贫穷、落后是挥之不去的梦魇，一直缠绕着村民。他们住低矮破旧的茅草房，有的茅草房一住就是数十年甚至上百年，屋顶覆盖着厚厚的青苔。屋内设火塘，以作做饭取暖之用，经年累月，烟熏火燎，漆黑一片，几代人就栖身于家什杂物间，更有甚者人畜共处一室。门外是粪塘，牲畜、家禽徜徉其间，粪便、泥泞混杂，臭气熏天，蚊虫飞舞，而村民则以此方式积肥。他们以泥炭为主要燃料，这种当地人称为海垡的燃料来自湿地，由千万年沤烂的腐草竹根形成。长期开采，导致湿地生态恶化，栖息其间的红腹蝾螈已濒临灭绝。作物以洋芋为主，苦荞、燕麦产量极低。经济收入主要依靠畜牧业，在高山草甸放牛、喂羊、养马，由于过度放牧，导致草甸石漠化严重。高寒偏僻，虽有学校，校舍简陋，难有正式教师，仅数名识字不多的当地代课教师，教学质量差，某次全县统考中，某年级某班语文平均成绩仅 2 分多。代课教师教学生念书，竟然把“京剧大师”念成“京刷大师”。在这个当地人称“屙屎不生蛆的地方”，30 岁至 60 岁的单身汉多达 41 人，有的是条件差一直没法成家，有的是成家后，老婆受不了贫穷往山外跑了……

在漫长的守望里，饱受贫困折磨的洗羊塘人终于等到了这一天，扶贫攻坚战在巧家大地打响！在中共巧家县委、县人民政府的坚强领导下，巧家县易地扶贫搬迁工作指挥部统一指挥，各相关的镇配合，老店新村社区建成后，药山镇洗羊塘村村民分别在 2017 年 8 月、2018 年 3 月顺利搬迁入住。从此，洗羊塘的村民们在跨越式的发展中翻开了全新的一页。为了实现“搬得出、稳得住、群众较满意”的总体目标，各级党委、政府殚精竭虑，因地制宜采取有力措施，使得新村社区易迁安置点各项事业有序推进，基本实现了预定目标。

目前，交通、电力、广播电视、宽带网络、医疗设施、饮水安全、活动场所等基础设施达标，成为新村社区发展的有力支撑。尤其是教育、劳动力转移、产业发展等方面的稳步推进，为新村社区的后续发展提供不竭的动力。

新村社区共有适龄儿童 253 人，其中高中在校生 7 人，初中在校生 50 人，初中以上毕业 5 人，小学在校生 174 人，学前教育 17 人，卡户就读中高等职业教育 2 人，享受雨露计划资助 5 人。该社区全面推进义务教育均衡发展，采取助学贷款、雨露计划帮扶、捐资助学、包保责任等方式确保每一个在校学生不因贫困而辍学。新的校舍 9 月已竣工投入使用，可容纳一年级至六年级学生 500 人。教育的发展，对于新村社区的村民具有持久而深刻的意义，受良好教育的下一代承载着社区的未来和希望。

由于历史等因素，迁入新村的村民大部分是文盲，为他们的再就业增加了难度。但是，当地党委、政府积极采取措施，实现稳定转移就业 566 人，其中，县内 138 人，县外省内 367 人，省外 61 人，在此基础上，为尚未转移且有外出意愿的 90 人提供职业技能培训，确保劳动力 100%培训，100%推荐就业，做到“培训一人，转移一人，脱贫一人，带动一方”。通过各种渠道就业，目前，除老年人外，已无闲置劳动力。

新村社区依托得天独厚的自然条件，大力发展蔬菜种植，实现一地多熟；加大土地整合流转力度；建设生猪代养场，以保障村民后续发展、持续增收。2019 年，社区将 1140 亩土地按 500 元 / 亩流转给巧家县教育投资有限公司，规模覆盖全社区 315 户 1220 人。同时，不能外出务工的村民就近为公司种植大棚蔬菜，每人每天劳动报酬在 70 元以上。社区村民和教育投资有限公司实现了双赢。新村社区委托巧家县教育投资有限公司在马树镇小河塘建设生猪代养场，场地规模 3200 平方米，总投资 500 万元，覆盖社区卡户 279 户 1081 人，实现分红 438 元 / 户，同时也解决了村民的吃肉问题。

为了彻底消除贫困，2019 年，社区全面落实阳光低保政策，新增低保 240 户 506 人，全面解决因教育、病灾、残疾、无劳动能力和低收入农户收入较低问题。针对因教育、建房、病灾和经济困难等农户，共落实临时救助 64 户 183 人 5.27 万元，全面解决群众困难。

在各级党委、政府的关心支持下，通过干群的共同努力，今日的新村社区呈现出村容美好，政通人和的崭新气象。社区村民教育、医疗有保障，生活质量和幸福指数有了很大提高。美好生活的图景在每户、每位村民面前徐徐展开，他们以辛勤的汗水浇灌的花朵已结出幸福的果实。

王天万，51 岁，在洗羊塘生活了半个世纪，就因为贫困，条件差，打了几十年光棍。他也想过发家致富，改变现实处境，但是自己是文盲，斗大的字不识一个，外出打工找不到门路，甚至上厕所都会走错，于是绝了外出打工的念想，就困守在洗羊塘，沿袭着祖辈的命运艰难度日。易迁入新村后，他不仅改变了命运，还收获了爱情婚姻。他的妻子王珍珍，44 岁，老店镇三家村人，男人死了，经人介绍，带着两个孩子嫁给了他。在他和妻子的呵护下，两个孩子重新获得了幸福，如今，大女儿已出嫁，小女儿初中毕业等着升学。王珍珍为巧家县教育投资有限公司种植大棚蔬菜。王天万得到一个公益性岗位，为新村护林员，每月 700 元工资。全家的日子越过越有滋味。王天万境遇的变迁，是易迁入新村的洗羊塘人的一个缩影。

杜玉银、吕仲凤夫妇，40 来岁，迁入新村社区后，夫妻双双到四川务工挣钱，由于勤劳肯干，每人每月 4000 元左右收入。他们每月的工资除了基本的生活费，几乎都用在孩子的教育上。对于他们家来说，易迁入新村社区最大的优势是为孩子创造了良好的教育条件。如今，大女儿、二女儿在县城读高中，三儿子、小儿子在老店中学念初中，几个孩子的成绩都不错。这是一个充满希望的家庭，孩子们的未来一片光明。

唐兴彩和唐光勤夫妇是新村社区出名的致富能手。易迁入新村后，他们到距新村不远处的尹武海坝承包了 12 亩土地，用学到的技术种植香菇，每年收获三四季。由于技术熟练，人勤劳，他们种植的香菇卖相好，每年总收入在 24 万元左右。两个孩子，一个念初中，一个上小学。可以期许，在新村社区的蓝天下，这个四口之家前途无量。

漫步在充满现代气息的新村社区，回想着洗羊塘古旧沧桑的时光，两种影像的交错，不由让人感慨万千，感慨于党和政府脱贫攻坚的决心和力度，感慨于时代的进步和人民的大幸！我们坚信，新村社区已经跨越了历史，必将创造更加辉煌的未来！

（作者系巧家县搬迁安置局特聘撰稿人）

我在卯家湾的见闻录

程大洪

卯家湾是全国第二大，云南最大的安置建档立卡户的易地搬迁安置点，是最大的民心工程。全面做好我镇的易迁户安置不仅是我们的使命，更关系到卯家湾安置点的形象。怎样全面落实“搬得出、稳得住、能致富”就成了我最大的使命，也是我承担的最光荣的一件事。

2020 年 7 月底，镇党委、镇政府安排了一个工作组负责易地搬迁鲁甸县卯家湾 356 户群众的普查工作，我有幸参与其中。因工作我有幸第一次亲临卯家湾安置点。

7 月 26 日早，我和同事从小河出发，没有在鲁甸县城停留，两个半小时到卯家湾。进入安置点，迎面而来的是一栋栋漂亮的楼房和宽阔的马路，整洁的绿化树木和路灯，楼房的阳台上能看见群众晾晒的衣服，不少人家栽种了绿色植物；一路进来，经过了两个广场，有许多安置点群众在跳广场舞和休息，也有摆地摊卖东西的，一片热闹繁华。听同事介绍：卯家湾安置点一共占地 3700 亩，规划 6 个地块，有安置房 66 栋 8800 余套，有 2 所学校、4 所幼儿园、1 个卫生院、6 个社区卫生室，安置了巧家、鲁甸、彝良、永善、盐津 5 个县 35000 多人。巧家搬迁来的有 3500 多户，还有后续的随迁户房屋在修建。我随着同事手指方向看去，果然还有在建的楼房、幼儿园。

因为有的乡镇比较远，要求我们报到时间是下午，现在刚好到饭点，先来的一位村上的同志说饭菜已经准备好，是他们村搬迁来的。之前就说过，脱贫普查期间普查员到哪家就在哪家吃饭，今早刚好到这家，所以早早就做了准备。听到普查员还在入户普查，我们赶紧赶过去，在2号地块小区公共停车位停好车，进入电梯到11楼，户主姓林，3月份搬过来的，男主人在昆明务工，要第二天才回来，只有妻子和孩子在家，孩子从小河转到这里读书，住校，周末回来，因为新冠肺炎疫情防控很严格，平时家长也进不去，女主人闲在家里。屋里家具一应俱全，3人户75平方米布置得体，女主人乐呵呵地说，都是搬家的时候政府买的，连米都是，他们从老家带了腊肉来；早上7点半以前楼下可以买到新鲜的蔬菜，有附近群众卖的，也有搬来的群众去蔬菜市场批发来卖的，但是到8点，就都散了，不影响群众出行；我问她冰箱和洗衣机是自己买的吗？她说是，搬来以后孩子她爸爸在昆明找到了工作，三个月的工资节约下来买了电冰箱、洗衣机，给孩子买了带书柜的高低床，还买了好几个大小不一的花盆，她周末带着孩子跑到好远才挖到一些土，在阳台上栽花。我走到阳台，这里有几盆兰花，长得郁郁葱葱，我不知道是什么品种，主人家说是小河山上挖到的，原来栽在老家，搬家一并搬来了。还有仙人球，阳台另外一边有小葱、蒜苗、番茄和辣椒，她说番茄和辣椒只开花不会结果，估计是没有蜜蜂，她也不敢养蜂，怕蛰着……

大家正拉着家常，门外有人敲门，靠近门的同事打开门，外面是两位胸前挂着红色工作牌的工作人员，是普查员到了，我们握手相互介绍交流一下之后，便到外面回避，不影响普查工作。差不多过了15分钟，普查员工作结束出来，女主人追出来："我饭都做好了，你们一定要在这里吃了再走。"我们也说之前通知搬迁群众的时候也说过，如果普查到了哪家，到了吃饭的时候要邀请普查员同志一起吃，就和在家乡的时候一样，也是小河农村的传统。因为普查员要当天汇总，而且也有要求，要统一回去用餐，再三挽留不住，只好送他们进了电梯。女主人接着对我们说她做了很多饭菜，都是家乡的腊肉、豆花和苞谷饭，要是我们再不吃，她一个人怎么吃得完，就只好倒掉。我们商量了一下，因为接下来的要在卯家湾停留10来天的时间，不如从今天开始，就请她家帮我们做工作餐，我们按照标准付钱。她高兴极了，说反正她也没事做，就怕我们吃不惯她做的饭菜，我们都说就做家乡菜，吃得饱。

从2020年7月26日至8月6日，镇村工作人员还有包保单位一共14人，在卯家湾易地搬迁点一直品尝着家乡饭菜，既节约了时间、拉近了距离又建立了感情。后面几天因为任务重，为了让群众早点普查完好回去务工，每天都干到晚上8点多，到晚上9点左右才吃晚饭，许多搬迁群众都非常配合支持，也保证了我们按期完成普查任务。其间，我们随着普查员走访、了解，也切身感受到搬迁户搬迁后的生活务工等状况。年龄大的老人有养老保险，生活困难的有相应保障，虽然不多，但是生活、医疗得到极大改善。特别是1人户2人户最多的二号地块，对搬迁政策很感激。普查中我遇到一位之前就到过她老家的老人，还记得我，老人因为与子女不和，子女长期外出务工很少回来，一家人单独居住在悬崖边上，坡陡地少、交通不便、增收困难，老两口申请纳入搬迁户，搬迁到卯家湾后子女将孩子送来让老人帮忙带，定期寄钱过来，两位老人每天带孙女，孙女9月份就在这边读书，一家人关系逐步缓和。年轻的易迁户统一搬迁后很少住在卯家湾，经过卯家湾党工委、迁出地党委、政府务工宣传引导，多数在昭通、昆明找到了工作，有在工地上干建筑的、有在昆明冷链物流上班的、有干保安保洁的、有在高速路施工干活的、有去湖南等地一起找工的……结合这次普查和卯家湾房产登记，多数请假赶了回来，在接触过程中，大家都反映受新冠肺炎疫情影响，工作不好找，但好在现在老板都不敢拖欠农民工工资，只要找到工作就能开工资，大不了回卯家湾玩几天，这边党工委推荐的工作也可以的。大棚里种菜、有扶贫车间要人，每栋楼都有楼栋长会联系我们，只是收入没有工地上高。和原来出去打工相比较，心里觉得自己在卯家湾有一套房子，要回来看看，等孩子大了也要送回来读书，不像原来出去打工，还得攒钱回老家修房子或者在外面买房，这一笔收入是省下了，压力要小一点，特别是这边教育好，孩子以后有出路了。易地搬迁改变了他们的生活方式，给年轻人思路带来了冲击和转变，正逐步融入城市。

时至8月5日下午，小河镇搬迁卯家湾的最后一户普查完毕，我们向领导组报告，指示工作组可以撤退。6日一大早，我们结清伙食费，一行人绕卯家湾观光了一圈，超市附近早市依然热闹，有匆忙赶去上班的、有在站台等候公交车的、有在广场上跳舞的，我们乘回程的车悄悄离开……

回程的路上，心里总是回荡着杜甫《茅屋为秋风所破歌》的诗句“安得广厦千万间，大庇天下寒士俱欢颜”，那是多么伟大诗篇，更感觉到杜甫的伟大和诗高尚，而我们正在用行动践行他的伟大愿景。

（作者时任小河镇党委副书记）

水塘村从泥泞中崛起

田应峰

在脱贫攻坚的热潮中，白鹤滩镇水塘村的人民欢欣鼓舞，奔走相告，互相述说他们从来没有过的最兴奋的一件事：2018 年 5 月，省委书记陈豪亲临水塘村调研指导脱贫攻坚工作和查看易地搬迁安置房。大家不约而同地倾诉着各自的心情：我们水塘村是真的变了，连省委书记都要来看我们！我们的日子好过了……

水塘村是巧家文化名人朱汉老师的故乡，他出生在那里，他对水塘村的变迁最熟悉不过了。与他的闲聊中，一个他与亲友聚餐的对话真切地反映了水塘村的巨变。这个对话的时间跨度在 30 年以上，最早的一次发生在 20 世纪 80 年代："幺老人，日子还是你们好过啊！工资虽然少点，细水长流，不会断噢。我们是吃了上顿还要找下顿呀！"2019 年，他回家过年与亲友聚餐时的对话："幺老人，日子还是你们的好过哟，要说钱，你们的也不算啥子了！"朱老师肯定地说这番对话说的是实情。虽然自己月工资近万元，确实没有他们的存款多。

站在水塘村东边玉峰山脉上俯瞰水塘村：分不清是个村，还是一个镇！一栋栋小洋楼矗立在蓝天白云下，有的金鸡独立雄踞一处，有的排排相连犹如城市的楼房，特别是那整齐高大的易迁安置房高昂挺立雄霸一片，加之恢复的上塘子碧水蓝天与安置点交相辉映，房顶上的太阳能板在骄阳的照射下更是熠熠生辉。那绕村进组入户的条条硬化路像一条没有尽头的玉带环绕村庄，给人畅通无阻，轻松行游的畅快。

每天晚饭后，漫步在村里的小路或街道上或湖边，远处四围青山，近处绿油油的花草和农作物给人一种心旷神怡、万愁不存的舒畅。游晚了也不用怕，太阳能路灯早已亮如白昼，倒给夜游增添几分情趣。

水塘村变了，当年的土瓦房荡然无存，取而代之的是各式各样的洋房或楼房。当年让人惊羡的万元户也成为历史的记忆。

水塘村的过去不堪回首。水塘村是金沙江大峡谷右岸药山山脉最高处的一块平坝。属高寒山区，地里只能产玉米、豆类、洋芋、燕麦、苦荞，而且是一年只有一季，群众生活十分艰难。曾经，寒冷潮湿泥泞的夏天日子最难熬，由于潮湿烧火做饭柴不易燃，泥泞的环境使得在水塘村有一双水鞋是一种时髦甚至是骄傲。水塘村的街每到夏天就成了一块稀烂的田，连个放背篓卖东西的地点都难找。这样的日子本已是苦不堪言，却又遇到包产到户，朴实的村民担心政策会变，为了扩宽土地面积一家老少全部出动去砍树，没几年的工夫，树砍光了，大风夹着黄沙可以把人卷走，水也枯竭了。于是在水井边守水等水就成了一道煞人的“风景”，瓢儿失去了用处，取而代之的是勺子舀水……这样的日子在水塘村是一段岁月，是一段苦难的岁月。

老水塘村的消失，新水塘村的崛起完全靠的是脱贫攻坚的实施。

水塘村全村 713 户 2813 人中，贫困户 210 户 868 人。2014 年来，村务重点工作由计划生育转变到脱贫攻坚，整个水塘村的彻底变化拉开帷幕。

党员率先示范，发挥战斗堡垒作用

县委组织部、县搬迁安置局挂联水塘村期间十分重视发挥党支部的战斗堡垒作用，通过增强党支部的凝聚力从而达到团结全村群众的目的。五年多来，村领导班子精诚团结，抓住脱贫攻坚和美丽乡村建设的大好时机走上了“富民强村”道路。

2018年5月，省委书记陈豪亲临水塘村调研指导工作，高度评价村党组织、村务管理和村产业发展。水塘村党总支共有4个支部，有党员45人，特别是年轻党员的逐年增加，使党组织战斗力不断加强。

水塘村有一支团结协同作战的基层党组织队伍，在脱贫攻坚战的每一个角落都能看到党员冲在前面，带头做表率，不计报酬，主动作为。

在改扩建村集镇过程中，村党总支书记何国才带头主动无偿让出0.6亩土地用于扩建街道，在他的示范下，其他3户村民相继无偿退让土地1亩多；在县委组织部的支持协调下，硬化改造了村街道，设置了绿化带，种上了绿植，增设了农贸市场，建垃圾集中收集点两个，规范了集镇摊点。自此，水塘村街道硬件设施完善，管理制度健全，程序井然。

发展集体经济，带动群众脱贫致富

水塘村共有耕地2960亩，山林7630亩，核桃2000多亩。产业单一，调整产业结构迫在眉睫，村委多次组织相关人员到外地考察学习。通过探索，初步走出了一条发展有机蔬菜种植和种植养殖结合、外出务工为补充的可持续发展道路。村里形成了生态农业雏形，绿色蔬菜、生态养殖等支柱产业逐年增长。2019年农民人均纯收入达5380元，并实现村出列户脱贫。

如今，在水塘村成立集体经济组织1个，专业合作社1个，吸纳卡户236户。村集体有滚动发展资金11万元，每年投资收益2万元以上，固定资产收益3万余元。在村集体经济组织的带动下，发展高效生态农业2100亩，主要种植有机蔬菜、马铃薯、水果等，发展核桃种植2600余亩，以养牛为主的养殖户120多户。目前，正在全力打造以生态农业为纽带、养殖业为依托；以应用无公害生产技术为重点的生态农业模式。

医疗保障措施得力，全体村民病有所医

“要想奔小康，身体要健康。”水塘村在不断推进人居环境整治的同时，先后对村卫生室进行了两次修建，将原来一个人一间房的小医疗点建成了今天设有独立门诊室、药房、药品储藏室、观察室，有医护人员 2 人的标准化村级卫生室。村里在办好村卫生室的同时，注意村民的卫生习惯培养，注意卫生知识的普及，不断加大卫生宣传力度。特别是此次新冠疫情期间，免费发放消毒药、口罩，广泛宣传疫情防控知识。村里在村卫生室设立卫生知识阅览室，订有大量的卫生知识报纸杂志，努力提高群众的卫生保健知识和意识。村卫生室医务人员每月出一期卫生知识黑板报，每年免费为村民开展 1 次体检和防疫工作。

完善基础设施建设，服务乡村振兴战略

为巩固脱贫攻坚成果，推进乡村振兴发展，依靠全新的规划设计理念、适宜的用地布局，从“生态宜居”的高度进行规划设计。五年来，坚持以人为本和全面、协调、可持续科学发展观，村里专门聘请专家对全村进行了详尽的中长期规划，明确了村里今后发展方向，从道路、人居环境、农田水利、公共设施等诸多方面进行了合理的规划设计。依托回龙河小流域水土保持综合治理项目一期、二期工程建设，全村修建 3 个 2000 立方米蓄水池，3 个 1000 立方米蓄水池，500 立方米及以下蓄水池 11 个，配套引水管道 9000 米。按照规划，村里全面实施了一系列基础设施建设工程，极大地改善了生产条件和生活环境。2018 年，按照“搬得出、能致富”的要求，新建搬迁安置点一个，从临近的松梁村、核桃村、大竹村搬迁建档

立卡户 55 户 218 人，本村内搬迁 44 户到水塘村村委会所在地，家家户户统一建设楼房一幢。

2015 年以来，村里更加快了基础设施及公益事业建设步伐，多方筹资，完成各村小组道路水泥硬化 3100 米，新建机耕道 2000 余米，实现了户户可机耕。村里广泛发动群众新建和改造卫生厕所 380 座。全村 98% 的村民新建成砖混结构小洋房，100% 的农户用上了自来水，100% 的农户接上了有线电视，家家户户用上了移动电话，户均拥有 1 辆以上摩托车。

村委与全村 710 户农户签订了环境卫生门前“三包”责任书，明确群众自觉维护环境卫生的责任。脱贫攻坚的步子刚在这里圆满收官，而乡村振兴的步子就捷足先登——新型产业 2000 亩车厘子标准化种植将取代传统农业，共同富裕的梦在这里开花发芽！

（作者时任巧家县农业农村局畜牧站副站长）

他们从云上村落一步进城

赵　喜

2018年9月，我经巧家县文化和旅游局选派到崇溪镇老屋村任驻村第一书记，主要负责开展老屋村的脱贫攻坚工作。老屋村位于崇溪镇南部，距镇政府15公里，距巧家县城60公里。最低海拔900米，最高海拔3200米，属于峡谷地貌。我到了新的岗位以后，主动上手学习政策、熟悉村情、了解民情，围绕解决群众“两不愁，三保障”积极开展精准扶贫工作。

回望这两年的驻村扶贫工作，让我记忆犹新的还是易地搬迁。老屋村的半箐小组地处海拔3000多米的半山腰上，山间常年云雾缭绕，植被茂密，仿若天然氧吧。但因地势险要，无法修建到组公路，上山只有一条蜿蜒的羊肠小道。

自从2018年易地扶贫搬迁启动以来，我们镇村工作组就多次到半箐进村入户做政策宣传工作，希望把半箐纳入整村搬迁，搬到离昭通市区只有20公里的鲁甸县卯家湾易地扶贫搬迁安置区。易地扶贫搬迁政策很好，但在落实起来却并不容易。山里人或多或少都有守旧的习惯，祖辈们居住在这个半山腰，早已习惯了这里的环境，认为“住惯的山坡不嫌陡”，并不愿意主动地完全撤离这个地方。

记得我第一次去半箐开展易地搬迁工作，是跟市科协派驻老屋村的督导员周亚萍同志以及村主任包绍安同志一行5人，徒步上山前往半箐。山上一共住有村民 27 户 110 人，其中建档立卡贫困户 10 户 38 人，大部分都是住的土坯结构的瓦房，村里的年轻人基本都是外出务工，只留下老人在家照看孩子。当时不是农忙季节，村里人听说我们要来，早早就聚集在村口等着我们，几个三四岁的小孩跳上跳下，大姐们席地而坐，做着绣花活。村里突然来了那么多人，是多么新奇的事情，在他们眼里，我们就是上面派来的领导，都是来帮他们解决实际困难的。当他们知道我们的来意时，就开始议论开了：

"搬过去饿死掉吗？"

"我家这些锅碗瓢盆那么多，咋个搬哦？"

"还有我家那几只山羊，搬过去关在哪点嘛？"

"是啊是啊，还有我家的猪啊，牛啊那些咋个整嘛？"

……

建档立卡贫困户余兴文对我们说："同志啊，我们都知道，共产党是为了我们好，才让我们搬家，搬出去住的倒是有了，但是没有土地种，我们吃啥子嘛！买根葱葱大蒜都要花钱，我们哪里来的收入哦，我年纪也大了，也活不得几年了，死就老死在山上算了，不搬了。"老余是个留守老人，老伴已去世多年，就剩他跟儿子余顺林相依为命，作为在农村长大的孩子，乡亲们的担心和老余所讲的话我都能理解，毕竟农村都有"落叶归根"的风俗。村主任包绍安同志则对老余说："老余啊，你放心吧，现在国家政策那么好，都给你们考虑好了的，不会让你们冻着饿着，你们的家具啊牛羊那些，该处理的处理了，能不要的就不要了，安置区不像这个山咔咔头，只要带着钱过去什么都能买到，我们也会为你们准备车辆，亲自送你们到卯家湾安置区安顿下来，搬过去的费用，前期的生活费这些你们都不要担心，政府会给你们解决好的，搬过去后年轻的可以就近安排到工业园区务工，也可以输送在外面的大厂去上班，只要勤劳，一年收入比你在家种地高多了，你们不为自己考虑也要为下一代考虑嘛，在这山上，生个病都没办法及时送往医院，娃儿些读书也不方便，要跑那么远的下山去求学，难道你就甘心让子子孙孙也跟你一样，永远就待在这山里面吗？政府家既然花那么大的代价要让你们搬家，肯定会让你们搬得出，住得下，还要能致富嘛！你说可对？”老余听了主任的话，抽着旱烟沉默了，像是在思考着什么。

就这样，通过多次召开群众会议，跟群众做思想工作，挨家挨户动员和进行政策宣传后，截至 2019 年 12 月，半箐小组所有贫困户终于全部答应搬迁，离开了这个生活了几代人的地方。

前段时间，因受疫情影响，我们组织村组干部一起到卯家湾看望搬迁过去的群众。走进安置区，干净整洁的小区里，是三五成群地坐在椅子上，围在健身器材旁，做着手工活或者锻炼身体的人们，大家身上的衣着色彩也鲜亮了起来，言语间笑容也多了起来。乡亲们看见我们来了，像是看到了亲人一样亲切，他们眼里充满着感激，不停地拉着我们说着感谢的话。就在我们准备回程的时候，在安置区活动广场上，我们又遇到了老余，他看上去精神了许多，激动地对我们说：“同志，太谢谢你们了，要是没得你们嘛，我们都还在那个山旮旯头，娃儿些读书也不方便，看病也不方便，有钱都买不到什么好吃的，等买了背到山上嘛，烂都烂了，你看现在，吃的玩的都有，娃儿些在外面打工回家也方便，都认不得咋个感谢你们才好，走，去我家，我烧点水给你们喝。”听着老余这些发自肺腑的话，我们也欣慰了，搬迁后，变化的不仅仅是他们的生活质量水平，还有他们内心的获得感、幸福感，这才是扶贫最珍贵的意义和价值。

是啊，从偏远的山上搬到高楼林立的安置区，在他们看来变化真是太大了，就是住进了“大城市”。搬到新址后配套设施齐全、交通便利，群众上学、就业、就医条件都比以前有了很大的改观，真正实现了让贫困人口过上小康生活。

在老屋村驻村期间，我看到了贫穷带给群众的苦难，也感受到了扶贫政策带给他们的变化，驻村扶贫工作，有艰辛、有困惑、有成就，但更多的还是感动。能亲身经历这历史性的一刻，感到无比的荣幸和自豪。在云南，像半箐这样“云端”上的村落有很多，希望在政府的扶持下，他们都能搬出大山，摆脱贫困，让子孙也做一回“城里人”。

（作者时任崇溪镇老屋村第一书记）

倾尽心力为移民

陈正彪

在巧家的历史上对巧家的贫穷曾有这样的说法：中国最穷的地方是云南，云南最穷的地方是昭通，昭通最穷的地方是巧家。如今变成了：国家脱贫看云南，云南脱贫看昭通。巧家县是云南省 27 个深度贫困县之一，是昭通唯一的一个四类地区的贫困县。而终于在 2020 年 5 月 16 日，云南省人民政府批准巧家县退出贫困县。全县 41025 户 165800 人已达到户脱贫 5 条标准，人均纯收入全部高于 3750 元，住房安全达标，无因贫辍学学生，100% 参加城乡居民基本医疗保险和大病保险，安全饮水达标。

179 个贫困村已达到村脱贫出列 7 条标准，贫困发生率均低于 3%，行政村到乡镇或县城都通硬化路、危险路段都有必要的安全防护设施，通动力电，广播电视信号覆盖率达 99% 以上，网络宽带全覆盖到行政村、学校和卫生室，有标准化卫生室，有公共服务和活动场所。全县 2019 年年底有未脱贫人口 1946 户 7039 人，按 2014 年年底农业户籍人口 516371 人计算，贫困发生率 1.36%，群众认可度 96.5%——这是多么了不起的成就！这一串串数字背后凝聚着多少人的心血！巧家县委、县政府殚精竭虑，筹措资金，举全县之力解决贫困问题；包保单位认真负责，抽出精兵强将，深入贫困山区，对每家每户帮扶到位；工作人员事无巨细，周到服务，让每一户、每一个易迁群众切切实实感受到贴心服务的温暖。

全县干部职工力行“五千工作法”，即走进千家万户，逐户调查识别抓对象精准；历尽千辛万苦，全面下沉一线抓责任落实；想尽千方百计，措施到村到户抓政策落地；不畏千难万阻，补齐短板弱项抓工作落实；道尽千言万语，强化感恩教育抓内生动力，从而使脱贫攻坚工作圆满收官。以鲁甸卯家湾易迁新区为例，回到脱贫攻坚一线，去感受那些令人感动的点点滴滴——卯家湾联络站成立于 2019 年，该年 3 月 24 日站长张浩到达，在巧家县人大副主任、党工委副书记杨宏边领导下开展工作。随后，工作人员陆续到位。当时正处在建设期，每天都到工地查验房屋。7 月开始，接受易迁群众参观样板房、展厅及基地，打消他们的顾虑。3 个月时间里，共接待 25 批 2500 余人次易迁群众。有的乡镇多次组织易迁群众参观，如大寨镇就组织了 4 次。零星的易迁群众几乎每天都有参观者。

11 月 20 日摇号分房，来自全县各地的 215 名代表参与此项活动。人多，后勤保障做了大量工作。12 月 20 日举行搬迁入住仪式，到场 340 余名群众，服务队员 40 余人。入住后，有 41 户在卯家湾过春节。在春节的头天，对每户进行走访慰问。但是，这个春节是不寻常的，正值新冠肺炎肆虐，从正月初三开始，就对到卯家湾过年的易迁群众进行排查。查到一家从大理回来的，遂对其进行隔离观察。这是一对母子，大冬天的，竟然没有被子和毛毯，除了为他家送蔬菜，还购买了被褥。隔离一周，经医生检查确认没有问题，解除隔离。

接下来分 5 个地块交房，办理入住登记。5 支服务队奔忙在新区各个地块之间，对下车群众统一消毒，然后举着指示牌带领入住。入住高峰期，其中一天就有 9 个乡镇的易迁群众入住。

在入住过程中，每批次都会遇到特别困难的群众，都逐一为他们解决基本生活所需。一号地块一栋的东坪某户易迁群众家，入住时两手空空，工作人员帮他家买被褥、烤火炉，妇联的同志送了些衣服。蒙姑某户易迁群众男的有精神病，女的瘫痪，两位老人卧床多年，都给他们买了衣服等物品，党工委副书记、巧家县人大副主任杨宏边为他家买了床。蒙姑的另一户易迁群众5口人，媳妇有精神病，连饭都做不了。3个儿子中，大儿子有精神病，14岁才读小学三年级。小儿子穿着双破鞋，裤子大了，走路做事用手提着裤子。他家的社保卡也烧了。家里仅一袋米、一桶油。饭煮熟了用油炒着吃。工作队队员肖睿为他家送方便面、买鞋。为了让这户人家能保证基本的生活，社区安排男主人打扫卫生，但是扫不干净，让14岁的儿子帮着扫。每月1600元，加上5个人的低保，基本解决了他家的生活所需。

在入户回访过程中，遇到困难户就具体处理。大寨镇山店村易迁人员肖开能，到卯家湾后，每天在自家屋子里编藤椅。走访中，工作人员得知，沉默的肖开能有着不幸的家庭。他的大儿子离婚后再婚，24岁时留下孩子自杀，他妻子也出走。孙子成为双孤。肖开能自己的小儿子也还未成年。就这样一个伤痕累累的家庭，肖开能微笑面对。工作人员问他需要什么帮助，他淡然一笑，认为自己家里什么也不缺。果真不缺吗？他不想给政府增添麻烦罢了。肖开能身上有着可贵的意志和精神，他不等、靠、要，给他一个平台，他就能以己之力顽强地生存下去。

卯家湾新区的巧家易迁户中，特殊群体有400多户，主要是精神病患者、残疾人家庭和独居老人，他们是重点关注的对象。在易迁群众中，初步统计有111人患有不同程度的精神疾病，已有10人发病被及时送到精神病院。工作人员定期不定期走访，发现问题及时处理。红山一易迁户家有一人患间歇性精神病，40来岁，发病时，提着钢管在小区见人就打，造成极大的安全隐患。知道这情况，工作人员冒着危险及时将其送到鲁甸精神病院救治。茂租拖姑一易迁户家，是个重组家庭，女人前后生了3个孩子，都一起迁到卯家湾。不幸的是，女人腿上患了恶性肿瘤，到昆明检查确诊后，女人精神崩溃了，回到卯家湾家里欲从厨房里跳楼自尽。社区保安打电话给工作组，工作人员立即赶到，制止了悲剧的发生。了解情况后，她家属建档立卡贫困户，医疗费可报销90%，主要是交通费、生活费困难。在工作人员耐心的劝导下，原本寻死觅活的病人冷静下来。为了解决困难，工作人员发起募捐，捐到2000多元，茂租镇临时救助了3000元钱。目前，尚在治疗中。

遇到易迁户中有人死亡的突发事件，工作人员及时和相关部门配合妥善处理。

茂租镇一易迁人员，媳妇跟人跑了，上有80多岁的老人，下有3个未成年的孩子。他是家庭的顶梁柱，本应责无旁贷挑起家庭的重担，不幸的是他借酒浇愁，2020年5月1日，喝了过量的酒摔了一跤，被送到社区医院，医生检查后建议送市医院治疗，但其家属执意不送，遂死亡。工作组报警，经鲁甸县公安局调查，排除他杀。工作组及时做好善后事宜，跟该镇镇领导联系，民政救助3500元；3个孩子每人每月1000多元钱，救助到他们年满18周岁。安抚家属，协助派出所跟殡仪馆联系，将死者火化。

白鹤滩镇松梁某易迁群众家庭也很不幸，媳妇离婚改嫁，儿子犯罪正在服刑，老人到了卯家湾又回松梁老家。他也是借酒浇愁，头天跟人喝酒。第二天，有人去找他，开门一看，死在床下。旁边有他摔伤时搽伤口的药酒。经鉴定，排除他杀。但是，他老家来了3车亲戚讨要说法。工作人员耐心做工作，从上午9点谈到晚上12点，终于让其亲属心服口服。后由殡仪馆的车运回松梁安葬。工作人员联系白鹤滩镇，民政救助了3000元。

从偏僻的山村进入城市，上到高楼，一些老人和孩子一时难以适应，一旦下楼走出小区就容易迷失方向，回去时找不到自家的楼栋及楼层的情况时有发生。红山易迁户中一独居老人外出走丢，工作人员多方找寻未果，无奈之下，孔令丹只好报警，最后在昭通望海公园找到。苞谷垴易迁户的一个9岁小孩，工作人员借助社区力量找了两个多小时才找到。此种情况多次发生后工作人员想出了好办法：在老人和孩子手上戴手环，老人戴粉红色的，小孩戴蓝色的，上面写有姓名、楼栋号、监护人电话号码，他们一旦走丢，社区工作人员立即送到该楼栋并和监护人取得联系。

为了让易迁群众尽快融入城市过上开心快乐、发展致富的生活，巧家县到卯家湾新区的领导干部、工作人员想群众所想，急群众所急，为独居老人建台账，为特困户送衣物、食品，为特殊家庭解决问题，为劳动力寻找工作岗位……当看到易迁群众一天天融入新区的城市生活，他们看在眼里，乐在心头。

卯家湾新区是巧家脱贫攻坚的一个缩影，卯家湾这个移民大块头稳定了，巧家的移民也就稳定了。稳一片社区是一种担当，不放弃一户是一种责任。巧家的扶贫干部用担当和责任兑现了人民高于一切的庄严承诺！

（作者系巧家县搬迁安置局特聘撰稿人）

马鞍民族村易地搬迁记忆

唐兴祥

五年的脱贫攻坚工作，经历了太多，有痛苦、有欣慰、有不解，甚至有时无比的迷惑。五年来，为了全镇人民的脱贫攻坚工作，我虽历尽辛苦，但也不能尽如人意，工作上兢兢业业、夙兴夜寐、寝食难安，唯怕工作上的闪失，怕自己的疏忽，给全镇的脱贫攻坚工作带来困难。当再次来到马鞍村徐家坪易地安置点时，眼前一排排整齐的民房见证着脱贫攻坚工作的成效和一个贫困民族村的蜕变，一切艰难困苦也顿觉欣慰。

规划搬迁

马鞍村徐家坪易地安置点是小河镇5个易地安置点之一，是少数民族村苗族同胞的集中安置点。共安置苗族建档立卡贫困户 40 户 179 人，同步随迁 6 户 28 人。安置点的搬迁的对象为全村建档立卡贫困户中“一方水土养不起一方人”的深山区、国家级自然保护区核心区和地质灾害隐患严重、生态脆弱地区的建档立卡贫困户和非贫困户。

马鞍村是小河镇 3 个民族村其中之一，全村共 621 户 2481 人，其中苗族126户514人。由于历史、自然与地理的原因，马鞍少数民族村的社会发育程度相对滞后，基础条件薄弱，致贫原因复杂，脱贫成本高，贫困问题较为突出，是全镇脱贫攻坚的“短板”，也是全镇脱贫攻坚工作的重点和难点，在这里，大山层层围着村子，犹如与世隔绝。苗族同胞祖祖辈辈，人畜共居在低矮昏暗的茅草房、土坯房里，种几亩薄地，养几只鸡几头猪或上山打猎，好似原始的部落生活。辛辛苦苦一年到头，全家一年收入才勉强够生活。遇上天灾人祸，日子就更难过。要是遇上冰雹大风天，简易的茅草房、土坯房房顶掀翻，或被打出一个个洞，屋顶盖篷布都挺不住，淋淋漓漓，将就着又过一天……因为穷，年轻人不愿留守在村里，不愿学自己民族的文化，纷纷外出打工。村里几乎都是体弱多病的老年人和稚嫩的留守儿童，由于无劳动力，加之生活环境较差，人们的精神状态和卫生尤其差。

马鞍村徐家坪易地搬迁安置点作为小河镇2016年5个镇内安置点之一，镇党委、镇政府严格按照“挪穷窝”的要求进行重点打造，按照苗族传统民居景观特点，对所有房屋和基础设施进行全面改造。

镇党委、镇政府和村三委在确定徐家坪易地安置点建设方案和搬迁对象后，决定召开搬迁农户动员会，确定建设地址和建设方式。本不远的山路，一路颠簸走了近三个小时，到马鞍村时，正值村民午饭时间，当我和工作人员来到苗族小组长家时，生活环境和状况让我难以接受。三间草盖的土坯房，堂屋用来煮饭，左边耳房关着两头小猪，右边耳房用于人睡觉，由于当时正值雨节，院坝到处是稀泥，一家四口人围着火塘坐着，屋里烟雾弥漫，火塘里烧着洋芋，老旧的三角架上铁锅里煮着腊肉，屋里不时飘散出悠悠的肉香夹杂着浓浓畜圈气味。当村干部说明来意后，小组长显得特别的高兴和意外，急忙叫开小娃娃和媳妇，招呼我们坐下，并用苗语和媳妇说了什么，媳妇匆匆忙忙地出去了，我们和小组长做了简单的交谈后，小组长非常高兴，同意中午2点召开苗族会议，这时他媳妇提着一个饮料瓶走进屋，递给她的丈夫，小组长在他家老式橱柜中拿出一叠土碗，从饮料瓶中将“饮料”倒在碗中，一股酒味扑鼻而来！原来小组长是叫他媳妇去小卖部打酒去了，我们当场谢绝了他的好意，并向他说明，我们工作时间不许饮酒，但无论我们如何推辞，必须喝一碗酒才是对苗族的尊重和关心，如果一碗酒不喝，他们就视为对苗族的不尊重，那么今天中午的苗族群众大会就无法召开了。小组长显然对我们不喝酒表现出了不高兴，略带生气地说：“你们到我们苗家不喝酒，就是瞧不起我们，就什么事都做不成！”基于工作和对民族的尊重，与村民白酒一杯，佳肴几味，觥筹交错本为联络感情，交流思想，我也端起了酒碗，和小组长畅饮了一碗，当小组长再次提起饮料瓶时，我再次谢绝了他的好意。并要他及时通知好村民，今天中午准时召开村民会议。随后我又走访了一些搬迁户，整个居住环境和生活条件大都相类似。

中午2点，村民很早就来到会议地点，但是老年人和妇女居多，在支部书记向大家介绍完会议内容后，小组长用苗语向村民进行了翻译和讲解。会上，我对为什么要大家搬迁，如何搬迁，搬迁后如何生活等相关政策和要求给他们做了详细的讲解，并征求村民搬迁意愿。村民们用苗语相互交谈着，并不时回头看下我们。通过苗族干部的翻译，部分村民说他们住得好好的，咋要搬到这地方来；部分村民讨论政府说话给算数，搬了咋建房子；部分村民表示不愿搬迁，由于村民都是苗族，语言表达上与她们难以沟通，通过与村“三委”商量决定，先由村“三委”按群众意愿统计出群众的建房意愿，针对不愿搬迁建房的农户由镇村工作人员单独入户开展思想工作。

选址建设

通过多次入户思想工作和村民的多次酝酿，搬迁工作得到了村民的拥护和支持，村民同意搬迁到集中安置点，但在原规划提供的地块上部分群众又发生了意愿变化，虽然安置点地势平坦，安全稳固，但距离部分村民较远，部分村民不愿搬迁过来，经反复的思想工作，意愿不稳定村民勉强接受了参加抽选建设地居，并同意建设方式为统规自建，并签订了建设承诺书。整整两天时间，将集中安置点的建设地基划分到各家各户，户与户之间做了明显的标记。由于时间紧，任务重，集中安置点各建设户在一周内准备材料，全面启动建设，镇村干部包保到户，确保在规定时限内完成并搬迁入住。

时间过去近一周，只有几户群众零星动工，通过走访，大部分村民均为老年人在家，子女全部外出务工，根本没有修建能力。通过多次的走访和思想工作，部分村民的子女回家来修建房子了，但有 9 户自身实在无能力建设，通村征求他本人同意，由村“三委”组建专业施工队进行帮建。整体上集中安置点全面启动建设了，但没过几天，镇村包保干部也不断向我反映，建设进度不理想，群众等、靠、要思想严重。一天，10 余个村民跑到镇上找到我反映没有砖和钢筋，无法建房，水泥也运不进来，砂石料也没有。要我帮他们解决就建房，不解决他们就不建房了。我认真接待了他们，耐心听完他们的想法和诉求，得知他多次向村支书反映存在的困难和问题，但村支书的答复又不能让他们服气，加剧了村支部和村民关系的紧张，找我就是要一种承诺和保证。我了解了问题根源后，向村民讲解了集中安置点建设是让村民搬迁到更安全、更稳定的地方，是为了苗族同胞更好地发展，是党和政府的关心和关爱，苗族同胞也要积极主动作为，建设自己的新家园，大家要齐心协力，共同努力解决问题和困难，并与之约定，第二天我与相关站所负责人和工作人员到现场帮助解决存在问题和困难。

第二天，我如约到了安置点对建房农户进行了分户走访和了解，由于农户没有组成一个整体，对建房所需要的建材无法计算，各干各的，没有形成一个集体，建材运价高。大部分群众还在持观望态度，迟迟不动工。部分村民受自身经济原因，无法启动建设工作，部分村民因政府承诺的基础设施建设迟迟不启动建设，动工几天就回家停工了。结合村民建房存在的实际困难和问题，镇党委、镇政府决定由镇村包保干部担保，村委会对各户建房面积进行统计和计算，算出各户所需的建材数量，统一由村委会进行采购到施工地，确保村民建设需求。这样不但降低了村民建房成本，也保障了村民的建材需求，加快了村民的施工进度。这一决定得到村民的赞同和认可。同时，为打消群众顾虑，及时启动集中安置点的基础设施建设，两条街道和活动场所建设同时开工。村民看到配套基础设施全面启动，干劲更足了，更满怀信心，加班加点建设自己的住房了，一些还等待观望的村民也忙着找工人开工建设了。

搬迁入住

村民的新房建起来了，茅草房、土坯房不见了，展现在马鞍村徐家坪易地安置点的是一栋栋两层或三层别具民族风情的楼房。“住上了好房子、过上了好日子，但养成好习惯却没有那么容易实现，村民们刚搬迁入住时总是难以融入新的环境。”马鞍村村支书回忆，刚搬迁入住安置房那会儿，许多苗族老年人都不会使用家里的保险开关。随意习惯了的老人们总是扎堆躺坐在街道上抽烟，乱扔垃圾、随地吐痰的现象也随处可见。鉴于此，镇村针对搬迁群众开展了“操家理务”和“人居环境大整治”活动，让群众全程参与，引导他们改变乱扔垃圾、随地吐痰的现象。

如今的徐家坪易地安置点，干净整洁的街道整齐分列村道两旁，错落有致的太阳能灯，一栋栋碧瓦白墙的苗族特色安居房，苗族特色的墙体画生动醒目，冬日的阳光夕照，村民的安置房仿佛镀了一层金……村子面貌焕然一新，呈现出蓬勃发展的喜人势头。村子空地上，几位苗族妇女正在纺纱织布，不时发出笑声。她们的笑声再次印证了那个颠扑不破的古训：“穷则变，变则通。”村民的现在和未来，就如同这冬日暖阳笼罩下的村子，温暖而绚烂。看着崭新的房屋，想想地瘠路远的大山深沟，王明现激动万分："赶上了好政策，才有今天的好日子。"

"面朝黄土背朝天，以为一辈子就这么过去了，哪能想到有今天这样的好日子啊！"吴正海口中的好日子就从搬出山沟沟开始，自己在村"三委"的帮助下找到一份扫公路的公益性工作，月收入600元，儿子在昆明打工，"生活充实了，钱袋也鼓起来了，能不幸福吗？"吴正海笑呵呵地说。

为官一地，为民一心。苗族同胞安居同步小康，党的阳光雨露洒满苗乡，是我永恒的梦想！

（作者时任小河镇党委书记）

第五编　教育文化健康扶贫

巧家教育扶贫实现华丽转身

张　云

2014以来，为推进义务教育均衡发展，实现县域义务教育基本均衡发展目标，巧家县根据中央、省、市关于义务教育学校办学基本办学标准及要求，按照教育扶贫“保基本补短板、缺什么补什么”的原则，加大“硬投入”，全面实施农村义务教育薄弱学校改造计划工程，义务教育学校办学条件明显改善；通过加强教师队伍建设、推进教研教改，全力打造了优质的义务教育育人“软环境”，巧家教育实现从基础设施落后、教学质量滞后，到哪里房子最漂亮哪里就是学校、教学质量稳步提升的华丽转身。

“硬投入”，改善办学条件

2014年，全县共有义务教育学校276所，其中小学255所（包括71个教学点），九年一贯制学校8所，初级中学12所，特殊教育学校1所。学校基本分布在全县179个贫困村，部分学校交通闭塞，基础设施建设滞后。

巧家县大寨镇中心学校始建于1912年，位于巧家县城西北部，距县城51公里，地处白鹤滩水电站右岸。2014年全校有19间教室1000余名学生。开办营养餐以来，因为学校食堂无餐厅，学生只能在操场、教室、走廊等地就餐。由于修建白鹤滩水电站和易地搬迁项目，流动人口、务工子女逐年增多，2016年起，学校基本要每年增加一个教学班才能满足学生学位需求，致使原来就不够宽裕的教室、活动场所等硬件设施显得更加紧张。原有的功能室改造成了教室，教师办公室变成了教室，校舍扩建迫在眉睫。2016年年初，县教体局基建办副主任陈波、规划人员杨坤、挂钩人员杨俊林先后到大寨中心学校实地调研后，决定在学校新建一栋综合楼。2018年，该项目被纳入均衡发展项目，规划建筑面积1500平方米，框架结构五层。为了争取资金，县教体局局长潘聪及时向县委、县政府领导汇报，县领导高度重视，及时统筹广东东莞对口扶贫项目资金450万元援建该项目。2018年11月初，项目资金到位，可项目建设地无进场路，倘若要从学校进场，需要拆除街道上原粮管所大门。为了项目能尽快开工建设，中心学校校长立即向大寨镇党委书记黄功堡同志汇报，黄书记听说是为了建设学校，非常支持，立即表示："只要是建设学校，我们坚决支持，只要确定施工进场时间，我们立即安排人员拆掉这道大门。"由于项目建设地点是在学校操场，操场旁边建有架空的体育活动室，上面的板面连接食堂前活动场地，如果要施工，需要拆除架空层，如果按这个方案，初步估计将损失100万元左右。由于损失太大，方案被否决。潘局长初步了解情况后，随即带领分管副局长邓庆华同志、基建办主任陈选强同志到现场查看并研究后，决定采用征收或租用农户土地作为进场路。并安排杨俊林联系镇领导、学校和涉及的农户及时落实。在大寨镇副镇长李国鹏、村委会工作人员、学校校长的共同努力下，与农户牟兴明达成协议，通过租地落实了进场路。2018年12月25日，大寨镇中心学校综合楼破土动工，2019年11月竣工验收，历时11个月。学校结合实际，将一楼、二楼设为学生餐厅，三楼设为教室，四楼设为录播教室，五楼设为新支部活动室。

综合楼的建成，切实解决了学校校舍不足的难题。四年级3班的王富岗同学幽默地说道："我们终于可以在餐厅里坐着吃饭了，不用再害怕夏天的炎炎烈日，也不必担心雨天吃饭被淋得像个落汤鸡。"五年级2班的黄海航家长语重心长地说道："才开学的时候，娃娃转来跟我说，他们搬新教室了，原来的教室好拥挤，现在的教室又宽敞又明亮，早上在教室里背书都比以前效果好了！"

2018 年，县委、县政府共为教体部门统筹东西部扶贫协作资金 660 万元，除大寨镇学校的综合楼建设外，同步建成的还有巧家县崇溪镇深度贫困村老屋村老屋学校综合楼，建筑面积 1360 平方米，框架结构四层，援助资金 210 万元。

2015 年以来，县教体局每年组织干部深入各乡镇学校调研学校办学条件，为薄弱学校争取项目及资金，学校条件逐渐改善，全县共投资 12.56 亿元，新建校舍 33.2 万平方米。投资 6730.6 万元购置仪器设备，义务教育阶段各类教学仪器及信息化设备均达到省级 1 类配备标准。巧家县于 2018 年通过国家义务教育基本均衡发展评估验收。全县所有义务教育学校达到基本办学条件。

强管理，夯实育人"软环境"

抓乡村教师队伍建设，促城乡教育资源均衡。巧家县根据国务院办公厅印发的《乡村教师支持计划（2015—2020 年）》和省、市关于乡村教师支持计划的文件精神和要求，坚持在每一个学期开学的第一个周集中组织教师开展以"忠诚党的教育事业"为主题的师德师风专题学习教育活动，促进教师增强对自身职业的认同感和幸福感。坚持把履职考核、评优、评先、职称晋升等与师德表现切实挂钩，严格实行师德师风"一票否决制"。近 5 年来，全县结合乡村学校教师结构，加大了义务教育薄弱学校教师招聘力度，共补充中小学教师 640 人。落实乡镇工作岗位补贴政策，实施"500+X"乡村教师差异化生活补助，根据教师所在学校类别，分三类进行补助，第一类 700 元；第二类 600 元；第三类 500 元，按月发放。待遇的提高，对乡村教师扎根乡村起到了极大的激励作用。此外，全县还实行了“推优评先”向乡村学校教师倾斜政策。2015 年，我县评为昭通市首届“名教师、名班主任、名校长”的共有 7 人。2017 年，巧家县 14 人被评为“昭通市首届优秀骨干教师”，其中有 11 名是乡村教师。此外，每年县表彰的优秀校长、班主任、骨干教师等，乡村教师所占比例均在 85% 以上。2018 年，评选表扬了 99 名教育工作先进个人。全面落实职称（职务）评聘向乡村学校倾斜。按照省、市要求统一了中小学教师职称系列，并切实向乡村教师倾斜。从 2016 年开始，按省、市要求取消乡镇中学中、高级职称名额限制。2017 年，全面取消乡镇中小学中、高级职称名额限制，2016 年和 2017 年，全县中级职称评审推荐高级职称评审推荐中,乡镇中学和乡村教师评审推荐人数占总人数的 80% 以上。其中 2015 年推荐评审高级教师 120 人，一级教师 226 人；2016 年推荐评审高级教师 322 人，一级教师 729 人；2017 年推荐评审高级教师 762 人，一级教师 385 人；2018 年推荐评审高级教师 130 人，一级教师 265 人。多项激励措施的落实，全县基本形成了乡村教师“下得去、留得住、教得好”的良好局面，为全县教育质量的提高奠定了坚实基础。

创建优课展示平台，促进教育质量提高。近年来，为深入推进课程改革，全面实施素质教育，推动学校内涵发展，切实提高全县中小学教师的课堂教学能力，全县每年举办中小学教师课堂教学竞赛、云教云网络平台“一师一优课”赛课等活动。通过搭建平台，激励更多教师积极探索，大胆创新，优化课堂教学策略，全县教育教学质量逐年提升。2014 年以来，全县每年秋季学期在县城学校设置赛场，对小学语文、数学、英语、品德与社会、科学，初中语文、数学、英语、历史、地理、生物、物理、化学、政治共计 14 个课目，分别设置一等奖、二等奖、三等奖 3 个奖项。为确保比赛公平、公正，评委均是从上届课赛一等奖获得者中临时抽取。几年来，累计参赛人数 1682 人次，共产生一等奖 99 人次，二等奖 203 人次，三等奖 296 人次。“一师一优课”网上赛课，累计参赛人数 9444 人次，其中课堂实录 1197 人次，共获得县级优课 197 人次，市级优课 44 人次，省部级优课 22 人次。

抓扶贫，阻断贫困代际传递

巧家县坚持把教育扶贫作为脱贫攻坚的治本工程。围绕“上得起学”，认真落实“减、免、补、助、奖、贷”等教育资助政策，确保无因贫辍学失学。2015年以来，共落实各类教育政策资助9.48亿元，资助各学段学生103.84万人次，其中建档立卡贫困家庭学生全覆盖；发放助学贷款5605.72万元，资助学生7188人次。落实干部挂钩、教师包保工作机制，全县3755名教师通过校内包班、校外包片措施，结对帮教41202名小学及以上学段贫困户学生。并按照“查户籍对学籍、查学籍对学生、以实际对系统、以系统对责任”“两查四对”要求，坚持“摸清家底、依法处置、规范责任、动态管理”的“四步走”模式，组织开展全覆盖大排查，分类制定控辍保学措施，落实劝返动员包保责任；严格落实依法控辍，对多次开展工作仍不送适龄子女接受并完成义务教育的父母或法定监护人做到了“应诉尽诉”，实现了“应返尽返”，确保贫困家庭义务教育阶段适龄儿童少年无失学辍学。

随着学校办学条件不断改善、教师专业素养不断提升、教育质量不断提高，学校办学吸引力明显增强，实现了学生“进得来、留得住”。截至2020年1月31日，全县共有应入学适龄儿童少年95535人（卡户生26567人），实际就读95535人（卡户生26567人），其中学前教育2258人（卡户生718人），小学63028人（卡户生17122人），初中30249人（卡户生8727人）。除身体原因不具备学习条件外的贫困家庭适龄儿童少年义务教育阶段无人因贫辍学失学。全县适龄儿童适龄少年入学率均达100%。

（作者系巧家县教体局职工）

巧家营小学的教育扶贫工作实录

朱安顺

我校是白鹤滩镇的北部片区，原属巧家营乡。水碾河沟等 5 条东西向深沟峡谷把全境分割成 4 座东西向的高峻山脉。立体气候、山多坝少、人居分散、靠天吃饭、贫困面大、贫困程度深，是典型的深度贫困连片区。

我片区内共有 12 个行政村，分别开设有 1 所乡级中心完校，11 所村完小、三所单小。一共 15 个教学点担起全片区内的小学义务教育任务。辖区共有 6—15 周岁适龄儿童少年 5169 人，其中建档立卡户学生 1663 人。在职在编教师 144 人。

作为学校自古就有“传道授业解惑”的使命，我们在立足保证教育教学必须正常运转的前提下，切实把教育扶贫责任和使命“做实、做牢、做好”，如期完成了各项目标任务，为全县的减贫事业添砖加瓦，不辱使命。

脱贫攻坚是人类减贫史上的壮举，我们能参与其中并为之奋斗，深感自豪和无上光荣。在具体的工作中，我们始终坚持明确自我定位——教育部门；明白自己的工作性质——教育扶贫，保证了有限的精力投入到最有效的事业中。全面紧扣“六个精准”的工作要求，把“志智双扶”作为工作的总目标，发挥好集体的智慧和力量，全力保障了各项工作的有序顺利开展。

“不落一人”是我们铿锵的誓言。经过包保教师，村委干部、驻村干部经常的宣传法律法规、给学生和家长做工作，从法律上、情感上多方入手，26 名辍学生已经全部劝返复学。

截至目前，全片区就读学前教育 162 人，小学 3259 人，初中 1483 人，普通高中或中高职 177 人，初中及以上毕业 70 人，其他人口（户籍原因、失踪失联、延缓入学、出国在外）18 人，除去其他人口 18 人外，其余所有学生全部入学或已完成九年义务教育。项项目标、条条指标，全部达标。

吃透精神，有的放矢，避免走偏跑题。在开展脱贫攻坚以来，全片区教师认真学习领会省市县等各级文件精神要求，对各级督导检查反馈的问题都能及时有效地整改落实。工作中有文件做精神靠山，实施中一切行动听指挥，做到“目标一致，责任一致、工作一致”。

我们通过进村入户，逐户对学龄人口进行登记，获得第一手资料，在通过“四查三比对”，即“四查”：查户籍，与入户统计人口信息比对，找出存疑对象，再核实比对；查学籍，建立完整的学籍人口名册；查学生，通过交叉点名，形成完整的在校学生点名册；查建档立卡适龄儿童少年数据，建立完整的卡户适龄人口名册。“三比对”：用户籍对学籍，锁定疑似失学儿童少年名册，用学籍对学生，锁定疑似辍学儿童少年名册，用学生对国办系统，锁定建档立卡户辍失学学生名册。使学龄人口的数据真正地做到了精准。

对片区内的辍学生按照“宣传动员是基础、司法处置是保障”工作原则，围绕实现“除身体原因不具备学习条件外的建档立卡贫困家庭义务教育阶段适龄儿童少年无失学辍学和九年义务教育巩固率达标”的目标，实施“依法控辍”，全力劝返辍失学学生，综合运用“宣传教育、责令改正、行政处罚、强制执行或提起诉讼”依法控辍保学“四步法”中的步骤，柔性与刚性手段相结合，劝返辍失学学生。在充分做实做细入户动员、宣传教育的基础上，对不能劝返的适龄儿童少年监护人，进行依法处置。

在控辍保学中，坚持“进得来、留得住”原则，“进得来”体现在控辍上，我们通过情感控辍、依法控辍等多种形式，对辍学学生进行耐心细致的劝返工作，成绩显著，所有辍学生已全部返校就读。“留得住”体现在保学上，坚持“实事求是，充分尊重学生意愿”的工作原则，根据失学辍学时间长短、个人学习情况、家庭因素等实际，全面分析失学辍学适龄儿童少年具体情况，采取“四个一批”措施进行安置。即原籍随班就读一批，具备一定学习能力和基础但又因学习困难厌学而辍学的学生，按照免试、就近、划片、免费的原则，逐一劝返后，原则上安排到居住地附近公办学校随班就读；开办“普职教育融合班”就读一批，对极度厌学且年龄在13岁以上的学生，各级各类义务教育学校一定要做好辍学学生学习意愿的充分征集，根据学生意愿，采取乡镇集中安置和县城集中安置的形式，在文化课之外，开设学生喜欢的与职业技术相关的教育课程，探索有效的普职融合教育模式。

2019年12月10日，回龙村艾家村社曾忠有辍学在家，校长夏跃能组织副校长、回龙小学的教师和村委会干部、驻村干部一道到曾忠有家进行劝返，下午3点左右到达曾忠有家，曾忠有还在睡觉，父母都外出打工了，只有奶奶和弟弟一起在家，在对曾忠有的劝说中了解到，该生对学习已经非常厌倦，但是对篮球运动特别感兴趣，通过与白鹤滩中学联系，同意曾忠有在课余时间加入篮球特长班学习篮球运动，听到这个消息，曾忠有似乎一下子有了精神，经过几小时的劝说，曾忠有同意返回白鹤滩中学就读并于第二天到白鹤滩中学普职教育融合班报名上课；流入地协助就读一批，对长期随父母在辖区外生活的失学辍学适龄儿童少年，按照“流入地为主、公办学校为主”的原则，各乡镇在充分劝返的基础上，对无法劝返回原籍地就读的对象，由乡镇人民政府或县教育主管部门发函至流入地教育行政主管部门协同劝返，并按免试、就近、划片、免费的原则，妥善安置在合适的学校就读；送教上门就读一批，对身体残疾而辍学的学生，具备学习条件的，安置到普通学校随班就读，或者安置在特教班、特殊教育学校；不具备到学校就读条件的，要根据云南省教育厅等七部门《关于义务教育阶段重度残疾儿童少年送教上门工作的指导意见》，严格对象、严格流程、严格要求，通过教师送教上门帮助完成学业。

白鹤滩镇巧家营社区菜园二社夏发富，智力残疾，但具备一定的学习能力，挂包教师黄元帅根据学生的实际情况，有针对性地制订了学习计划，从认识物品开始到涂鸦练习，通过定期的送教学习，该生已经能够认识和区分一些常见的物品，手部的活动性和稳定性也有所改善。

对于需送教上门的残疾儿童少年，根据专家委员会鉴定的结果，对应开展“送教上门”工作。落实“四送六有”（送教育、送康复、送技能、送温暖；送教教师有课表、送教教师提前准备有教案、送教过程有记录、教学内容有科书、完成作业有批改、期中期末有考试）相关要求，并建立“一人一档”。

脱贫攻坚是实现“共同富裕”的伟大目标的壮举，办好人民满意的教育是我们的伟大使命。巧家营如期脱贫摘帽更是我们义不容辞的担当和使命，我们将不辱时代赋予我们的使命，为巧家营的乡村振兴努力奋斗！

（作者系巧家营小学教师）

千般寻她回学校

陈富军

作为一名老师，平时少不了对一些学习上、生活上有困难的学生进行帮助，学生自然也会礼貌地说声："谢谢老师！"但最令我欣慰的还是动员辍学学生李洪丽返校后听到的那一声："老师，谢谢你们！"

户籍巧家县炉房乡噜布村笔摩社的李洪丽，父母外出玉溪打工期间，由于父母之间关系矛盾，母亲离家出走，家里的三姐弟从小跟随父亲生活，她一年级到八年级在玉溪市就读。2019 年 9 月，正值上九年级时，家里面临着最小的弟弟也到上学前班的时候，所以，父亲选择让李洪丽回家带小弟李洪清上学前班，于是在九年级开学初就辍学了。当我第七次下村入户调查发现该同学辍学后，立即上报学校领导及政府领导，并一起对该同学开展动员入学工作。经过将近 3 个月的思想动员工作，李洪丽的爸爸仍然态度坚决，不愿让女儿返校读书。后来说得烦了，就不再接听电话了。后面还好找到李洪丽本人的联系方式，她偷偷告诉我们，她爸也有苦衷：妈妈走了，留下两个小弟无人照管，也总得上学啊，爸爸只好让自己辍学在家照顾弟弟妹妹上学和日常生活，虽然自己很想继续读书，但也是没办法的了，爸爸又要出去打工挣钱，她不愿也不敢说出这想法。我们了解后，觉得她家情况也是比较特殊，向乡政府汇报了，决定直接去她爸爸打工的地方——玉溪了解情况和做劝返动员工作，虽然不知道结果会怎样，但信心满满。

2019 年 11 月 26 日，我们一行 4 人前往玉溪去“寻找”这个内心其实渴望读书的孩子。到达玉溪的第二天早上，我们尝试联系李洪丽的爸爸，但还是联系不上。最后还好打通了李洪丽的 QQ 视频电话，她很模糊地告诉了我们一个大概的位置，由于大伙都不熟悉这里，于是我们找了一位当地的朋友做向导，带着我们去找。经过半天的努力，终于找到了，李洪丽从一个简陋但很宽敞的院里跑出来迎接我们，看得出来见到我们她非常开心。我们跟在她后面走了进去，进去后眼前的一切着实让我们更加感受到这一家人的不易。

这不是一个院子，这是一块地，四周简单地围了起来，中间是盖着石棉瓦搭起简陋的两间小房子。这，就是他们租住的房子。进屋，李洪丽的爸爸也在里面。李洪丽爸爸看起来 40 岁上下的样子，身材偏瘦，他看来有一点尴尬，但还是礼貌地向我们问好，并拿出烟要递给我们。大家打完招呼，都坐了下来，屋里很窄，也没有隔间，一张床几乎占了一半的位置，东西倒是很多，连电视也是有的，墙上和屋顶都耷拉着几个电插板，上面歪歪斜斜插着一些电器。

李洪丽的爸爸和我们隔着一张桌子在对面的一个单人黑色皮沙发上坐下，他把手机和烟放在面前，眼睛也时常低着看。因为我们直截了当和他说明了来意，且告诉他，恳请他一定要支持我们的工作以及支持自己的女儿回校读书，可能我们的语气太直白让他有些错愕，或是他在思考要如何答复。过了一会儿，他和我们说了家庭情况，仍然还是不愿意让李洪丽回校继续读书，他的理由和我们先前了解到的一样，也是实在没有办法，妻子走了再没回来过，如果大女儿李洪丽回去读书了，那么就意味着小的两个孩子就要辍学在家且无人照料，因为自己不可能不打工而回来闲着照顾他们……

我们也想不出反驳他的理由来了，难啊，他说得很客观，也是实实在在的困难。我们既然来了，就是来解决困难的，当然了，核心是一个孩子都不能辍学。经过思考和讨论，我们和李洪丽的爸爸谈了一会儿，告诉他是否可以考虑让李洪丽转学到玉溪来读，这样既可以照顾两个弟弟，又不耽误自己上学。终于，他勉强同意了。我们立即行动起来，离他们租房不远就有一所中学，我们在朋友的介绍下，联系到学校的校长和教务主任，他们欣然答应了。接下来就是处理学籍问题，李洪丽原本就是我们炉房乡九年一贯制学校的学生，学籍很好处理。可经过查询才得知，她没有参加过八年级生物、地理和信息技术考试就辍学了，也就是说目前这几个课目没有成绩，转学过玉溪来读不能顺利办理毕业手续，还得回户籍地就读才行。转一圈，问题又回到原点。

就这么两天过去了，可问题得不到解决，大家心里也都着急。李洪丽是个懂事的孩子，我们看在眼里，看着他们家 3 个孩子幸福地玩耍着，更加坚定了我们此行劝返动员工作的信心。再想办法，再做工作。我们形成材料再次向乡政府汇报，由于情况比较特殊，大家积极为他协调资助款。我们又再次和李洪丽爸爸做工作，说服他，一是同意让李洪丽返回炉房乡九年一贯制学校继续上学，他担心的安全问题请他在老家里的亲人积极配合学校做好保障；二是申请资助他家 10000 元，请他调整自己的打工时间安排，保障早晚接送李洪丽的两个弟弟上下学，直至李洪丽顺利初中毕业。经过反复地劝说下，李洪丽爸爸答应了，那天早上，他还买了菜买了鱼，留我们在他家吃早饭，我们也是很乐意，大家一起动手洗菜，大家心里都高兴，原本我们期盼的就是这样一个结果。

临行前，大家一起拍照留念，李洪丽爸爸说了很多感谢的话，并承诺等李洪丽处理好一些事情便让她立马返校，并请求我们对李洪丽务必多加照顾和管教，我们告诉他，让他不必担心，安心照顾好两个小的孩子就好。李洪丽的二弟今年上四年级，个子却老高了，看我们要走，他跟着送了出来，我们鼓励他好好学习，他满口答应，也是个懂事的孩子。

2019 年 12 月 2 日晚上，李洪丽从玉溪乘车到达马树，我第一时间开车到马树把她接回学校，带着她到办公室进行登记，李校长也来了。李洪丽有些腼腆，但是看得出她非常的开心。回教室前，她站在大家前面弯下身子鞠了一躬："老师，谢谢你们！"然后转身跑走了，那一刻，我们好欣慰，好有成就感！

后来，我们学校把李洪丽的学籍从玉溪转回了炉房乡九年一贯制学校九年级 84 班，在我校完成了九年义务教育学业，2020 年 9 月开学后李洪丽同学在昆明市卫生职业学院就读中职一年级。

丁华波、陈文思　整理

（作者系炉房乡九年一贯制学校教师）

一个也不能少

何朝琼

扶贫先扶智，扶智断穷根。教育扶贫，一个也不能少。为了不让每一个学生因为贫穷而辍学，阻断贫困代际传递，我校做实做细了保学控辍工作。

走进大山，牢记嘱托

我们的首要任务就是下乡去宣传国家政策，我们带着写满资助政策的明白卡去到每家每户宣传并张贴。我和李庆苍老师选择了最远最高的杨家湾社和陈家沟社，原因是我对那里的人比较熟悉，觉得应该好开展工作。去了才知道没有我们想象得那么简单，一路陡坡，到水泥路结束还有很长的一段路才能到达有人家的地方，这段路哪里能叫公路，被下雨流水冲刷得坑坑洼洼不说，还有无数的石头潜在里面，坐在车上就像到了天边，看着下面的千山万壑，感觉如在云端，于是我们两个女教师只得下车走路下去。

杨家湾是一个地势很陡的地方，总的只有二十几户人家，为了生活，好些人家都已经举家外出，很多年不曾回来过了。在家的只有四五户人家，在家并且有孩子在上学的更是只有三户人家，但是我们依然走到每一户去宣传了义务教育阶段的读书补助政策，家长虽然没有收到国家的补助款，但是要知道孩子在学校的吃住都是国家提供的，如果没有国家的这些补助，吃住折合成人民币的话，家长每年可能都要准备一笔钱给孩子读书，而现在有了国家的补助，家长只需给孩子提供零花钱和纸笔钱，这就为每个家庭节约了最大笔的花销，所以每户人家必须保证让孩子接受义务教育，不能因为贫穷而让孩子早早辍学，这是绝对不允许的。之后我们又把宣传卡张贴在每户人家家里最是显眼的地方。

进村入户，不辱使命

2018 年暑假，学校刚一放假，就收到上级发来的文件，全体教师要下乡去收集学生资料信息。全镇有 13 个村，每个村的具体情况不同，我们学校有在职在编教师 60 人，所有教师按照各村情况全部分到各村，挂包到每个社，就这样长达两年的扶贫工作正式拉开了序幕。

做资料，无数的表册，要在规定的时间内做好，核实上传给各村组长汇总再往上报，记不清楚做了多少个表册，记不清打了多少个电话给家长，所有涉及的老师，经常为了完成上面下发的任务，只能让学生晚自习自己学习，甚至晚上加班到深夜。每次召开学校大会，校长强调得最多的事情便是保持电话 24 小时开机，随时提供自己包保社的资料。记得，有一晚，为了完成一个有点复杂的表册，把手机充电在客厅，半夜 2 点多起来一看，好几个未接电话，回过去才知道是让我们加班填表，家里没有网络，也不知道其他老师做到哪里了。只能黑灯瞎火大着胆子跑到学校，其他几位老师已经做了好久了。这样的事在每个挂包教师身上也时有发生。

对于下乡，最困难的村社是白牛、牛角、杉曲、水井和火地等五个村，这五个村的有些村民小组位于新店镇的边界上，海拔较高，时值寒冬，经常会出现道路结冰的现象。杉曲的杨家湾社、火地、水井，道路狭窄且坡度较大，对于新手驾车，无疑是胆战心惊，有老师后来感慨：下乡把驾驶技术都练精进了。

我们中学前后有10位老师被安排到杉曲村，每个人又包保1—2个社。还记得第一次摸底回来，大家要在规定的时间内把各社的基本信息录入系统，做成要求的相关表册，大家苦思冥想找到最可行的方法，白天上课，晚上加班。终于把基本信息录入各种表册。按照年龄信息分类，分为0—18周岁及19岁以上的在校生，6—15周岁学生，在县内就读学生和县外就读学生。每个表册里面有三四十列信息栏，每一栏的信息多次核实，比如县外学生就读学校和年级，不能有一个字错误，为了让这些信息精准无误，我们不得不三番五次打电话求助家长，有时候家长烦了，打电话过去直接给你来一句“你打错了”，让人哭笑不得。第二次下乡，是按要求核对信息，我们杉曲组的老师总是一起行动，为了方便我们顺利入户完成工作，我们组贺方文老师、刘文忠老师总是把我们送到每个社，我们自己提前和社长联系好了，请他们召集村民们在一个地方集合，并带上自家的户口簿，我们用之前做好的户表按照每家的户口信息进行一一核实，并核实孩子所在学校。最棘手的问题无疑就是好多年轻的都外出打工，家里只有年级很大的老人留守，他们对自己孙子读书问题一概不知，我们又不得不打电话求助。其他各个组老师也是这样展开工作。

控辍保学，一个也不能少

“决不能让一个学生在义务教育阶段辍学！”这是全体老师的誓言。

杉曲有两个特别的学生，一个是颜敦艳老师挂包的花石包社的张有明同学，是初二辍学的，极度厌学，张有明的父亲早逝，家中有一个哥哥和母亲，从小为生活操劳的母亲对孩子疏于管教，孩子没有养成良好的学习习惯和行为习惯，导致张有明自由懒散惯了，学习成绩一塌糊涂，小小年纪便辍学在家。根据国家上级相关部门的要求，这种学生务必劝返回校，于是，颜老师多次通过电话和走访的方式劝其返校，但是结果都不尽如人意。后来，我们和颜老师再次来到花石包社，经过事先联系，让张有明同学步行到大路边。等我们一行人来到陈家沟下面的大路边时，果然张有明同学早已等待。“你和家人是怎么想的呢？是坚持不读，还是没有商量好？”“之前也给你们说得很多了，现在国家有那么好的政策，在校享受学费、教科书、营养餐和寄宿制补助，几乎不花钱就可以读书，老师们还是希望你回学校继续读书。”“前几次老师也给你说了，现在是九年义务教育法规定了，学生有义务接受教育，你不去读是不行的，这样你的父母是有责任的。”老师们你一句我一句地对张有明说着，我们同时也把相应的劝返表册拿给他签名，由他代替他的母亲签名，末了，他说他回去和他哥哥和母亲商量一下。总算有点动摇了，对于老师来说也不虚此行了。

同样作为辍学生的还有陈家沟的盘绍腱同学，挂包教师是杨建坤，这次找到了盘绍腱的父亲，他本人则到昆明打工去了，在杨老师多次劝说下，从各种利害关系跟盘绍腱的父亲分析，他说他完全同意孩子回来读书，只是孩子实在不愿读书。但是他签下了承诺书，一定再次好好给孩子做思想工作。

老师们再次下乡入户动员辍学学生返校，不过这次，又多了个折中的好方式，对于实在不愿回初中就读的学生，可以选择去昆明冶金学校读职业技术学校，在我们动身去张有明和盘绍腱家之前，颜老师和杨老师已经在第一时间把这个消息告诉给张有明和盘绍腱及其家长，让他们一家人商量给我们答复。这次下乡正值下过雨，通往杉曲村的路是刚打不久的水泥路，所以很快我们一行人就到了张有明家所在的花石包社下面的大路上，老远就看到张有明在路边等着了。他告诉我们，他愿意去读昆明冶金学校，家人也同意了。老师们都很安慰很高兴，大家纷纷劝慰张有明同学去到学校一定要好好读，争取学好专业技术，将来才能在社会更好地立足。之后我们又来到了陈家沟，盘绍腱的父亲蹲正在大路边等待着我们，他告诉我们，他的孩子愿意去昆明读冶金学校读书。我们也告诉了他关于如何去学校怎么联系等情况，有困难他随时打电话给老师。对于包保的教师来说，没有什么比此刻更高兴的事情了，所有的努力总算没有白费。

还有一个辍学学生是牛角村的张国勇同学，该生原本就有厌学情绪，老师们对他稍微严格一点，他就溜回家去，说老师教训他。为了不让他辍学，班主任徐天应老师几次去到他家，劝他回校读书，并承诺在他不违反学校规章制度和不扰乱班级课堂的情况下，学习上对他不再严格要求，包保教师也是三番五次去到他家，苦口婆心地劝他和家人，向他家宣传各种政策。最终他回到了原班级读书，我作为他的语文老师，曾试着了解他："你为什么不想好好学习？"他说："我实在学不懂，觉得读书很无聊。"我又问了他家的情况，他家里开了砖厂，父母都在家里打砖卖。张国勇宁愿在家和父母一起做生意，也不想待在学校读书。"那你年龄太小，并且是义务教育阶段，你不能不读书啊。""老师建议你，尽量跟着老师的节奏，尽量学，学到毕业万一能考上高中岂不是更好吗？万一你过段时间又改变主意了呢？"他静静地听着我说的话，只是笑嘻嘻的不作声。但是他一直坚持在学校里面上课。

再穷不能穷教育，再苦不能苦孩子

均衡发展的契机让我们学校有了翻天覆地的变化，原来的土包包被推平了，取而代之的是两栋崭新的大楼，一栋是教学办公综合楼，一栋是女生宿舍。这两栋楼的修建，改变了我们学校的格局，老师们有了新的会议室，男女生有了各自独立的宿舍楼，学生可以按照级部各自安排在一栋楼里面，让学校在管理上省了不少心。

原来黄土飞扬的操场，下雨天满地是稀泥，学生只能在楼道里面玩耍，稀泥踩得满校园都是。现在整个校园活动场所都是水泥板，老师们还用油漆刷上了6块球场，安了几张乒乓球桌，学生又多了些娱乐的方式，下午上晚自习的老师也可以课间在操场上散步。总之，校园里面的硬件设施有了很大的变化，校园里面多了欢声笑语。

扶贫是一项关乎民生的大事，涉及面之广，涉及人员之多应该都是史无前例的。教育扶贫，让每一家都不会因为贫困而不让孩子上学，让每一个适龄学生都有书可读，保证他们安心地完成义务教育，甚至是更高的教育。总之，教育的路上，一个也不能少。

（作者系新店中学教师）

巧家县卫生健康局健康扶贫工作实录

张俊涵

“大伯，你这血压又高了，平时炒菜少放盐，少吃油腻的东西，适当锻炼一下。”每个季度，家庭医生都会纷纷到患者家里进行随访，带着各种诊断仪器为老人的身体状况进行检查，还会和老人唠唠嗑，给老人说些宽心话，这样温馨的场景成为巧家县扶贫的一大特色，这得益于健康扶贫完善的家庭医生签约政策，让居民们拥有了更贴心更细致的医疗服务，更得益于巧家县深耕六年的健康扶贫战略，一步步建立起健康扶贫的基础体系，才让好政策能落实于地，惠利于民。

六载扶贫路，步步显真情。白驹过隙，时光如梭，从 2015 年到 2020 年，六年时间里，健康扶贫实现了从无到有、从有到优、从优到精的重大飞跃，在完善落实健康扶贫政策、探索建立健康扶贫长效机制、提高医疗保障水平等方面综合发力，让巧家县贫困人口“看得上病、看得起病、看得好病、少生病”。

从无到有，让百姓看得上病

2019 年 6 月，家庭医生上门为一位老人进行了免费体检，体检结果出来后，家庭医生发现老人血糖数值偏高，于是建议其到卫生院复查血糖。隔了一段时间，由于老人年纪大了，记性不太好，坚称自己没有进行体检、血糖也不高，家庭医生听了真是哭笑不得。但为了明确老人身体状况，及时进行规范治疗，家庭医生决定再免费为老人进行一次健康体检。

第二天一大早，卫生院医务人员和家庭医生就来到老人家中，全程陪同老人进行基础查体、抽血化验、心电图、B超等各项检查。为切实减轻老人今后治疗的医药费负担，工作人员为老人办理了慢病卡，同时给予了专业健康指导。

健康扶贫之前，老年人的健康体检是靠群众自己解决，自己付费、自己找医院，对于健康知识缺乏的乡村贫困老年人来说体检基本上是不存在的。健康扶贫政策实施之后，每年都会有老年人免费健康体检，家庭医生也会定期上门对老年人进行基本查体以及血压、血糖的测量，让老年人的健康也有了保障。将健康扶贫群众挂在嘴上、记在心上，六年来，巧家县卫健系统在以实际行动守护着巧家县人民的身体健康，特别是家庭医生签约以后，巧家县卫健系统做到了保障被签约对象健康“不漏一户、不落一人”。

2017年，云南省人民政府办公厅印发《云南省健康扶贫30条》作为健康扶贫的政策指导，巧家县按建档立卡贫困人口“看得起病、方便看病、看得好病、尽量少生病”的要求，明确围绕健康扶贫30条措施这“一条主线”；落实“先诊疗、后付费”和“一站式”结算服务制度这“二项制度”；夯实县、乡村医疗机构“三个一”达标建设；强化基本医疗报销、大病保险、医疗救助、兜底保障的“四重保障”；采取强化扶贫协作，提升医疗技术和服务能力、强化健康教育，提高贫困人口健康意识、强化医共体建设，提升基层诊疗能力、强化政策宣传，提高群众知晓率、强化督导检查，确保健康扶贫落实落地的“五项措施”的“12345”健康扶贫工作思路，也由此开始了系统化的健康扶贫基础建设。

2017年到2019年是巧家县落实健康扶贫政策的第一阶段，也是巧家县在县内公共卫生医疗体系的建立上埋头耕耘的重要阶段，巧家县在家庭医生签约服务上着力推进宣传，共组建家庭医生签约团队404支，每个家签团队平均签约 610 人，全县家庭医生共签约 127953 人。

家庭医生按照“签约一人、履约一人、做实一人”的要求开展履约服务，每次开展履约服务时如实在《家庭医生签约服务手册》中记录服务内容，有针对性地提供健康指导。在开展服务的同时采集服务数据和现场服务照片，通过手机 APP 或计算机端录入到省级家庭医生签约服务信息系统中，并且每季度会对慢病患者进行一次随访。预防加治疗，家庭医生上门服务为病者排忧解难，犹如给贫困人口装上了一把健康锁。六年时间里，几乎家家户户都有了属于自己的家庭医生，这一政策的贯彻落实使得巧家县居民以户为单位能够享受到更加全面且便捷的医疗服务，并且在数据采集同步上，家庭医生政策也在帮助巧家县完善健康档案，建立健全系统化、信息化健康扶贫体系工作上发挥了重要作用。

从有到优，让百姓看得起病

“我之前得了大病，做了手术，住院期间的手术费、治疗费用是 15000 多元，大病医疗报销后自己只给了 1000 多元，省了一大笔钱，得了病也敢去医院看了。”巧家县白鹤滩镇村民李某谈起健康扶贫的好处激动地说。他患病多年，以前收入几乎全部用于支付医药费，生活十分拮据，健康扶贫实施后，利用大病救治的政策，他终于得以规范、系统地进行了治疗，减免了大部分医疗费，极大地为他减轻了经济负担。

2019 年以来，巧家县健康扶贫工作进入第二阶段，全县认真落实总书记指出的“实现基本医疗有保障，主要是所有贫困人口都参加医疗保险，常见病、慢性病有地方看、看得起，得了大病重病后基本生活过得去。”紧紧围绕云开组〔2019〕9 号文件要求，扎实开展健康扶贫工作。一是精准定位户脱贫，确保建档立卡贫困人口 100% 参加医疗保险、大病保险，让老百姓得了大病重病后基本生活过得去。二是精准定位村出列。加强基础建设，整合恢复重建、东西部协作、涉农资金开展卫生室标准化建设，目前，全县192个村卫生室通过达标建设已达到村出列脱贫标准。三是精准定位疾病救治。开展32种大病专项救治，建立大病专项救治“一人一档一方案”2731份，建立完善未参加基本医疗保险人员的医疗救助制度，县政府投入100万元资金建立医疗救助基金，对未参加医疗保险，且医疗费用负担过重，存在因病致贫风险的人群，经乡镇研判后报县医疗保障局开展医疗救助，实现医疗救助制度全覆盖。

从优到精，让百姓看得好病

六年的健康扶贫工作里，县卫健系统总结了不少宝贵的扶贫经验，也在实施过程中不断优化创新，形成了属于自己的一方特色。

完善帮扶体系，推动医共体落地开花。为推进医疗技术服务能力下沉，带动县域医院力争实现“大病不出县、小病不出镇”的目标，县级2所二级甲等公立医院和19所乡镇卫生院启动医共体建设。在区域内构建了联通县、乡、村优质高效的医疗服务网络，初步实现“提质量、降费用、强基层、保健康”的改革目标。巧家县还借力东西部协作、医疗团队下派支援等帮扶措施，东莞对口支援、省市下派医疗卫生服务专家28人，通过传帮带教的形式，帮助全县培养了一批更加精锐的卫生人才队伍，使全县较为薄弱的产科、妇科、普外科、麻醉科、康复科等科室得到支援提升。以义诊、网络交流群、专家远程会诊等形式，推动优质医疗资源下沉，构建了“上联下通”的模式，有效提升了县域医疗服务能力，更好地发挥区域卫生整体优势，打通群众健康服务“最后一公里”。

在乡镇卫生院，除了进行普遍性的诊疗活动，每年还进行免费的妇女宫颈癌、乳腺癌的筛查，由县妇计中心的医生到乡镇卫生院开展筛查活动。

2019年，白鹤滩镇卫生院在组织辖区内妇女进行两癌筛查时，50多岁的张阿姨感慨地说："我不舒服好几年了，老是觉得丢人，没法说没法看，又听说检查费用高，只能天天忍着。唉，要不是你们来免费筛查，我恐怕要忍一辈子！"

东西协作强基础，拓展思路提技术。为了强化医疗队伍，提高服务质量，借助东西部扶贫协作的东风，东莞市派出医疗卫生人才3批14人到巧家县开展医疗卫生服务工作，支援我县较为薄弱的7个医院科室，对于这批医疗人才输出，县卫健局高度重视，选出一批优秀学员跟随学习，通过传帮带教的形式，成功培养一批先进的本地卫生人才队伍，在院内进行第二轮老带新活动，有效地提升了巧家县的医疗服务水平。在人员和技术缺乏的情况下，东莞市支援医师们带领巧家县妇产科医生开展了双腔水囊二极管压迫子宫止血、妇科腔镜手术，如异位妊娠、卵巢畸胎瘤等12项新技术、新手术。现已开展手术600余台，诊疗门急诊病人28000人次、住院病人7300人次，开展培训500余人次。在东莞支援医师的帮助与巧家县医务人员的学习下，巧家县的医疗卫生体系从基本逐渐走向全面，从单一逐渐逐渐走向复合，从传统逐渐走向创新，不断学习，不断开拓，始终将为人民提供更快、更好、更全的医疗卫生服务为核心目标，拓展技术增添设备，为完善巧家县医疗卫生体系做出了重要贡献。

健康谁来管、患病找谁看、大病怎么转、报销怎么办，这些曾经困扰群众的看病难问题，在六年的健康扶贫耕耘中正逐渐成为历史，现在我们能看到的是上门诊疗技术专业的村医；是参保建档有所保障的居民；是诊疗范围逐渐扩大、手术精度逐渐提高的医院。一幢幢新建住院楼拔地而起，一台台崭新设备仪器投入使用，一间间新建村卫生室设施齐全……医疗是最大的民生，从破旧简陋的村卫生室到功能齐全的标准化卫生院，从经验不足的乡村医生到骨干医疗团队，我县各级党委、政府和卫生健康部门高度重视基层医疗卫生服务能力建设，全面提升基层医疗服务能力、人才队伍素质和公共卫生服务能力，不断满足人民群众多样化、多层次的医疗卫生服务需求，各项加强基层医疗卫生服务工作取得阶段性成效。然而这并不是终点，健康扶贫永远在路上，我们将继续深化、细化、实化健康扶贫工作，无论遇到怎样的挑战，都将以一以贯之的决心与毅力，积极响应党和国家的方针政策，凝心聚力，将这场脱贫攻坚战役进行到底！

（作者时任巧家县卫健局综合办副主任）

医保护航：脱贫攻坚不落下一人

邹开辉　罗富刚

县医疗保障局在医保扶贫助力脱贫攻坚的征途上，克难攻坚，奋勇前行，紧扣“基本医疗有保障”，全面筑牢“基本医保、大病保险、医疗救助、兜底保障”四重保障网，精准发力，确保医保扶贫惠民政策落细落实，全面完成“参保全覆盖、资助全落实、待遇全享受”的医保扶贫目标任务，有效预防和杜绝因病致贫、因病返贫的发生，不落下一个人，为全县全面打赢脱贫攻坚战奠定了坚实基础。

卡户参保应缴尽缴，不落一人

“大哥，你的手机给有微信，有么来扫一个我们的二维码嘛，了解一下医保政策，扫了以后也要发动亲戚朋友扫描关注哦。”在入户走访中，随时可以看见拿着二维码动员群众扫码的工作人员，这些是医保局的同志在向群众宣传医保政策，有的同志为了方便干脆像商家一样把二维码挂在脖子上。县医保局通过巧家电视台、政务网站、手机短信、大喇叭、微信公众号、知情告知书等宣传城乡居民医疗保险参保缴费政策。制作医保政策音频资料发放到各医疗机构、乡镇及村（社区）进行宣传；通过手机短信向42000多户建档立卡贫困人口家庭发送医疗保障扶贫政策4期，共计发出手机短信20余万条，制作宣传单40000余份，真正做到家喻户晓、人人皆知。自2017年健康扶贫政策实施以来，2017年至2019年巧家县建档立卡贫困人口个人参保缴费各级财政补贴共计6392.9万元，确保了建档立卡贫困人口100%参加基本医疗保险和大病保险。2019年11月20日，县、乡、村工作人员在老店收取卡户参保费用（2019年标准：财政每人补助180元，个人70元，共250元）时，有几户卡户大门紧锁，经打听这几户卡户长期外出务工，联系困难，后经多方联系，委托其他卡户代缴。在全县收缴卡户参保费过程中，对长期外出务工的卡户，经多次打电话、委托卡户亲友代缴、微信转账方式代缴、春节卡户返乡等多种方式实现缴费参保，千方百计联系上整户外出卡户及时缴纳医疗保险参保费用。

卡户动态衔接参保，不落一人

2018年1月5日中午1点多，县医疗保险管理局参保股负责人邹开辉正准备上班，就听见电话铃声急促响个不停，邹开辉忙接通手机，电话那头，单位数据比对人员焦急地说道："听说国办系统卡户动态调整数据已经锁定，我们需要卡户名单比对医保系统数据提供给乡镇更新医保系统参保数据。"听到这个消息，邹开辉随即向对方说道："我马上联系县扶贫办的同志，直接到县扶贫办拷贝国办动态调整锁定卡户数据后到办公室，你现在就联系工程师导出医保系统参保人员数据等着我。"县扶贫、医保两部门在工作中建立了定期联系机制，安排专人做好数据对接工作，通过定期获取国办系统建档立卡贫困人口数据，做好信息数据比对，逐人排查参保状态，确保参保数据精准到人，做到扶贫国办数据与医保卡户参保数据无缝衔接，卡户人员信息一一对应，医保参保数据随着扶贫国办数据动态调整变动，做到卡户动态调整变动人员及时缴费参保，打破时间限制全面实现参保工作动态化和常态化。

卡户待遇应享尽享，不落一人

开辟绿色通道，让困难群众方便看病。其中“先诊疗，后付费”“一站式”“一单式”结算就是解决方便看病就医的重要举措。2017年以来，建档立卡贫困患者在县域内定点医疗机构住院无须缴纳住院押金或预付金，直接住院治疗，而且对确有困难的，出院时无法一次性结清自付费用的建档立卡贫困患者还可与医疗机构签订先诊疗后付费延期（分期）还款协议，办理出院手续。建档立卡贫困患者无论走在任何一家定点医疗机构“一站式”结算，患者只需缴清个人自付费用就行，这样大大减轻了贫困患者住院医疗负担，实现了方便看病就医的目标。特慢病办理由原来医保部门下放到二级公立医院，简化办理程序和所需提供资料，参保人员只要提供疾病相关诊断证明材料即可申请办理，真正实现只跑“一次腿”。长期异地居住和异地务工人员到县医保局异地就医服务窗口备案开通后即可实现跨省异地就医直接结算报销。

2019年2月11日早上8点，和往常一样，医保局一楼大厅异地就医服务电话又响了：“喂，您好，我是巧家医保局……”没等经办人说完，电话那头传来非常焦急的声音：“我是杨秀会，巧家东坪人、我在广东佛山打工半年多了，前几天我感觉身体不舒服，到医院检查，医生告诉我说患了乳腺恶性肿瘤必须住院治疗，医疗费要10多万元，我缴不上那么多医疗费，这可咋办？”经办人轻言细语地告诉她：“您不要着急，委托亲戚朋友到巧家医保局一楼大厅异地就医服务窗口申请办理长期异地就医备案，备案成功后即可跨省直接报销医疗费用，您只需支付医院个人自付部分就行。”“哦，那太好了！”听完经办人员的话，电话那头语气轻松了许多。半小时后杨秀会委托朋友前来帮她办理了长期异地就医备案，备案信息即刻上传到国家平台，实现了跨省异地就医直接结算。

医疗有保障，还得完善医疗救助制度，让困难群众看得起病。建档立卡贫困患者符合规范转诊转院的住院医疗费用，政策范围内经基本医保、大病保险报销后达不到90%的，通过医疗救助（包括住院救助和重特大疾病医疗救助）报销比达到90%。建档立卡贫困患者符合规范转诊转院发生的住院医疗费用，通过基本医保、大病保险、医疗救助报销后，实际补偿比例达不到90%和年度个人自付医疗费用仍然超过当地农村居民人均可支配收入的部分，全部进行财政兜底保障。开展大病专项集中救治，重性精神病和终末期肾病实际报销比达到90%，实施“光明扶贫工程”，符合手术条件的建档立卡贫困白内障患者免费救治；开展按病种定额报销，住院分娩定额包干参保人员不出钱。年初调取2019年1月份以来的医疗保障数据分析，发现还存在部分建档立卡贫困户医疗待遇保障未达到标准，可能存在因病返贫的风险，经医保局党组研究并向上级部门请示，联合卫健部门对符合危急重症和外出异地务工未享受到“四重保障”报销的对象进行审核认定，对符合政策规定的纳入二次报销。

“感谢政府，要不然我家这一辈子都爬不起来。”家住巧家县东坪镇树叶村岩湾社建档立卡贫困户高绍会，2019年9月即将分娩2孩，经昆明市延安医院确诊为风湿性心脏病二尖瓣狭窄伴关闭不全，病情危重且面临待产，经住院治疗43天后，母子平安，心脏病得到有效控制。住院费用高达213349.43元，经医保四重保障及二次报销后，累计报销204674.43元，报销比例达96%，个人仅自费8675元。每与人谈起此事，她眼里都会噙满感激的泪水。

据统计，2019年巧家县建档立卡贫困人口172839人中，卡户人口门诊就诊67.78万人次，发生医疗总费用2844.77万元，基本医疗保险统筹支付

1976.31 万元，实际报销比例为 69%；28 种门诊慢性病就诊 3013 人次，基本医疗保险统筹支付 105.07 万元，实际报销比例为 87%；卡户住院 3.13 万人次，发生住院总费用 14668.81 万元，“四重保障”资金支付 12862.57 万元，其中基本医疗保险基金支付 9968.91 万元，大病保险资金赔付 1203.95 万元，医疗救助资金支付 1359.46 万元，兜底保障资金支付 330.25 万元，实际报销比例 87.68%。对报销比例不足 90% 的卡户及危急重症和外出异地务工患者纳入二次报销，确保报销比例 90% 及以上。

在今后工作中，巧家县医疗保障局将持续发力，严格贯彻落实各项医保政策，提高医保服务水平，筑牢脱贫攻坚医疗保障网，始终为脱贫攻坚工作提供坚强保障，为百姓健康保驾护航，为贫困群众看病就医兜好底，答好脱贫攻坚的“收官卷”，努力做好医疗保障与乡村振兴战略的接续衔接。

（作者均系巧家县医保局医保中心参保管理干部）

健康扶贫托起贫困户的生活新希望

阳厚崇

2018 年 4 月，巧家县人民医院选派晏铭同志到白鹤滩镇回龙村任驻村工作队第一书记，一名叫郑美荣的慢性肾功能衰竭患者成了他和包保人员时刻牵挂的对象，在他们和医院的帮助下，这个因病致贫的家庭重新燃起了生活的希望，并于 2019 年顺利实现脱贫。

事情还得从县人民医院在回龙村开展的一次义诊活动说起。2018 年 4 月 13 日中午时分，县人民医院的车队来到了回龙村委会门前，一支由 12 人组成、院长亲自带队的义诊医疗队，携带血液分析、B 超、心电图、血压计、血糖仪、中医理疗等相应的医疗设备，到回龙村开展义诊活动。随车一起运来的，还有县人民医院支援回龙村“三委”的计算机和打印机各两台，办公桌椅三套；支援给回龙村卫生室的病床（含床单被套）三张，检查床一张。病床送到村卫生室后，院长还检查了由巧家县人民医院出资 3000 元粉刷村卫生室的项目落实情况。听说县人民医院的专家来村里义诊，病人都提前到村委会去等着了。

义诊的医疗队在回龙村委会的门前一字排开，开始了为期一天的义诊活动。由于村“三委”和驻村工作队队员前期宣传工作到位，前来就诊的患者络绎不绝。本次义诊共接待就诊及健康咨询的村民 421 人，开出处方 213 张，开展手术 7 列，理疗（针灸、拔罐等）共 88 人，开展检验检查（血液分析、B超、心电图）共58人，发放健康宣传资料200多份，免费发放各类药品价值3586元。

在本次义诊活动中，一位来自回龙村中坝村民小组的年轻女性患者郑美荣，引起了泌尿内科主任李晓莹的注意。郑美荣，女，29岁，诊断为高血压3级（极高危组）伴慢性肾功能衰竭。在交流中郑美荣告诉李晓莹，此前，因巧家县人民医院的血液透析室还没有建设完成，她不得不到邻近的宁南县人民医院开展每周两次的血液透析治疗。由于回龙村交通不太便利，来回往返于外县医院就诊十分不便。

在了解到患者郑美荣的困难后，泌尿内科主任李晓莹第一时间将情况向院长做了汇报，其实巧家县像郑美荣这样的肾功能衰竭患者不在少数，而且都面临着要到县外就医的困难。这一情况引起了院长高度重视，组建县血液透析室的工作立即摆上了议事日程。

义诊活动结束后，村“三委”成员和驻村工作队一起，来到了回龙村中坝村民小组，准备召开脱贫对象动态管理工作会议。中坝村居民张万斌书面申请纳入贫困户新识别对象。当村“三委”成员和驻村工作队来到中坝村民小组的时候，已是晚上8：00左右。村民小组组长已将本小组的户主通知到他家等候。会议就在村民小组长家的院坝中进行。首先是村委会主任陈世海介绍了张万斌的书面申请，接着由张万斌本人作口头汇报。据张万斌自述：张万斌家原本生活并不困难，因2015年9月意外受伤，导致左脚胫腓骨骨折，在巧家县人民医院住院做了内固定手术，共产生医疗费用32908.79元，按现行医保政策报销后，自付部分为6700.00元。2016年9月在巧家县人民医院做了内固定钢板取出术，共产生医疗费用4409.32元，按现行医保政策报销后，自付部分为1109.74元。虽然按现行医保政策报销后，自付部分的医疗费用并不高，但由于手术后不能做重体力劳动，不能外出务工导致家庭收入减少。2017年10月，妻子郑美荣又患上高血压伴肾功能衰竭，每周要到邻近的宁南县人民医院做两次血液透析，长期治疗慢性病的医疗费用，进一步加重了这个原本就不太富裕家庭的负担，加之目前3个孩子年龄较小，正在接受九年制义务教育，不能外出务工增加收入，导致整个家庭逐步走向贫穷，特申请纳入2018年卡户新识别对象。回龙村“三委”严格按照新识别对象的要求，按“三评四定”程序将张万斌家整户识别为贫困户，纳入动态管理新识别对象管理，由县人民医院医生王涵挂钩包保。晏铭这才知道，今天在村委会义诊时遇到的郑美荣，原来就是张万斌的妻子。

在了解到郑美荣的困难后，县人民医院院长李继赋第一时间组织包保干部到郑美荣家进行了走访，帮助郑美荣办理了慢性病管理卡，进一步减少郑美荣的医疗支出。同时李院长更深刻地认识到，加快建设县人民医院服务能力建设，是解决好像郑美荣这样的患者就医困难最有效也是最根本的办法。于是，在县委、县政府及卫生行政主管部门的坚强领导下，总投资近4000万元的健康扶贫项目——巧家县人民医院提质达标项目正式启动。该项目主要内容为：采购全自动化学发光仪、数字钼靶机、全身彩色多普勒超声诊断仪等共176台医疗设备，用于提高县人民医院整体服务能力。2018年12月，县人民医院启动血液透析室建设项目，投资100万元采购了6台血液透析机和1台血液透析滤过机及相关配套设施。项目于2019年1月通过云南省卫健委组织的县级医院提质达标验收，为实现90%的患者在县内救治打好了基础。

2019年1月1日，巧家县人民医院血液透析室正式启动运行。回龙村的郑美荣成为第一批在本县做血液透析患者，结束了巧家县不能做血液透析的历史。郑美荣高兴地对血液透析室的医生说：“这下好了，我终于可以在本县做血液透析了，再也不用跑很远到宁南县去做透析了。你们对我的帮助我这一辈子都不会忘记，感谢你们对我的帮助，感谢政府感谢党，是党的扶贫政策让我这个家能维持下去。”

为贯彻落实好《云南省健康扶贫30条措施》的要求，巧家县卫生健康局组织县人民医院和乡镇卫生院，按照乡镇卫生院初步筛查上报，县人民医院进一步核实，按照“一人一档一方案”的工作要求，认真开展大病集中救治工作，共建立大病集中救治档案 2746 份。同时严格贯彻落实建档立卡户“先诊疗、后付费，住院结算一站式服务”等健康扶贫政策，极大地缓解了广大人民群众看病难、看病贵的问题。郑美荣在包保人员王涵的帮助下，顺利纳入慢性病和特殊病管理体系，享受国家医保报销政策，血液透析费用报销比例为 90%，自付部分只占 10%。纳入特殊病管理后，血液灌流费用从每次 480 元下降到 121 元，极大地减轻了患者的医疗负担。

2019 年 7 月，不幸再一次降临在这个原本就十分困难的家庭，郑美荣 6 岁的儿子张帅被昆明市儿童医院确认为心包积液，郑美荣夫妇难以接受这个现实，甚至对生活都失去了希望。

情况发生后，巧家县人民医院李院长高度重视，立即组织包保干部和驻村第一书记晏铭到郑美荣家走访，在了解郑美荣的实际困难后，一方面开导安慰郑美荣夫妇，另一方面与村“三委”为郑美荣家申请了四个人的 A 类低保，每月可领取低保金 1500 元，帮助这个因病致贫的困难家庭渡过难关。张帅在昆明市儿童医院病情逐步好转，但需要长期服用进口药物维持。身为驻村第一书记的晏铭看在眼里急在心里，帮助郑美荣在网上开通“轻松筹”，医院职工积极参与捐资，共筹集资金 26425 元，有效地缓解了郑美荣一家的燃眉之急。

随着郑美荣丈夫张万斌的不断康复，以及健康扶贫、教育扶贫、产业扶贫等各项扶贫措施的不断落实，郑美荣一家已于 2019 年顺利实现脱贫。

（作者系巧家县人民医院职工）

做好群众健康的守护人

王崇泽

乡村医生，是我国落实基本医疗保障制度和健康扶贫政策最基层、最前沿的群体，他们深处基层、条件艰苦，凭着对医疗事业的初心和执着，默默坚守，为广大群众筑起第一道健康屏障。巧家县崇溪镇老屋村老屋基卫生室的龙德苇就是其中一位。

困难群众的贴心人

随着精准扶贫脱贫攻坚战的打响，龙德苇走到了健康扶贫的最前线。她是宣传员，拿起油漆，在村组道路边书写标语；拿起粉笔，在卫生室外的宣传黑板上书写健康知识；利用村民会议，用地方话讲解健康常识，宣传医疗保险政策，新农合实现了家喻户晓。

她是医生也是驾驶员。对于大病就医困难户伸出援助之手，村卫生室没有公车，她把自己的车当成急救车、服务车，遇到危重病人，开着私车，帮忙送到50公里外的县城医院就医。

2017年2月18日23点左右接到病人的一个电话，接通后听见电话那头微弱的声音说道："医生……我流血不止，麻烦你到家里来给我输液。"龙德苇一听是老屋村坪子社的唐明会，急急忙忙地拿着葡萄糖注射液和止血敏注射液往病人家里跑。病人因在家服药流产，导致大出血，刚跟龙德苇说了两句话病人就晕倒在床，龙德苇急忙把液体挂上。看到唐明会病情危重，救护车一时半会也到不了，附近也没有方便的车，龙德苇就开着自己的私家车送病人到县城仁安医院急救。龙德苇边开车边联系着仁安医院的陈医生，一个小时后到了仁安医院。由于凌晨找医生也不太方便，这里检查，那里开单，龙德苇便忙上忙下帮唐明会办完入院手续，待唐明会病情好转、稳定了，龙德苇才慢慢地开车返回老屋基卫生室。

龙德苇不忘初心，做困难群众的贴心人，默默无闻地履行着健康扶贫的光荣职责。

村民爱戴的好村医生

老屋村总人口数 2356 人，其中建档立卡户 441 人，建档立卡户中因病致贫 1 户 3 人。全村高血压患者 148 人，其中建档立卡户 30 人；糖尿病患者 16 人，其中建档立卡户 3 人；重性精神病患者 16 人，其中建档立卡户 7 人；肺结核患者 3 人，其中建档立卡户 1 人。

老屋村老屋基卫生室面对的是农民群众，大部分就医的患者都会有手边困难的时候，龙德苇对一时带钱不足的患者可先取药治病，下次来诊时再还欠款；对于特困群众减免后金额不大的帮其垫付，10 年来为患者垫付医药费达 3000 余元。别人问原因的时候，她总是这样说："人不能忘本，不能站在钱眼上。是乡亲们推荐我当的乡村医生，我不能事事计较自己的得失，要把工作做好才对得起乡亲们。"她是这样说的，也是这样做的。

家庭医生签约服务工作启动以来，她率先做签约医生，为他们治病解答，从无怨言。

王玉芝，女，77岁，家住崇溪镇老屋村梭山，得了痛风站不起来，一年一次的65岁老年人免费体检，龙德苇每年也都是上门为她服务。一次，天黑了她还在王玉芝家随访，了解老人的身体状况和生活状况，帮老人测血压、测血糖等。“小苇，你太善良，太好啦！你每年都来家里面给大妈检查身体，谢谢了！”王玉芝对龙德苇的服务态度赞不绝口。待她回家到家时已是满天星斗，疲惫不堪，但回想起老人的话，所有的辛酸和劳累都顿时烟消云散。

从事乡村医生工作10年以来，龙德苇跑遍乡村每一条小道，熟知每一户村民身体健康状况，谁患过哪些慢性病，谁对哪些药物过敏，谁家有几个小孩，在她心里一清二楚。她每天接诊的病人也非常多，接诊和上门诊疗病人累计近6万人次。凭着优质的服务、精湛的医术，为病人除疾祛病，排忧解难，她赢得了广大群众的信赖和赞誉，在平凡的岗位上做出不平凡的事迹，真正成为群众健康的守护人！

（作者系崇溪镇卫生院职工）

小小卫生室成为精准扶贫的“开山斧”

龙海云

“基本医疗有保障”是“两不愁、三保障”的一项重要内容，而具有标准化卫生室则是贫困村脱贫出列的重要指标。保障广大山区贫困群众身体健康，确保小康路上无一人因病掉队，事关脱贫攻坚工作大局。云南省传染病医院驻村工作队驻村帮扶巧家县老店镇坪地营村，利用三甲医院技术优势，以《云南省健康扶贫 30 条措施》为标准，将健康扶贫作为突破口，以村卫生室建设为着力点，真正做到精准扶贫、精准施策，倾心尽力将村卫生室打造成了脱贫攻坚的“开山之斧”。

巧家县老店镇坪地营村，是地处乌蒙山深处的一个贫困村，在经济、医疗卫生等方面都非常落后。都说群众的事情无小事，在各级政府的关心下，省卫生健康委选派了云南省传染病医院驻村工作队驻村帮扶贫，我就是其中的一员。我们在走访了解村情的过程中，目睹了上至七八十岁的老奶奶、下至刚出生没几天的小婴儿都是在乌黑破烂的沙发上输液，卫生室中的药房、输液室、诊室完全不分类，医用、生活垃圾标识不明，地面上尘土飞扬。如此恶劣的医疗条件给村民看病造成诸多困难，甚至很多小病、常见病只能跋山涉水到 7 公里以外的镇卫生院就医。村卫生室建设已成为坪地营村脱贫攻坚工作当中当务之急、重中之重。

我们看在眼里急在心上，通过向派出单位汇报后，领导非常重视和支持，及时筹措资金10万余元，针对村卫生室不达标状况，对条件简陋的村卫生室进行装修改造，为村卫生室贴上防滑地板砖、墙砖，修建了配药台，完善标识标牌和规章制度。同时，向村卫生室捐赠了不锈钢治疗车、不锈钢病历柜、不锈钢抢救车、不锈钢送药车、检查床、陪护椅及计算机等设备。

通过努力帮建，村卫生室面貌焕然一新，诊断室、观察室、治疗室、药房等都有明确区分，常用药品齐备，达到了村脱贫卫生室该有的硬件标准；村卫生室医护人员均经过培训，持证上岗，药品价格目录公开，基本能满足当地老百姓的需求。村卫生室软硬件实力达到了巧家县同级领先水平，保障了农民群众小病不出村，急病得缓解，大病保稳定，获得了县卫计局领导的高度赞扬。

高标准的村卫生室建成后，驻村工作队又为村卫生室医务人员讲解了各种多发病、常见病诊断和治疗知识；对高血压、糖尿病、重性精神病、艾滋病等慢性病规范管理知识等进行了培训，使村卫生室医务人员诊断、治疗水平和慢病管理水平得到极大提高。同时积极开展各种义诊活动，为广大村民普及常见病、多发病、合理用药及注意事项等常识，对压力释放、酒精的危害和睡眠障碍做了辅导，对精神疾病、肺结核、肝病及艾滋病的防治进行宣传。经过努力，初步改变了当地群众落后的卫生观念。

来自坪地营村最偏远的狮子口社的中年患者老朱，由于不识字，在外打工只能干最苦、最脏的活，生活的重压使他养成了酗酒的不良习惯，并且出现了严重的抑郁症状。老朱上有老下有小，一家人全靠他赚钱养家，作为顶梁柱的他突然倒下，让一家老小乱作了一团。驻村工作队一边对家属进行心理疏导，一边详细检查患者的病情，制定了切实可行的治疗方案。经过精心的治疗，老朱已经逐渐康复。驻村工作队还按照习总书记“扶贫与扶志扶智结合”的要求，先后10多次到老朱家与他交心谈心，鼓励他树立对生活的信心，并向他的3个小孩赠送了书籍和学习用品。驻村队员还与村干部一起详细分析了老朱的致贫原因，为他争取到了护林员的公益岗位。老朱在护林员的岗位上找到了人生价值，获得了稳定的经济收入，赢得了村民的尊重，他感动地说：“感谢驻村扶贫的医生，是他们把我从死神手上拉了回来，要不然，我一家子老老小小真不知道该怎么办啊！”

村里最困难的贫困户是一个名叫张光灿的9岁孩子，父母、爷爷奶奶均不在人世，只有和80多岁老祖一起生活，第一次入户看望这个孩子，孩子衣衫褴褛，笑容羞涩，看见我们悄悄躲在祖奶奶后面伸头出来，眼睛却很明亮。我们将孩子情况向医院领导做了反映之后，医院决定资助这个孩子。院领导每次来坪地营考察、走访，都去看望这个可怜的孩子，并与他及监护人亲切交谈、嘘寒问暖，详细了解他们家庭的生产生活状况以及当前困难和需求等具体情况，宣传讲解党的各项惠民扶贫政策，勉励他努力学习，帮助他们树立克服困难的信心。现在孩子笑容越来越多，人也越来越乐观。我们问孩子长大了要做什么，孩子说他长大了要当老师，像我们一样帮助别人。那一刻，我们心潮澎湃，赠人玫瑰，手有余香，帮助别人，未尝不是在帮助自己。

我们驻村扶贫工作队还积极协助村委会做好村级党建基础工作、新农合入保、续保上报工作；协助村干部参与解决“四类”群众无安全住房问题；帮扶78户302人完成了光伏发电扶贫项目、“保学控辍”、教育脱贫等扶贫政策的宣传和各种资料的收集工作。

同时，全院干部职工开展爱心捐款，为扶贫村共捐款5万多元，开展大型宣传义诊活动两次，免费为镇政府公职人员体检1次，为村安装路灯20盏；组织了爱心团队向村迤岔小学捐赠了价值4万多元的课桌、衣服及学习用品，为4名贫困学生家庭发放慰问金7000元。参加了省政协举办的“农业科技、健康卫生”扶贫下乡活动。向村坪地营小学及村委会捐赠了价值5万元的计算机并建成全镇唯一的现代化计算机教室。建设完成两个村民活动场所，安全饮水已得到保障。实施规模化种植工业辣椒500亩，实施规模化养殖能繁母牛80头。

一分耕耘一分收获，“开山之斧”越用越锋利。通过对坪地营村的精准施策，精准帮扶，云南省传染病医院以及驻村工作队队员与贫困群众的心越贴越近，得到了老店镇政府和坪地营村广大干部、群众的认可。到2019年，全村256户贫困户，已达到不愁吃不愁穿，全村有适龄儿童117人，已全部就学，无辍学适龄儿童；贫困户100%参加基本医疗保险和大病保险，家庭医生签约服务率100%；硬化路已到村，且危险路段有防护措施及危险警示标志；行政村已通10千伏以上动力电、各村民小组均已通380伏动力电，广播电视覆盖率达到100%，顺利实现了脱贫出列。

（作者系云南省传染病医院职工）

扶贫路上　文旅同行

郑运明　王桂秀

巧家，古称堂琅，六祖分支、青铜文化、五月渡泸、疏浚金沙、天国悲歌、红军长征过巧家等厚重的文化历史渊源在这片热土积淀。近年来，县文化和旅游工作紧紧围绕脱贫攻坚主战场，坚持文化服务强基础、精神扶贫拔穷根、文艺活动联民心、旅游产业助增收，将文化传承，文化惠民、育民、乐民、富民与脱贫攻坚同频共振、融合发展，有力助推了全县脱贫攻坚目标实现。

文艺联民心，聚力促脱贫

“感谢共产党，我这把年龄了，还能看到这么好的节目，我一定要告诉年轻娃娃些，千万不能等、不能靠，要想脱贫，还得靠我们自己。”83 岁的张才有老大爷含着一根长长的大烟杆感叹道。

2019 年 4 月 13 日，巧家县艺术团“红色文艺轻骑兵”文艺小分队到巧家县苞谷垴乡燕麦沟村演出，拉开了“脱贫攻坚文艺下乡惠民演出”的序幕。小品《懒汉脱贫》情景再现了帮扶责任人进村入户的场景，真实折射了部分贫困户的现状，用诙谐幽默的表达方式，引导教育贫困户转变“等靠要”的依赖思想；快板《打好脱贫攻坚战》激励了贫困户脱贫致富的内生动力，弘扬了正能量，给村民带去欢乐的同时，加深了“等靠可耻，脱贫光荣”的认识，丰富而接地气的台词，引得现场观众笑声连连，掌声不断，脸上洋溢出战胜脱贫的“信心”和“决心”。

“智”“志”双扶，贫愚共治。脱贫攻坚战打响以来，在一些农村地区出现争当贫困户、争低保等现象。作为扶贫前沿阵地的文旅工作者，积极而为，义不容辞扛起了“富脑袋”的大头，帮助群众转变“坐地等花开”的“等靠要”思想，去除“要我致富”的惰性，拿出“我要致富”的干劲。他们每年派出一批“三区”文化人才服务者到各乡镇开展群众文化艺术普及服务，培养村级群众文化服务带头人；组建“红色文艺轻骑兵”小分队开展送文化进机关、进基层活动，宣传党的脱贫攻坚政策和决策部署，并在节目中融入自强、诚信、感恩教育。每年举办广场专场演出活动 10 场次以上，举办少数民族节日庆典活动 3 场次以上，承办大型文艺演出活动 5 场次以上，开展“文化百千万”文化惠民送戏下乡演出活动 100 场次以上，年均行程超 2000 公里。

一曲曲深沉悠扬的歌曲，唱出咱干部群众“团结一心跟党走、矢志不渝建家园”的豪迈气势；一支支欢快激荡的舞蹈，跳出咱老百姓脱贫路上勤劳致富、意气风发的精气神；一个个小品和快板、一场场小戏和滇剧，演绎着全县上下“万众一心加油干、打赢脱贫攻坚战”的众智众力团结劲儿；还有一场场书画展、摄影展、文化培训、读书会活动等，追逐着贫困群众发家致富梦想与激情。

通过文化宣传教育，贫困群众的思想意识有了较大改观，精神风貌焕然一新，逐步涌现了红山乡牛栏村村民陈国朝主动申请退出贫困户，红山乡安邦村腰屯村民小组小组长冯德弟婉言谢绝低保的正能量事件。

三人驻村队，连起万家情

2018年年初，巧家县文化和旅游局马应富、曾宬项、常云三名同志到羊棚村开展驻村扶贫工作。入村后，他们看到羊棚村的现状，心里有种“凉凉”的感觉。羊棚村是一个典型的彝族聚居村落，地处高寒贫困山区，产业结构单一，务农收入低，年轻人基本都外出务工，留在村里的大多是老人和小孩。面对现状，他们积极思考：“作为文旅部门工作人员，怎样才能发挥文旅人的特长和优势？把文化扶贫融入脱贫攻坚中，用文化来调动广大贫困群众的积极性，扶贫工作不但要给予群众物质上的帮助，还要从精神上、文化上进行扶持，激发内生动力。”他们经过和村主任余开才摆谈、商量，决定举办一次火把节，让乡亲们既能开心地玩，又能调动积极性，用民俗文化来凝聚乡亲们，让大家主动参与到脱贫攻坚中来，变“被动脱贫”为“主动脱贫”。

2018年8月5日，巧家县崇溪镇羊棚村大垭口村口用松树松枝搭建了“寨门”，两边标语很醒目：“崇山欢歌庆佳节，彝家火把舞激情。”火把节上，白天安排了“大洋芋”、农村服饰、刺绣等有趣的比赛，晚上举行热闹的篝火晚会，群众的喊声、笑声、欢呼声响彻云霄，谁的山歌好听，谁的花布鞋做工精细谁就得奖……从来没有上过舞台的乡亲们第一次上了舞台，从来不被人看好的地方服饰还能参加比赛获奖，从来没有人关注的山歌成了流行音乐……

小组长陈登华说：“这么多年，还是第一次开展这样的活动，第一次这么开心快乐。以后要争取每年都开展，让我们父老乡亲多在一起团圆，以便多商量一些发家致富的路子和法子，让年轻人些也不要喝酒打牌了，妇女们也多在一起共同商量些如何操家理务的事儿。”

文化旅游节，铺就致富路

2017 年 5 月 28 日至 30 日，巧家县成功举办了为期三天以“游天然氧吧，品中村长街宴；赏云上石林，听赖石山牧歌”为主题的首届乡村文化旅游节，吸引了省内外近 4 万名游客前往体验。活动期间，组织开展了特色产品及农产品展销、民俗文化体验、乡村生态美食品鉴、文艺演出、百家摄影等传统活动，和醉氧体验、山歌对唱、绵羊选美比赛等主题活动。随着“一部手机游云南”13 号线路规划推进，巧家“一心一带，一城三镇七点”的文旅总体布局让广大群众发家致富的路子更宽了。在开辟村民们发家致富、鼓起“钱袋子”的路上，组织参加南博会、文博会，一年一届的乡村文化旅游节，成为推介巧家农特产品、旅游资源禀赋的一大平台。青花椒、桑蚕丝、蓝莓、马铃薯等农特产品销路打开；卷粉、凉粉、破酥包子等特色小吃供不应求；《马树红毡》《小碗红糖》《尹武刺绣》《炉房斑铜》等“非遗”项目经济价值彰显；“阳光百草岸·四季康养地·山水巧为家”旅游禀赋展现。据不完全统计，每届乡村文化旅游节期间的旅游产品销售收入均在 150 万元以上。与此同时，文旅局在全县还精心培育了 72 家休闲农业乡村旅游示范户，为贫困群众树起旅游脱贫致富的标杆，如：以白鹤滩镇中村村、马树镇小河塘村为代表的旅游示范村相继打造，更是增加了群众鼓起“钱袋子”的信心。

文化小广场，育民大舞台

原本静谧的崇溪镇老屋村老屋基村民小组，自从有了文化活动小广场上后，广场舞音乐几乎伴随着每个傍晚，跳舞群众一天比一天多，一个比一个守时。“我从 2007 年就开始带广场舞了，前些年是没得场地、没得音响，表现特别好的才能抢到跳舞场地。现在好了，就连村民小组都有了场地和娱乐设备，想跳就跳，想唱就唱。崇溪老屋基自然村 40 多人的文艺健身队是我带的其中一支，真想不到他们的激情会有那么高。现在全县的文艺健身队有 100 多支，每天跳舞健身的少说也有 2000 人以上……”县文旅局的老艺术家庞美如是说。

县文旅局想方设法改善全县公共文化基础设施，争取为广大群众提供更多的文化活动阵地。2015 年以来，相继争取并实施了文体基础设施建设项目 148 个。县级公共文化活动场所不仅拥有了图书馆、文化馆和 3 个广场（公园），还完善了相应的功能配套；各乡镇均建成了大小不等的文化活动广场（篮球场），16 个乡村文化服务中心（乡镇文化站）业务用房达 300 平方米以上的有 11 个；179 个村都有了文化活动小广场，配套了农家书屋，配发了乒乓球桌、音箱、腰鼓等文体活动器材。

当前，由巧家县文化和旅游局牵头组织的群众性文体活动已成为全县文化活动的主体，广场、公园、文化站、农家书屋已成为群众文化活动的主阵地，党的方针政策在这里得到广泛宣传，群众的美好生活在这里得到充分展现。

（作者郑运明时任巧家县文旅局办公室主任，王桂秀系巧家县文旅局职工）

发展文化产业　助力脱贫攻坚

黄通富

以文化人、文化育民，人文教化是中华民族传统文化几千年来固有的社会属性。在脱贫攻坚的进程中，巧家县在文化乐民、育民的固有属性上，全力发展文化产业，将文化和旅游有机结合，让“非遗”工艺在直播带货中完美呈现，走出了一条文化惠民、助农增收的发展之路。

让城里人来农村玩

2017 年 5 月 28 日，6000 多名游客会聚白鹤滩镇中村田坪广场，巧家县首届“乡村文化旅游节”在美丽如画的田园风光中举办。吃农家饭菜，品长街宴，观斗鸡比赛，欣赏文艺演出，纵情篝火晚会……一套颇具乡村气息的系列文化大餐隆重开席，游客们玩得如痴如醉。

文化旅游节为许多村民带来了一笔可观的收入。据村委会初步统计，有 50 多户群众当天分享了 10 万多元的收入。田坪 2 组村民谢治琼得意地说：“我推凉粉车卖小吃，一天赚了 2000 多元。希望我们中村天天都是旅游节。”说完，哈哈地乐不可支。

白鹤滩镇中村村，近年来成为全县的“明星村”，从全村通路到玉屏山鸡品牌的打响，在经济发展上跑出了“中村速度”，群众富起来了，精神文化的需求也升级了。

一个月明星稀的夜晚，村民田国荣、田绍贵、田绍才和几个年轻人闲来无聊，坐在山坡上纳凉。忽听到江边飘来阵阵歌舞声。低头一看，这乐舞声来自眼皮子底下县城里的堂琅广场。广场上灯火通明。他们议论开了：

“啧！啧！看人家，多爽！”

“现在这日子，不缺吃不缺穿的，就缺没啥子可玩的。”

“离我们村这么近，咋就差别那么大呢？”

“咱村搞旅游总得让游客有个玩的地方，弄点玩的项目，不然谁到我们这儿来？”

“咱们能不能学城里人，修个广场，客人来了，也能唱唱跳跳什么的？”

“对，学城里人建个广场，跳舞娱乐；还有观景台、栈道、长廊……他们坐不住了，走！下去看看，城里是咋子玩法。”

几个年轻人跨上摩托车，一溜烟直奔山下而去，半袋烟的工夫来到了县城的堂琅广场。观摩完县城的堂琅文化广场，带着无限的艳羡和遐想回来，到村里找到总支书记张发德一说，村里也正好有这个项目，真是一拍即合，关键修在哪里呢？

张发德和村“两委”的干部们转来转去，看中了村委会下面田坪二组的一块地。这里平整开阔，上面是村委会，下面是一片慢坡松林。俯视：亮丽县城，涛涛金沙；尽收眼底；远眺：群峰逶迤，万山葱茏。老奶奶打哈欠——一望无牙（涯）啊！好一块风水宝地，建设文化广场再合适不过了。

但是，这片土地涉及8户村民，要拿出来建文化广场，又没有补偿款，他们愿意吗？

村干部们把这8户村民请到村委会和他们商量。一开始他们谁都不吭气，只是低头吧唧吧唧地抽烟。张发德理解他们，要割心头肉谁不心疼啊？尊重群众，不能勉强。

“口袋‘鼓囊囊’，也要精神‘亮堂堂’。”张发德边给大家递矿泉水边说：“这事是村里发展的长远大计，莫得急。你们回去，和家里人商量商量再说。”

“没啥子好商量的，村里的发展是大事。”占地最多的田国聪第一个站出来表态，“前几年，村里修路，不少人贡献了地，村里发展了。现在村里建广场，做旅游，是为了今后的大发展。需要用地，我没得说。”

在田国聪的带动下，田国臣、田国奎、钱国荣等8位村民纷纷表示支持村里修建广场，无偿让出自己的土地。

就这样，中村建起了田坪文化广场，为中村人的文化生活，也为中村旅游业发展腾出了宝贵的空间。

随着中村的文化设施逐步完善，村级活动场所覆盖了每一个村民小组；开阔的广场、整洁的外观，还有俯瞰全城的观景台，吸引了大量游客。中村的人气越来越旺，旅游也渐渐火起来。

自从修了文化广场，村里的夜晚不再静悄悄。田国聪乐悠悠地说：“以前到了晚上，山上黑漆漆的，现在村里亮堂堂的，大家唱啊跳啊。到了周末，就更热闹了。城里的年轻人都会跑上来耍。”来到中村，走过休闲广场、观光长廊、步行栈道，可以登上观光亭。亭前翠竹掩映，姗姗可爱；亭内设有护栏和“美人靠”，如此而坐，听松风、品香茗，赏玉带峥嵘、慨滇云蜀雨。金沙风光尽收眼底。再从观光台下来往左走，穿过一片松树林，便来到没有经过人工雕琢的天然观景台——老营盘遗迹。此时，头顶蓝天白云，呼吸着清新的空气，听着阵阵松涛声，俯瞰着美丽的巧家县城，会让人情不自禁地放声一展歌喉，令人陶醉！

春夏之交，花开烂漫。这里的美色被发现了，越来越多的巧家人慕名而来。除了风景漂亮外，中高海拔也成了避暑的又一好去处……游客们相互约起，一波一波地来到中村休闲旅游，承办巧家县首届乡村文化旅游节也就顺理成章了！

这里只是巧家县发展乡村文化旅游的一个缩影，2018年、2019年，一届届乡村文化旅游节的举办，巧家县乡村文化旅游的线路更加明晰，崇溪赖石山赏奇石、马树大白路看杜鹃、金塘镇观栗喉蜂虎、大寨镇看大国重器——白鹤滩坝址、白鹤滩镇中村村的休闲“农家乐”，都成了题中之意。沿途文化特色鲜明的“明星村庄”一个个涌现了出来，马树镇小河塘村、老店镇治乐村、大寨镇车坪村、蒙姑镇新塘村、金塘镇大窝凼……

当“非遗”遇到直播

巧家县历史悠久，在漫长的社会发展中积淀下来许多非物质文化遗产，如习传300余年的古法制作小碗红糖工艺，凭借着巧家金沙江沿岸干热河谷得天独厚的光热湿度和土壤的自然条件，孕育了含糖量17%左右的甘蔗，再加上牛尾灶连环锅的制糖工艺，巧家小碗红糖在清代中叶进入宫室成为贡糖。沿袭了300多年的古法制糖工艺通过中央电视台“远方的家”“地理中国”等栏目的推介，巧家小碗红糖更是蜚声海内外，享有“东方巧克力”的美誉。

小碗红糖在享有国家地理商标、省级非物质文化遗产等盛誉的同时，却长期处于叫好不卖座的尴尬中，多年来基本上处于在县内自产自销，单价上不去，品质也提不起来，小碗红糖甚至出现不少掺假伪劣产品流通自毁招牌。让“非遗”工艺变成文化产品，在文化传播的同时，为群众带来真金白银的收入，助力脱贫攻坚，在东西部扶贫协作的大潮中成为现实。

2020年3月22日，南方日报东莞新闻部携手东莞市经协办、广东省第五扶贫协作工作组（东莞派驻昭通）、东莞市委网信办推出“东莞扶贫·农特优品公益展播计划”，希望通过政、媒联动的创新合作，助力打造扶贫产品品牌、以展播“带货”形式推动消费扶贫。3月29日，东莞市樟木头镇派驻昭通市巧家县挂任县委常委、副县长卢广基正式出境，为巧家县小碗红糖代言，我带着5名视频记者具体负责策划拍摄，来到了巧家县白鹤滩镇黎明村佰意佳食品有限公司制糖车间和该公司在县城盛世堂琅销售门店进行拍摄，巧家小碗红糖的传承历史、地理条件、制作工艺、营养功效、鉴别方法，通过卢广基的介绍配合视频进行了鲜活的呈现。4月1日，南方+客户端首发了巧家小碗红糖带货的信息，小碗红糖正式进入了消费扶贫的盘子，网上线下开始热销，引起了广东各文创团队的高度关注。4月7日，广东观想堂堂主何林燊、创意总监肖晓明带领团队到巧家小碗红糖核心产区东坪镇新街村宇恒糖仓，卢广基副县长携手观想堂堂主朱何林燊出镜直播带货巧家小碗红糖，直播时长不到两小时，销售巧家小碗红糖1000余件，销售额破10万元。“微巧家”微信公众号在报道这件事情时这样叙述：

> “在美丽的金沙江畔，我们发现了一个地道好物，忍不住赶紧给大家做直播。”在满屋甘蔗飘香的制糖“连环锅”旁直播正式开始，网红副县长卢广基、“非遗”传承人段天万、宇恒糖仓负责人罗永芬相继与直播间的朋友打招呼。
>
> “每天吃红糖，每天给你好像初恋的味道。”伴随着直播间里的妙语连珠，和直腔灶膛里的烈焰熊熊、连环锅里的糖汁翻沸，现场为直播间的朋友们演示了翻锅、杀泡、舀糖、塑形等传统手工艺制糖。网友们纷纷热情互动，屏幕上不停滚动着网友们的心声：“为甜蜜的事业点赞！”“好山好水好领导！”“空气中都能感受到甘甜味！”……

2020年5月29日，全国两会结束，全国人大代表、昭通市长郭大进在北京走进抖音直播间带货，巧家小碗红糖又做首位推介。在一场场直播中，巧家小碗红糖走俏市场，单价上去了，产区扩大了，合作社挂联农户更多了，金沙江畔的群众的甜蜜日子也就越过越红火了。

小碗红糖结合文化创意通过带货直播的走俏市场，带动了更多“非遗”工艺转变为文化产品的思考，巧家马树红毡、炉房斑铜、老店尹武刺绣等非物质文化遗产，如果改良工艺，将传统工艺的工匠精神和现代人的消费需求有机结合，打造文化产品的精品，提升用户体验，成为下一步文化惠民推进乡村振兴的新命题。

（作者时任中共巧家县委宣传部副部长）

农家书屋：打通文化惠民“最后一公里”

耿　芳

“小吕啊，你看看，你要找的是不是这本书？”巧家县白鹤滩镇北门社区图书室管理员姜莲华一边说着，一边把一本《规模化养殖科学用药百问百答》递到养殖户吕向鸿手里。

吕向鸿以前在外面打工攒下一些积蓄，回到家乡以后，就想发展一下养猪产业，恰巧北门社区的工作人员入户讲解政策的时候，提到社区开办了农家书屋，欢迎他常去看看，吕向鸿记在心里，在养猪的过程中，遇到解不开的难题，他就奔着农家书屋来了。

吕向鸿说：“巧家夏天比较热，刚开始养殖的时候，猪身上皮肤会发红，长铜钱块的斑点，也不了解到底是怎么回事儿，直到看了书，才知道这个是比较常见的病，也才知道应该怎么治疗，农家书屋真的给了我很大帮助。现在基本上每周我都会来书屋看看。”渐渐地，吕向鸿对于养猪这件事儿越来越上手，周边村民遇到养猪的问题也都喜欢来问问他，他成了村里面的养殖致富带头人。

除了养殖这块的书，吕向鸿也会看看历史和经济管理之类的书籍，他对这方面的知识比较感兴趣，也希望通过多看书充实一下自己。平常时间，吕向鸿不仅自己来看书，他还会动员身边的朋友，亲戚和社区的孩子，多来农家书屋看看书。

除了吕向鸿，唐朝斌也是北门社区农家书屋的常客。唐朝斌家是开糕点厂的，厂里面吸纳了大量北门社区的贫困户到糕点厂打工。在书屋，唐朝斌经常看的是关于糕点知识方面的书籍，看到适合厂里面员工看的书籍，他也会把书借阅回去，要求糕点厂的员工一起学习，他说："经过看书，结合书本知识和实际，大家伙儿制作糕点的技艺还是有所提高的。"

北门社区书屋管理员姜莲华每天来社区的第一件事，就是先把书屋打开，方便社区群众来看书。据她介绍，社区的书屋于 2011 年建成，如今藏书 2500 余册，还有各类的电子音像制品、报纸、杂志等，都是免费提供群众阅读的。为规范农家书屋管理，延长图书的借阅寿命，社区在书屋悬挂张贴了《村民借阅制度》《管理员岗位职责》《农家书屋管理制度》，不定期地对图书进行除尘，做好防火、防虫、防潮等工作，确保图书不丢失和被破坏。社区群众借阅书籍，需要填写借阅登记，在还书时，也需经过认真检查后才放回书架。平常时间，姜莲华还会和前来看书的群众聊聊天，听听他们对农家书屋的管理和维护意见，及时地改进服务方式，让农家书屋更好地服务群众。

巧家县于 2007 年开始实施农家书屋标准化建设工程，2012 年顺利完成了所有乡镇和行政村全覆盖的任务，实现了对外免费开放。全县现有农家书屋 184 家，现有政经、科技、生活、文化、少儿、其他等类别的出版物 20 余万册，在提高全县农民群众借书看书积极性、满足农民群众多样性的阅读需求、倡导全民参与读书活动等方面发挥了重要作用。2019 年，巧家县农家书屋投入财政资金约 27.8 万元，用于农家书屋出版物更新维护等工作，积极推进农家书屋提质增效，推动全民阅读活动，提高农家书屋藏书量，保证每年都有一定数量的新书进入农家书屋，不断增强书屋的吸引力，发挥好农家书屋育民化民、惠民利民作用。

（作者系中共巧家县委组织部职工）

双手撑起脱贫梦

凌明媛

脱贫先立志，身残志不残。他半身瘫痪，却从不自暴自弃；他家庭贫困，却始终不等不靠；他打工无门，却坚定创业创收；他身残志坚，凭一双勤劳的双手和坚韧的毅力，为自己一家人撑起了脱贫致富的梦想。他就是金塘镇梨树村的贫困户陈文海。

意外摔伤致瘫

今年 47 岁的陈文海，原本是一个健康壮实的汉子，有一个幸福美满的家庭，但是一场突如其来的意外，改变了他的生活轨迹。2004 年的一天，陈文海去查看沟渠，不慎意外摔倒，腰椎脊柱受伤，造成一级伤残。此后的 10 多年，他下半身再也没有任何知觉，一直瘫痪在床。他是家里的主要劳动力，受伤后，家里一下没有了经济来源，为医病又借了不少的钱。

2005 年，妻子无法承受家中的困苦，抛下了残疾的他、年迈的母亲和三个年幼的孩子离家出走，那时，三个孩子大的才 5 岁，小的一对双胞胎还在蹒跚学步。妻子的出走，更是给他致命一击，让他陷入了无尽的绝望中，也使这个原本就风雨飘摇的家庭雪上加霜。

重振致富信心

怎么办？家庭的重担，几乎使他喘不过气来，多少次想放弃，但他看着三个年幼的孩子，还有年迈的老母亲，他告诉自己：“不能垮啊，我是家中的顶梁柱，我垮了，这个家就没了，为了这个家，再苦再难我也要挺住啊！”男人的担当，使他在迷茫中坚定了与命运抗争的信心，他决心用智慧和双手改变生活、改变命运。

“自从我瘫痪以后，我家就只有靠着政府的低保和老母亲种地的微薄收入过日子，但是娃娃些越来越大了，老母亲也要动不起了，我不能总靠政府的救济过日子，万事都要靠自己，也要给娃儿些树立个榜样。”陈文海说道。

在经历过一段时间的痛苦挣扎后，陈文海开始振作起来，他认定自己虽然不能起身行走，但办法总比困难多，开始思索自己如何创业，如何摆脱家庭的困境。自己半身瘫痪，出门务工是不可能了，就只能从身边找出路，他考虑到自己瘫痪以前曾学过熬制红糖，又了解到近年来巧家红糖市场价格不错，决定生产小碗红糖卖。说起来容易，做起来难。首先遇到的就是资金短缺，2012 年，他多方筹措了几千元钱。在收割甘蔗的时候，他在家中收购附近村民种植的甘蔗，并雇请人手，传授熬制红糖的技术，在家里熬制生产红糖，陈文海每年可以熬制 3000 斤左右的红糖。

帮扶措施助力

除了陈文海自己坚强不屈的努力外，各级党委、政府也对他进行了帮扶。2014 年，精准扶贫的春风吹到了陈文海家，他家被纳入建档立卡贫困户。帮扶干部在了解了他家的情况后，分别为他和一双年幼的子女申请了残疾补贴和农村A类低保，每年可享受8172元的补贴。2016年又为他家申请了实施农村危房改造项目补助了40000元。2018年，又为陈文海的母亲谢正芬申请了村上的公益性岗位，负责村里的环境卫生，每月都有500元的固定收入。还帮助申请光伏扶贫项目，安装光伏发电设备。现在，陈文海一家搬进了80平方米砖混结构的新房子。

几年来，受惠于党和政府的好政策，陈文海家受到了诸多帮扶：政府为他们购买了意外保险、医疗保险，代缴新农合、新农保，他平时看病吃药自付部分也花不了多少钱，母亲也有了养老补贴，已成年的大儿子通过“春风行动”外出务工，两个还在就读初三年级的子女每学年都能获得教育扶贫补助……在各种帮扶和自己勤劳下，陈文海的家庭条件不断改善，生活越过越好。

脱贫不忘感恩

陈文海感慨道：“感谢党，感谢各级政府，在我最困难的时候帮助了我。如果没有这么好的政策和各级政府多次对我的帮助，我是不敢想修房子这样的事的。现在大儿子已经可以挣钱了，我看病吃药、两个娃儿读书、老母亲养老的问题政府都帮我解决了，我肩上的担子已轻很多。政府除了解决我生活上的大困难，平时有了困难，也在关心我，帮助我。由于我行动不方便，又不会网上销售，榨出来的糖销售是个问题，去年的糖都还积压了2000来斤没有卖出去，多亏了省政协的领导关心，在他们的帮助下，被爱心企业家一下子就全部买了。现在我家的生活也没那么困难了，希望能尽快脱贫。”

“我经常和两个娃儿说，身残不可怕，贫困也不可怕，怕的就是没得志气，只要自己努力，就一定可以收获幸福。好在两个娃儿都还听话，现在学习还不错。”陈文海每每谈及自己那一对龙凤胎孩子时，眼里都充满了骄傲和希望。陈李、陈宏这对双胞胎姐弟目前在金塘镇九年一贯制学校初三年级就读，是老师和同学们眼中品学兼优的好学生。母亲离家出走时，他们还不到一岁，还在牙牙学语，由年迈的奶奶抚养长大。在父亲坚毅性格的影响下，两姐弟从小就特别的懂事，在学习之余，都要忙着帮助奶奶做农活、照顾瘫痪在床的父亲。现在，两姐弟到镇九年一贯制学校读书，为了方便照顾父亲，父子三人租房住在学校附近。

“等学校放假了，我们就回梨树去，马上又要砍甘蔗了，今年好好地整，多榨点糖，明年娃儿要读高中了，要准备起点钱。”陈文海乐滋滋地说起自己的打算，“现在我们村发展火龙果和石榴产业，有了农民专业合作社，我准备给土地流转了加入合作社去，以后年年有分红，平时也可以在家门口务工，我虽然不能下地干活，但是去做点手上活路还是可以的。”

“现在精准扶贫的政策这么好，但如果自己好吃懒做不勤快做事的话，那就要穷一辈子。共产党和政府用这么好的政策帮扶我们，我们不能全依赖政府，要依靠自己的双手，来改善我们的生活，这才是用实际行动来回报党和政府的关怀。”谈到未来的日子，陈文海的声音不由得放大了许多，脸上的笑容更甜了。

（作者时任金塘镇党委宣传委员）

“多管齐下”摘穷帽　自强奋发奔小康

文泉鹏　刘礼阳

巧家县辖16个乡镇、184个村（社区），是国家重点扶持贫困县，全县有179个贫困村，贫困基数大，脱贫攻坚启动之初，基础薄弱，贫困面大，贫困程度深。面对艰巨繁重的脱贫攻坚任务，全县挂包干部和576名驻村扶贫工作队队员深入村组开展“自强、诚信、感恩”“听党话、感党恩、跟党走”“三讲三评”等主题教育活动，展开了一场贫志共扶、贫愚共治的攻坚战，紧紧抓住激发群众脱贫致富内生动力这一关键，弘扬“等不是办法，干才有希望”和“不等不靠不懈怠，苦干实干加油干”的精神，实现了脱贫摘帽的最终目标。在这一场脱贫攻坚战中涌现了一个个不等不靠、奋发图强的故事。

贫志共扶，激活致富“干细胞”

巧家县工商联驻大寨镇哆车村工作队第一书记杨天坤驻村扶贫以来，始终坚持“六个精准”工作原则，带着驻村工作队队员、村干部和帮扶干部走到每一户了解存在制约脱贫的短板，做到充分分析、精准施策，带头到每个村民小组巡回开展政策宣讲、感恩教育，让贫困群众在思想上由“要我脱贫”到“我要脱贫”转变。

大寨镇哆车村漆树村民小组村民夏选朝家全家6口人，人均耕地不足1亩，家里只有两个劳动力，一个孩子读高中，两个读小学，家庭负担重，妻子体弱多病，常年的医药费用让这个家庭雪上加霜，2015年通过村民小组评定为建档立卡贫困户。针对夏选朝家情况，第一书记杨天坤多次上门，给他讲国家扶贫政策，讲贫困户脱贫致富的先进经验，通过长时间的政策宣传和感恩教育，夏选朝看到了国家扶贫政策的优惠和保障，坚定了他改变贫困面貌的信心，主动报名参加技能培训。2015年年底申报了危房改造项目，用自己所学的建筑技能，盖起了新房。2016年年初驻村工作队队员和村干部走访动员外出务工，宣传了外出务工政策，夏选朝决定出去闯一闯，凭着勤劳的双手，夏选朝从打零工开始，逐步积累了经验，依靠房屋建筑方面的特长，开始承包建筑工程，通过不断努力，走上了脱贫致富之路。夏选朝有了致富能力后仍然想着家乡还有着许多像他一样需要帮助的乡亲，主动动员20余人和他一起外出务工，稳定增加贫困家庭的收入。2016年年底夏选朝户人均纯收入达到了7000元以上，实现了稳定脱贫。

贫智共扶，激活致富“源动力”

苞谷垴乡红石岩村建档立卡贫困户李树青一家7口人，李树青常年在外务工，由于无劳动技能，只能做一些苦力活，收入微薄，5个小孩由妻子一人教养，而李树青妻子本人有智力障碍，对5个小孩无法管教到位，导致在红石岩小学读书的3个小孩经常无故迟到、早退、逃学，学校老师头疼不已，长此下去可能导致辍学。

昭通市烟草专卖局驻苞谷垴乡红石岩村扶贫工作队队员蔡忠山是驻村

工作队第一书记兼队长，驻村以来，积极组织开展“自强、诚信、感恩”“三讲三评”“五好家庭”等活动，激发正能量，引导红石岩村村民实现“靠奋斗脱贫”。蔡忠山在入户走访时了解到这一情况，他深知只有抓好教育才能斩断贫穷的代际传递，山里的孩子只有读好书才会有走出大山的机会，他下决心一定要让这几个孩子继续读书。他多次带领驻村扶贫工作队上门开展思想动员工作，并在节假日期间送柴米油盐慰问、到学校督促鼓励孩子学习。通过反复督促劝导，李树青小孩逃学、厌学问题总算得到了改善，成绩也在不断提升。为减轻贫困家庭经济负担，有效帮扶贫困优秀学生顺利完成学业，蔡忠山牵头拟定了《红石岩村贫困学生资助和奖励办法》，建立助学基金制度，以鼓励在读学生铭记党恩，自强不息。同时，蔡忠山积极争取教育帮扶资金，组织开展“金秋助学”物资捐赠活动，向学习优秀学生和贫困学生发放奖学金、助学金及学习文具。

智志共扶，激活致富“基因库”

巧家县大寨镇车坪村是彝族聚居的民族村，民族文化浓郁。车坪村石灰窑村民李仁荣是一名普通农民，三个孩子尚在校读书，母亲周兴云年老多病，大女儿李清艳又是聋哑一级残疾，生活的重担沉甸甸地压在李仁荣一人身上，又加之母亲生活难以自理，李仁荣不能外出务工，只能在附近打零工维持生计，生活无比困难，2013 年识别为建档立卡贫困户。挂钩帮扶干部李啟军在第一次走访李仁荣户时详细了解了他家情况，主动联系巧家县特殊教育学校为李清艳争取到免费入学机会，在走访后和驻村工作队队员及村干部集中研究帮扶计划，把符合最低生活保障的周兴云和李清艳纳入农村最低生活保障，并帮助李仁荣填写好农村最低生活保障申请材料。

“工作队队员和帮扶干部通过一系列帮扶措施减轻了我的生活压力，

解决了目前的困难，现在扶贫政策好，还有干部帮我们一起出谋划策，但不能光靠政府，我们自己也要勤劳苦干才能长远脱贫致富。”李仁荣感动地说。

2016 年，李仁荣申报危房改造项目，没钱请工程队就靠自己边打工挣钱边自建，夫妻两人每天起早贪黑，早早地下地干活，然后去做零工，晚上盖自家的新房，经过一年努力，李仁荣的新房终于建成入住。凭借新房在路边的地理优势，李仁荣有了开一个百货店的想法，李仁荣和帮扶干部李啟军聊到自己的想法后，李啟军告诉他贫困户自主发展产业可以申请扶贫小额信贷资金 5 万元，国家贴息使用三年，于是李仁荣马不停蹄申请贷款、进货，不久，惠及大家的百货店开张啦，妻子在家照顾老人孩子的同时也多了一点收入。2017 年，李仁荣发现在农村修建房屋的人越来越多，建筑材料运输需求大，他找亲戚朋友借了一笔钱，买了一辆小型货车，开始早出晚归地拉货，2017 年年底，李仁荣光荣摘掉了贫穷的帽子。李仁荣很自豪地说：“只要肯努力，没有过不去的坎，我们都能用双手创造幸福生活！”

（作者系中共巧家县委组织部职工）

第六编　挂钩帮扶及社会扶贫

洗羊塘村的前世今生

周文慧

美丽、静谧的大药山侧畔，静卧着一个贫穷荒芜的村落——巧家县药山镇洗羊塘村。多年以来，这里一直是巧家人心中最贫穷落后、寒冷荒芜的代名词。这曾是一个荒凉的世界，光秃秃的山坡上只有稀疏的灌木与小草；村庄里，零星散落的茅草房低矮、阴暗潮湿，房顶杂草丛生，长势茂盛，看不到生命迹象又似生命顽强；没有基础设施建设；没有网络信号；仿佛与现代社会相隔绝……

根据百度百科词条记录：洗羊塘村是巧家县海拔最高、气候最恶劣的高寒山区，与滇东北最高峰——药山相依相连，属同一山系，最高海拔 3448 米，平均海拔 3024 米，年平均气温 6.76℃，全年无霜期 3 个月左右，大部分时间处于寒冷、风、雨、雪、霜、雾的笼罩中，农作物单一、产量极低，主要出产马铃薯、荞麦和燕麦。村委会距离药山镇政府 18.4 公里。

由于这里自然条件恶劣、生态环境恶化、土地贫瘠、基础设施薄弱，教育文化落后等原因，导致群众生活相当贫困，属典型的“一方水土难以养活一方人”地区，贫瘠与荒芜已成为这里深深的烙印。在新时代党的光辉照耀下，在各级党委、政府及社会各界的关爱帮助下，众志成城，历经挣扎与艰辛，终迎来洗羊塘村的蝶变。洗羊塘村原有 10 个村民小组，属整体搬迁村，2017 年 8 个村民小组搬迁至老店镇新村社区，两个村民小组（中村、老羊窝卡户 105 户 441 人）在本村易地安置，2019 年 4 月 14 日，根据《巧家县人民政府关于药山镇洗羊塘村进行区域调整的批复》精神，从相邻的小村村划入 5 个村民小组、木瓦村划入 4 个村民小组，共 11 个村民小组组成现在的洗羊塘村，辖 11 个村民小组共 559 户 2193 人（卡户 276 户 1108 人）。贫困发生率 0.74%，2020 年已脱贫出列，并顺利通过国家抽检。

搬出大山天地宽

康德荣同志是巧家县医疗保障局派驻洗羊塘村的工作队队员，自驻村工作以来，他走遍了洗羊塘村各个角落，挨家挨户访贫问苦，常深入田间地头，与群众打成一片，他的“民情日记”上，详细地记录着每家每户的情况，对村情、民情、贫情了如指掌，一方水土养不活一方人是他对洗羊塘村最深刻的印象。这里的气候很特别，即便是夏季，早晚都感觉凉嗖嗖的。进入秋季，整个村庄常常处于大雾笼罩中，让人感觉阴冷难耐，一阵北风拂过脸庞，像刀割一样难受，秋季的洗羊塘，早已进入烤火取暖的时节，每当夜幕降临，村民紧闭门窗，一家人围坐火塘边，用土堡子做燃料，烧洋芋、话家常。冬季来临，霜、雪、凌是这里的常态，清晨，远处低矮的灌木丛抹上一层洁白的冰花，小溪里的泉水不再流淌，冬季的洗羊塘，每年要下几场雪，大雪过后，一片银装素裹，深则一尺有余，道路通行困难。

物质的贫穷如影随形的是眼界的狭窄、思想的落后。有的人家卖几只羊或猪好不容易攒点钱下来，不放心存在银行里，担心存银行不安全，往往用塑料袋把现金一层层精心包裹好，藏在墙洞、枕头下或他们认为特别安全的隐蔽角落里。包保干部入户的时候，帮助群众收拾房屋改善人居环境时，经常会在旮旯角角里搜出些现金来，有的甚至被老鼠咬了不少缺。阴冷潮湿的气候下，存放的现金往往会发生霉变，这就带来了洗羊塘村在晴好的天气家家户户“晒钱”的奇观，把一张张现金平铺在一个个大簸箕里，在阳光下暴晒。他们不懂什么是“炫富”，他们当然更不懂储蓄和理财，只知道这簸箕里盛放的是他家应对突发事件或自然灾害的最后保障。

要解决一方水土养不活一方人的根本问题，只有实施易地搬迁。据扶贫办相关资料记录，早在20世纪90年代，洗羊塘村的整村搬迁安置已经纳入了规划，对老店镇尹武海坝进行了土地整治，21世纪伊始，2006年正式被确定为洗羊塘村易地搬迁扶贫安置项目，2013年老店镇尹武安置点建设竣工。搬迁万事俱备，群众却不愿意搬了，封闭带来的思想守旧，对于将要搬迁到新的环境开启新的生活充满了各种恐慌，他们说得最多的一句话是“住惯的山坡不嫌陡”。针对多数群众不愿搬家的实际，镇村干部、扶贫工作队及挂包单位多次入户做思想工作，组织村民代表到老店镇尹武村海坝安置点实地考察，深入了解住房、土地、产业发展及生产生活设施等，消除群众思想顾虑，让他们相信既要搬得出，也要稳得住，还要能致富。2017年10月起，洗羊塘村8个村民小组易地搬迁项目正式启动实施，313户1154人分2批陆续搬迁至老店镇尹武海坝，从此，巧家县多了新的行政村——老店镇新村社区。2019年年底，村内易地搬迁安置两个村民小组105户441人完成，洗羊塘村原址成了一座水库、一个太阳能光伏发电站和一片风力发电站，山梁上，风力发电的“大风扇”悠闲地转动着叶片，俯瞰着数百亩连片的光伏发电板；山坳里，洗羊塘水库一潭清水在微风轻拂下碧波荡漾。旧的洗羊塘村正式成为历史。

老店镇新村社区坐落在尹武海坝。海坝，顾名思义就是一个大平坝，土地连片平整而肥沃，教投公司的蔬菜大棚钩栈相连、气势恢宏，四周山梁连片的华山松苍翠茂密拱卫着这个“小盆地”，洗羊塘搬迁过来的群众统一居住在山梁一侧，一幢幢独栋别墅橙檐白墙。新村党支部书记吕卓兵介绍：“我们从洗羊塘村搬过来后，家家户户都住上了乡村小别墅，每套面积96平方米，外形好看，统一设计的户型也很实用，都有客厅、卧室、晒台、厨房、卫生间，每家每户沙发、茶几、电视、冰箱等家具、家电一应俱全；水、电、网配备齐全；经药山镇人口界定，凡是 2016 年 5 月前的出生的人口每人均分到一亩土地，这些土地按每亩 500 元的价格流转给蔬菜公司搞大棚蔬菜种植，村民可以就近务工贴补家用，也有部分村民外出务工挣钱，生产、生活条件比以前好太多了。”

开启洗羊塘新纪元

旧的洗羊塘村成为历史记忆，2019 年 4 月 14 日，根据《巧家县人民政府关于药山镇洗羊塘村进行区域调整的批复》精神，从相邻的小村村划入 5 个村民小组、木瓦村划入 4 个村民小组，加上村内安置的原洗羊塘村两个村民小组，共 11 个村民小组组成新的洗羊塘村，共 559 户 2193 人（卡户 276 户 1108 人）。巧家县医疗保障局根据洗羊塘村贫情及制约发展因素，因地制宜，精准施策。全局上下配合各级各部门，与药山镇洗羊塘村干部及扶贫工作队一起，汇集力量，形成合力，再次吹响了决战决胜脱贫攻坚的号角。

夯实基础筑富路。要致富，先修路。截至 2019 年年底，洗羊塘村已先后投入 1032 余万元资金，用于通村道路硬化、村组道路建设、户间道硬化等基础设施的建设。如今，两个村村组道路已基本实现硬化，走进洗羊塘村中村、老羊窝易地扶贫搬迁安置点，一条条干净宽敞的通村水泥路伸向远方，户间道硬化到家门前。

村委会、村完小建设：原洗羊塘村委会没有办公场所，村完小也未修建，村干部只能在自己家里办公；驻村扶贫工作队租住在药山镇街上，每天早出晚归，奔波于洗羊塘村与药山镇之间。2019 年 9 月 10 日，洗羊塘村委会项目建设竣工，村委会班子与扶贫工作队正式入住办公。同年 8 月中旬，村完小校舍峻工，9 月 1 日如期开学，洗羊塘村的孩子们结束了在邻村上学的日子，每天清晨，孩子们琅琅的读书声萦绕在乡间。老羊窝贫困户孙顺祥对笔者说："我们村这几年发生了翻天覆地的变化，家家都住上了好房子，通往镇上的公路全部打成了水泥路，就连通往各家各户的小路都硬化好了，现在出行方便了，再也不会出现晴天灰、雨天到处是稀泥巴的情况了。家中有自来水喝了，孩子读书也方便多了。今后出去打打工挣点钱，好好让孩子读好书，相信生活会越来越好。"

发展就是民生。建设光伏发电站：在洗羊塘村大红山梁子上，1 个容量为 50MWp 的集中式光伏发电站依山而建，为新兴的洗羊塘村发展注入新动能，该发电站的建设将帮扶更多的贫困户增加经济收入，迈向脱贫致富奔小康。据村支部书记范科莲介绍："光伏发电扶贫项目每年增加村集体经济收入 8 万元左右。"

风力发电项目：在洗羊塘村大红山梁子风口处，一片片巨型叶片在风中随风转动，原本不受欢迎的大风正转化为电能在不断创造经济效益。2017 年 1 月 19 日，洗羊塘风电场工程项目全部机组建设竣工并网发电，项目装机规模 49.5 兆瓦，每年可输出上亿度电。

洗羊塘水库建设：位于洗羊塘村老羊窝背后的洗羊塘水库于 2016 年 3 月 18 日正式开工建设，2019 年 12 月 26 日顺利通过下闸蓄水阶段验收，2020 年 5 月 20 日正式下闸蓄水。将为洗羊塘村蓄水、灌溉、改善生态环境等发挥不可磨灭作用。

网络信号建设：洗羊塘村委会新建前没有网络，仅有极少部分地方有 2G 信号，进入该村便与外界失去联络，曾经有驻村干部戏称洗羊塘村是最好的净化心灵闭关修炼的场所。2019 年 11 月，两个移动信号塔在狮山及大岩梁子高高耸立，村委会、村卫生室和学校已开通宽带网络，手机信号覆盖全村，洗羊塘村成为网络信号盲区的历史再也一去不复返了。

一步进城上楼。2019 年 11 月底，搬迁至鲁甸县卯家湾 28 户 97 人。"以前在老家生活条件差，连出门看个病都不方便，做梦都没想到，老了还能搬出大山，搬到鲁甸县城里生活，住上这么好的大房子，子女打工的打工，上学的上学，生活条件好了，看病什么都挺方便的，再也不用担心看病问题。感谢共产党、感谢各级政府的关心……”今年 62 岁的范登龙老人满怀感激地说道。据悉：范登龙老人是洗羊塘村上村社贫困户，家庭人口 7 人，2019 年 11 月易地扶贫搬迁安置到鲁甸县卯家湾生活，分配的住房是三室两厅一厨两卫户型，面积 150 平方米。

扶贫先扶志。努力做到“志智双扶”，在引导贫困户克服“等、靠、要”思想，发挥内生动力的基础上，巧家县医疗保障局协调各方，全力做好控辍保学工作，阻断贫困代际传递。协调教育部门实施教育资助，2019 年，洗羊塘村教育帮扶中学生 41 人 8.405 万元，小学生 71 人 12.78 万元，实施雨露计划补助 25 人 75000 元。

小康路上，一个都不能少。对少数特殊困难群众进行政策兜底，让特困群众吃穿不愁、养老不愁、生活不愁。洗羊塘村贫困户农村低保 195 户 354 人；兜底保障 9 户 29 人；残疾人两项补贴 25 人；特困人员供养补贴 4 人。做到应保尽保，应兜尽兜。同时，争取公益性岗位设置，帮助贫困户稳定增加工资性收入；做好政策引导和申贷指导工作，帮助办理小额贴息贷款发展产业。截至 2019 年年底，洗羊塘村共设置公益性岗位 54 个，其中保洁员 20 个（500 元 / 人 / 月）年增收 12 万元，生态护林员 31 个（700 元 / 人 / 月）年增收 26.04 万元，道路养护员 3 个（500 元 / 人 / 月）年增收 1.80 万元。共办理小额贴息贷款 48 户 248 万元。

没有全民健康，就没有全面小康。巧家县医疗保障局作为医保行业扶贫部门，认真落实医保各项政策，充分发挥医疗保障各项制度作用，切实提高贫困人口医疗保障受益水平，实现贫困人口参保率 100%。预防“因病致贫、因病返贫”现象发生。2019 年我县建档立卡贫困人口 172839 人中，卡户人口门诊就诊 67.78 万人次，发生医疗总费用 2844.77 万元，基本医疗保险统筹支付 1976.31 万元，实际报销比例为 69%；28 种门诊慢性病就诊 3013 人次，基本医疗保险统筹支付 105.07 万元，实际报销比例为 87%；卡户住院 3.13 万人次，发生住院总费用 14668.81 万元，“四重保障”资金支付 12862.57 万元，其中基本医疗保险基金支付 9968.91 万元，大病保险资金赔付 1203.95 万元，医疗救助资金支付 1359.46 万元，兜底保障资金支付 330.25 万元，实际报销比例 87.68%。此外，对异地就医或未转诊转院的危急重症贫困户患者，住院医疗费用实际报销比例不足 90% 的实行二次报销，报销比例达 90% 或以上。

真情暖人心

县医疗保障局在挂包药山镇洗羊塘村脱贫攻坚的过程中，除开展入户走访、档案管理、资金扶持、精细化管理及人居环境整治等日常工作外，单位全体干部职工对包保贫困户用心用情，真情帮扶，情暖乡间。

2019 年 9 月 20 日一早，又一个入户走访的日子，县医疗保障局班子成员带领挂包干部，带上他们自行为贫困户购买的日常用品、生活用品（如简易衣柜、床上 4 件套、烧水器、烤火器、保温水壶、毛毯、食用油、红糖等）深入洗羊塘村各贫困户家中，送上爱心物品，与他们拉家常，进一步了解生产、生活中存在的困难，全面补齐建档立卡贫困户短板；积极宣传环保卫生理念，帮助开展环境卫生整治。各包保干部与贫困户一起，共同清洁整理居家环境卫生，清理房前屋后杂物垃圾，清扫路面和卫生死角，确保无乱丢乱放垃圾，带动群众自觉整治卫生，努力推进干净卫生美丽乡村建设。在贫困户朱宗俊家，当黄元峰同志递上简易衣柜、床上用品及烧水器等物品时，朱宗俊老人嘴里连连说道："共产党好、党的扶贫政策好，真的感谢你们，感谢黄局长。"感激之情溢于言表。据不完全统计：巧家县医疗保障局全体干部职工对包保贫困户奉献爱心各类物品金额累计达 4 万余元，用心用情扶真贫，尽绵薄之力为他们送去一份来自包保干部的关爱与温暖。

站在脱贫攻坚收官之年，走进如今的洗羊塘村，村容村貌焕然一新，一栋栋依山而建、错落有致的乡村小楼房拔地而起，一条条干净宽敞的通村水泥路、户间道铺到家门前。一幅山清水秀、空气清新、乡风文明、治理有效、生活富裕的乡村图景正徐徐铺展：村民们住上了好房子；收入在不断增长；疾病得到更好治疗，不再为医疗报销而发愁了；孩子们走进宽敞明亮的教室，不再去邻村上学，不再因贫穷而失学了；他们不再为养老发愁了；人居环境得到了提升；村民自我发展能力正逐步增强。

搬出大山的洗羊塘村人，沐浴在党的恩泽下，有的住上了乡村小别墅，有的实现了从乡村到城市的跨越，彻底摆脱大山的束缚，踏上新生活，迈向幸福的小康之旅。

击鼓催征稳驭舟，奋楫扬帆启新程。我们深知：“脱贫摘帽不是终点，而是新生活、新奋斗的起点。”站在新的历史起点上，我们正以更精准、更多元、更高效的步伐，秉持初心，不辱使命，在决胜脱贫攻坚、助力乡村振兴的征程中接续奋进，努力书写民生幸福的新篇章！

郑吉喜　整理

（作者系巧家县医保局职工）

木桥村驻村帮扶剪影

县交运局

马树镇木桥村是全县的一个深度贫困村，自2015年以来，巧家县交通运输局挂钩帮扶该村，先后派了8名驻村干部驻村帮扶。他们始终牢记为民职责，坚持用自己的真诚、耐心和细致入微的思想工作，把县委、县政府的各项扶贫普惠政策落到实处，真正把党和政府的温暖送到贫困户渴望新生活的心间。在与老百姓长久相处中，发生了一个个感动人心的小故事，让每个驻村扶贫干部在脱贫攻坚工作中留下自己艰苦奋斗的精彩瞬间。

病魔无情　人间有爱

2018年1月5日，驻村工作队队长牟顺洪的电话响了："喂，你好，你是牟队长吗？我是虫园社蒋先宽呀，我家姑娘病重，医院说需要好几十万元医疗费，没法了，可不可以帮我想想办法啊。"牟队长答道："别急，我们马上来你家看看。"

挂断电话，牟顺洪和王海又二人当机立断向木桥村虫园社进发。在蒋先宽家中，二人了解到：53岁的蒋先宽，患有尘肺病，儿子、儿媳妇带着两个孩子在外打工，平时家里只有夫妻俩和读小学6年级的小女儿、休学回家的大女儿4人生活。家里的全部经济来源主要靠儿子儿媳在外打工和夫妻俩在家务农及附近做点零工。其女儿蒋洪春在大理大学本科二年级财务管理专业读书，患有特发性脊柱侧弯、右心功能不全、重度肺动脉高压等疾病。如果医治特别是做脊柱手术的费用相当昂贵，需50万元以上，即使是医保、大病保险报销后，也需要近10万元，这对于一个贫困户家庭来说简直就是一个天文数字。因家庭困难无钱医治，蒋洪春办理了休学手续回到家中，每天24小时都要靠制氧机呼吸氧气；大小便无法排出身体，导致全身浮肿，肚子胀痛、硬等；而因脊柱向左侧弯，导致右胸塌陷，左面脊柱挤压心脏，胸口及腰部有3个洞，病情发作时洞口裂开，流脓，吃东西也会从洞口流出来，现在只能靠吃药缓解病情。牟顺洪和王海又了解情况后让蒋先宽先不要急，他们回单位报告领导，争取给他家筹措一些帮扶资金。

“扶贫济困是我们挂钩单位义不容辞的责任，为群众排忧解难就是扶贫的意义，决不能落下一家一户一人。”局党组书记刘永顺同志在听了牟顺洪队长的汇报后斩钉截铁地说。局党组立即召开会议研究，决定单位先帮助其解决困难补助5000元。及时倡导组织职工捐款献爱心活动，干部职工积极踊跃行动，纷纷伸出援助之手，你200元，我300元，40余名干部职工共为蒋洪春捐款12560元。为帮助筹集更多医疗费用，交通运输局及时向格巧高速指挥部、巧家公路养护公司发出倡议书，协调县残联、红十字会等单位，利用水滴筹平台开展募捐活动，共筹集到捐款38000元。通过多渠道努力，最终帮助其筹集医疗费用合计55000余元，解其燃眉之急。

蒋洪春接过时任交通运输局副局长张浩送来的捐款，一边哭着一边说：“我最大的愿望就是把病治好，然后把大学读完。”看到此情此景，在场的所有人都情不自禁地流下了眼泪。社会各界爱心人士的爱心汇聚成一股股热流，温暖了蒋洪春的心，让她重拾了勇往直前的信心。

摩托车上的扶贫队员

秋日的午后，阳光格外刺眼，驻村队员王海又在地里娴熟地拿着簸箕扬麦子，脸上的汗珠被太阳照得闪闪发光，一旁头发花白的老爷爷佝偻着腰，既无奈又欣慰地说道："我家这块小麦我一个人辛辛苦苦种出来，既没有脱粒机，我年纪大了手有风湿也使不了重力，眼看着小麦即将霉变，幸亏遇着小王骑着摩托经过，二话不说就下来帮我干活，这样的干部才是真正干实事的。"扬完两百多斤小麦天色已经暗了下来，老爷爷一边拉着王海又的手往家里走，一边热情地说着："走去我家吃饭。"此时的王海又已是胳膊发软，眼冒金星。

像这样的事情，比如帮村民打核桃，摘板栗，甚至放牛等事情，一年多来，在王海又身上几乎每天都在发生。

木桥村，看名字就能猜到，木桥村的交通条件应该不方便。的确如此，早些年，村上过河沟的只是一座小木桥。现在条件好了，通过通村硬化路项目的实施，到村的公路也从泥土路变成了水泥路。

2017 年 2 月，根据组织安排，王海又成为一名光荣的扶贫队员。到村后，王海又刚开始每天都要到贫困户家中走访，了解情况。全村有 483 户贫困户，有的住在村西，有的住在村东，全走访下来至少要走几十公里。为了一天中多走访几户贫困户，王海又便买了辆小摩托。自那以后，总能看到王海又骑着这辆小摩托在木桥村弯弯曲曲的村道上穿梭的身影。

从 2017 年 2 月 15 日到该村担任扶贫队员以来，王海又的摩托车已行驶了 1 万多公里。对他来说，这辆花 5600 块钱买来的摩托，不仅是他出行的亲密"战友"，更是他驻村帮扶的流动"办公室"。如今，每当听到摩托车"突突"的声音，村民们就知道是扶贫队员小王来了。

在马树镇木桥村的村道上，我们又看到了驻村队员王海又的身影。趁着午后的休息时间，王海又骑上小摩托，准备到贫困户家查看连心袋资料。

都说脚上有多少泥土，心中就积淀多少真情。在王海又的认知里，多干实事，多干好事，多干有益于群众、让群众满意的事，不是一句空话。从进入木桥村，一路上都有村民热情地跟王海又打招呼……而这“好人缘”的背后，就是他实实在在为群众付出换来的。扶贫的时候，王海又总会说：“扶贫选择了我，说明扶贫工作需要我。木桥村 483 户贫困村民一天不脱贫我一天不安心，组织交给我任务，再苦再累我也必须完成。”

木桥村或长或短或弯或陡的路，是联结干部与群众的桥梁和纽带，群众有急事难事闹心事，电话打到扶贫队员那里，王海又骑着摩托加把油门就到了。一年多来，扶贫队员王海又交出了一份漂亮的扶贫答卷。到该村一年多，这样的路，王海又记不清已经骑车跑了多少遍了。他那辆全新的小摩托提前“衰老”了，如今添了不少“伤痕”，轮胎换了 4 个，车镜换了 6 个……王海又黑了，也瘦了。

当别人问他驻村苦不苦时，他常会风趣地看着摩托的路码表说：“苦不苦，看看长征二万五。只要木桥村整村脱贫出列了，再苦也不苦。”

眼看着太阳就要落山，处理完一天的公务，王海又骑着摩托车往村里赶。此时，太阳已经西下，回首望去，这条扶贫的道路虽然崎岖，但上面洒满了阳光……

轻伤也要上火线

2019 年 5 月 13 日，木桥村委会的计算机旁立着一根输液架，一只打上吊针的手在键盘上敲打着。这是木桥村驻村扶贫工作队队员张恩香在计算机上专心地录表。

面对着年底就要全县脱贫出列的政治任务，全村的脱贫攻坚工作也到了最紧要的关头，精准扶贫工作异常繁重，填写表册、移民搬迁、危房改造、应对各级检查和贫困村退出等工作都要求按规定的时间节点完成，并按日进行考核。作为木桥村精准扶贫队伍中的骨干力量，张恩香同志在徒步走访木桥村最贫困最艰苦的毕山、松棵、营上、大垭口、小坪子、白蒿地6个社132户贫困群众的过程中感染上了风寒，半月以来，扁桃腺一直发炎且反复高烧39度以上，大家都劝她请假休息治疗，但她一直不愿意请假休息，还说："现在正是木桥村脱贫攻坚的关键时刻，大家都这么忙，我怎么能够掉链子离开工作岗位呢？这点小病不要紧，打点针吃点药，挺一挺就好了，反正我还年轻，不要紧的。"她就这么硬挺着工作，坚持要把手头当紧的各项扶贫材料的电子表格录入工作做好。为了不影响工作进度，她就把输液架搬到电脑桌旁边，一边输液，一边进行表格的电子录入工作。

在面对"战友"们和上级领导投来关怀目光的时候，张恩香却淡淡地说道："作为县委组织部选派的大学生村干部兼驻村队员，我做的是一个村干部与驻村队员应尽的职责，现在身体还扛得住，就想为村民多办点实事。现在最大的愿望，就是希望能够通过我们的努力，全村贫困户都能早点脱贫致富奔小康。"

木桥村脱贫攻坚任务的如期完成离不开这样一个又一个有担当的驻村工作队队员，像这样默默作出贡献的扶贫工作队队员还有许许多多，有了他们，老百姓摘掉了穷帽子、鼓起了钱袋子。这样一群战斗在一线无私工作的扶贫工作人员，值得广大干部学习和铭记！

在崇溪镇驻村的“一千零一夜”

马应富

2017年5月，我主动申请，代表巧家县文体广电和旅游局到巧家县崇溪镇开展脱贫攻坚工作，至今已经3年多了，在这1000多个日日夜夜里，见证这个小村庄的三年变化，看到了许多基层干部的苦和累，参与了许多群众的脱贫历程，有几个小故事一直萦绕我心里。

队长比我还“讨嫌”

2017年5月，我最先派到崇溪镇共和村开展精准识别工作，担任工作队队长。这是最辛苦的一段日子，就是要全面摸清家底，精准研判，做到精准帮扶、精准施策、精准脱贫。那期间经历了多少难忘的通宵夜晚，两个多月没有回家一次。

这期间三个多月时间我们挨家挨户调查，走访了全村750户人家三遍，开了上百次的院坝会议。让我印象深刻的有几户，其中一个是50多岁的独居男人，穿着还算干净整洁，形象看上去比村里的人都好，但家里相对简陋。他自豪地说什么庄稼也没有种，周围荒着的土地都是他的，唯一能看到的只有门口有棵瓜藤，上面结了两个小瓜，我猜测那应该是别人给他吃的瓜子不小心掉落一颗长起来的。

他叫明正聪，常年上访户，上访原因是1998年他家生育二胎，政府动员他做了结扎手术，随后身体不舒服，多次找村、镇和县里，理由是做了绝育手术后没有了生育能力，也不能干体力活，家庭困难，要求解决一系列困难。他认为1998年生育二胎是不属于结扎的对象，这是国家有明文规定的。镇村多次救济，帮助解决困难，他都不满足，多次上访。他听说我是县里刚下派的扶贫工作队队长，于是就像商人发现了巨大商机，拉着我就反映他一系列问题，总的要求还是说又没有吃的了，生活困难，没有保障，我既然是县里来的干部，就一定要为他主持公道，给他一些帮助，解决困难，希望办理一个“五保”供养。

我为了真正帮助他化解心里的问题，进一步深入了解，村支书王廷国告诉我，年前就去找镇领导，镇长一次性批了150公斤大米给他，让他能够吃上一年，他刚从镇里领出来就转卖给了别人。他其实并不困难，一个女儿出嫁了，一个儿子在外务工，还经常给他带生活费，因为他懒惰，妻子改嫁了，就他一个人，不愿意种庄稼，觉得农业生产很累，到处玩乐。经常到各级各部门上访，为了减少麻烦，镇村每次都给他好处，慢慢他也就习惯这种“等靠要”的日子，也产生了多访多得的思想。

我问他为什么镇上给的粮食要卖了，他说一个人运输麻烦，卖了回到村里又可以买来吃。我实事求是，晓之以理，动之以情，明确地告诉他几点。

一是计划生育是国家政策，从20世纪80年代就开始实施了，如果认为1998年没有实施二胎结扎措施，那就要找出1998年不实施计划生育及二胎不实施节育手术的政策和文件来。

二是现在没有生育能力说明结扎手术就是成功的，结扎了就是不能再有生育功能，如果还有，说明手术有问题，还得追究当时做手术的人责任，你还得做二次手术。

三是既然生活困难，党和国家一定要管，不能让一个困难群众吃不上饭，但不养懒汉懦夫。另外也不符合办理“五保”条件，“五保”指的是无儿无女，达到 60 周岁才可以申请，而你有两个子女，仅只是没有生活在一起，除非两个子女都不在了是可以申请的。上级领导给多了粮食你要卖了，过后又没有饭吃，为了保证每天有饭吃，以后村委就按天供给，我们吃什么你就吃什么，每天来拿当天吃的大米。

我让村监督委员会主任李兴有专门负责这个事情，把我们吃的大米用一些小袋子装起来，让明正聪每天来取一袋。开始两天他早上 9 点准时都来拿了，第三天不来拿了，我让李兴有打电话催他一定要来取，防止挨饿。他说吃不起村委的大米了，家里有，不来拿了。

原来因为他不会骑摩托车，从家里来村委会要走 40 多分钟到一个小时，来回就差不多要走两个小时，他觉得实在难走，也明白我是在故意为难他，就不来了。后来接连几天都催他来取大米，他坚决不来了。

我耐心地给他讲，他完全可以种庄稼或者务工，不要总想“等靠要”，政府不养懒汉，但真正有特殊困难了肯定要帮助解决。政策是执行所有人，不是执行某一个人，况且现在都老了，结扎已经过去 20 多年了，不可能再给他复通，得好好安度晚年。如果遇到真正的特殊困难可以随时来找我，我一定帮助解决。去任何地方上访，上级部门都得让镇村帮助解决困难，如果上访的问题不实，我们还是会向前面一样的处理，上级也不可能追究，我们没有不管。从此他再也不上访了，开始种庄稼，第二年就有了收益。

后来明正聪和别人讲，他就算讨嫌的人了，新来这个马队长比他更讨嫌，办事比较讲原则，占不着什么便宜。

在脱贫攻坚一线，“失治”带来的“失志”已经有值得警惕的苗头。一事虽小，可以喻大，懒汉不治，难以服众。只有抓住基层治理的“牛鼻子”，让群众对工作安排充分理解，明白国家给帮扶，致富还要靠自己努力的道理，对脱贫愿景心悦诚服，让脱贫工作成为重塑乡村精神面貌的思想工作，我们的扶贫事业才能在收官期走得更实、走得更稳，为乡村振兴奠定坚实的基础。

会干脏活的县干部

2020年5月的一天，羊棚村委会组织一台挖掘机到许家村小组，准备拆除刘文发家的危房，但刘家不愿意拆除，发生了紧张而危险的一幕。

刘文发和妻子站在危房上，双手都拿着压瓦片的石头，做出要打架拼命的势头，大声吼叫着，哪个敢拆房子，就和他拼了，还要跳下来死给我们看。

由于机器的轰鸣声影响，村支部书记王远波也大声地说道："这是国家政策，凡是危房都到拆除，已经多次通知你，前几天也下发了限期拆除通知书，你家就是不拆，既然不拆我们就来帮你家拆除。你要不听招呼，敢乱来的话我们就报告派出所来处理。"

刘文发越发不可收拾地骂骂咧咧："我看哪个敢？不信你就试试，我这个房子是花了几万元钱修的，我又没有住人，都是关牲口。"

王远波继续说："关牲口也不行，没有理由，必须拆除，下来，不然我们动工拆了。"

一个不让拆除，一个非要按政策规定拆除，双方剑拔弩张，眼看态势不可控制，我赶紧制止。让他们先去拆另外一处已经做好工作的危房户，我留下来进一步做工作，最终还是要尽量取得农户支持，要保障绝对安全。

挖掘机开走后，我语重心长地和刘文发交流，他也缓和了下来。我告诉他的确是国家政策要拆除危房，从中央到地方的扶贫政策给他讲了许多，告诉他有什么困难告诉我，有什么需要给我讲。慢慢他敞开了心，和我交流起来。原来要拆除的这房子是他10多年前给一家搬家外出的亲戚花几万元买来的，目前就是用来放置草料和关牲口，没有人住，觉得没有安全隐患，舍不得拆除。家里人口多，共有4个子女，大儿子成家了，又有了两个孩子，全部9口人挤在隔壁一套房子里居住，十分拥挤，好在平时大儿子家4人都在昆明，要春节才回来。

本来一直想修建新的住房，但因资金困难又无法修建。他说一直没有人关心他家，他的确也多次和村干部吵架，乱说村干部坏话，慢慢和村干部的关系越来越恶化，建房项目也就不了了之。我当场答应帮助他家争取项目，也心平气和地跟他讲："和任何人都要好好沟通，要以理服人，真有困难党和政府不会不管，脱贫攻坚不漏一户，不掉一人。"最后他高兴地同意拆除，但要求等几天，让他把屋顶的瓦片拿下来。我觉得 100 多平方米的瓦房光凭他家夫妻两人拿下来可能要好几天，既会耽误时间，也可能又反悔。我立即组织乡村公益岗位 10 多人一起帮他家夫妻两人从屋顶拆除瓦片。此时我们挂包单位的局长潘勇也正好赶来了，他立即加入拆除瓦片的队伍。我们 10 来个人，从中午两点多开始拆除，到下午 6 点左右下起了小雨，还没有拆除完毕，我们依然坚持，直到下午 7 点左右才基本上拆完，并在空地上堆放整齐所有瓦片。我和潘勇局长都很久没有干过这么重的体力活了，大家身上基本都湿透了，有汗水，也有雨水，全身没有一处干净。

最后挖掘机半个小时就拆除完了危房的墙体，刘文发感慨地说："从来没有见过你们这样的局长和县干部，帮我拆除瓦片，一干就是四五个小时，比我还不怕脏不怕累。"

我一直站在一垛矮墙上一边伸手接下瓦片，转给另一只手，又要立马蹲下递给另外一个矮墙下的人，体力渐渐不支，但我一直在坚持，几个小时下来都累得抬不起手来了，一个多星期手臂和腰肌还隐隐作痛，走路都不方便，腿都是疼的，但我心里觉得值得。一边把群众工作做好了，另一边也按政策完成了危房拆除任务。就这样村里拆除难度最大的一家都拆除了，其他的处于观望的危房户都纷纷自行拆除。后面刘文发也改变了许多，不再对村委的工作有抵触情绪，积极支持村委工作，还和我成了朋友，邀请去他家做客。

同样在另外一个村民小组拆除邓兴发家的危房时，由于公路不通，挖掘机无法到他家作业，全体村干部和驻村队员，还有单位帮扶干部、局长，全部到场干活。局长带领包保干部帮助主人家清理其中一间屋子里面所有东西，整整花了三个小时才全部清理完毕。驻村队员和村"三委"成员用锄头开挖已清理了东西的房子墙体，五个多小时下来，全部人员都汗流浃背，脸上身上全是厚厚的一层灰，大家都成了"花脸巴"，汗水出来了用手擦，更是比特殊的化妆还好看。“我家亲人都不会这样帮忙，前面帮助申请最高资金项目建了新房，又担保了5万元贷款，帮老人办残疾证，还为老人捐款捐物，现在又帮助搬家里东西，拆除危房，这种又脏又累的活干了一天，水都不喝一口，都不知道以后咋个感谢你们了。”邓兴发家妻子感动地哭了起来，边抹眼泪边说。

村监督委员会主任邓兴林46岁了，但体力比较好，任何地方只要用人力拆除的，他挖墙体的量最多，大家戏称他“小挖机”。另外是镇上工作组的柘文贵，已经58岁了，有严重痛风，走起路来就不顺畅，但工作非常认真，一丝不苟，坚持工作，每次急难险重的工作中，都有他的身影和声音，都冲在最前面，群众工作很有方法，他一直用群众最愿意听的话做好群众思想工作。

乡村治理，尤其是与扶贫工作相辅相成的乡村治理，又不能只靠硬邦邦的一个“理”字。讲理重要，讲得入理更重要。这就需要我们的基层干部对乡土的实情多一些理解，对乡亲的心声多一些倾听，充分了解贫困地区“落后”的复杂性。基层干部是联结政府和群众的纽带，如果凡事不能从群众的角度想问题，紧紧贴着群众的需求找答案，就不能号准基层的脉。扶贫干部，更要带着感情来理解群众的所思所盼。上面的规定和扶贫政策会不会水土不服？新鲜的措施怎么让群众充分理解？这确实考验干部的耐心。如果没有耐心，我们的工作如何换来“稳脱贫”让人心安的结果？入理的“入”，应当如甘霖沁入土壤，润物无声，收获希望。

王顺平终于看到了阳光

他叫王顺平，不是瞎子，也没有失去人身自由，但却七年了一直见不到阳光，他最大的愿望就是还能看到太阳。

在羊棚村许家村民小组，有一个特殊的家庭，一个 76 岁的女性老人陈启芝，耳聋，带着一个 37 岁的瘫痪儿子王顺平，他已经吃喝拉在床上七年了。他家是我的包保对象，我第一次走访到他家时，流泪了。母子两人寄住在别人的土房间里，母亲听不见，儿子起不来，屋子里很暗，很潮湿，臭气腥天，我几乎无法喘息。我和瘫痪在床上的王顺平聊了起来，了解他的情况，他仔细给我讲了，是七年前他二姐家请他去另外一个乡镇办事，回来的时候发生车祸，不幸瘫痪，已经七年没有见到阳光了，母亲听不见，又扶不了他，所以他一直在这样过日子。谈话中得知，我是第一个走进他房间的干部，这些年从来没有干部和外人来看他，和他聊天。因为母亲听不见，只能给他端饭擦身，无法交流，慢慢自己就不会讲话了，思维也退化。他的两个哥哥不来照顾自己和母亲，都在西双版纳做茶叶生意，他最大的愿望就是每天能看看太阳。

我的内心久久不能释怀，随后在了解周围的群众后，的确情况如此，老人两个儿子在外地做事，收入也不少，出门多少年了，几乎从来不回来看望老人和兄弟，偶尔回来都说自己在外面收入高，每年几十万元。而母亲和兄弟全靠低保和政府临时救助生活。我和村民小组长王顺明找到老人交流，我们要像吵架那样大声说话，老人也几乎听不到，她说儿子不管他，感谢国家没有忘记她。

随后我帮王顺平申请了建房项目，让村民小组长王顺明帮助建好住房，正要搬迁的时候，发生了一件事情改变了老人和王顺平的生活轨迹。原来我把老人的视频发布到抖音，把实际情况说明，希望社会帮助解决困难。恰好昆明心选择医疗器械公司的罗总看见抖音后，主动联系我帮助解决轮椅和助听器，还有一些人捐赠衣物等……但也带来麻烦，突然间有人打电话骂我，他说是老人的儿子，我侵犯他母亲的肖像权，要把我告上法庭，并且骂我很难听的话。我也告诉他，希望他真的把我告上法院，如果他不告我，我就送他上法院，他们兄弟二人遗弃老人和生活不能自理的兄弟。并且让他们去咨询当地的律师。

随后几天我专程到昆明心选择医疗器械有限公司拉来了一台好的轮椅，还拿来了几个助听器。

10 多天后，王顺平大哥王顺回来了，来到村委会，向我承认了错误，他说的确自己两兄弟做得不好，没有尽到孝敬老人的责任和义务，更没有管理好老人和兄弟，决定把老人和兄弟接到西双版纳一起生活，方便以后照顾。随后包车把兄弟和老人拉到了西双版纳，我也把轮椅给了他，后续跟踪电话调查中，轮椅派上了用场，王顺平也见到了久违的阳光，实现了他的愿望，但愿他会慢慢好起来。

（作者系巧家县文旅局职工）

白鹤滩镇松梁村脱贫记

杨银波

松梁村位于白鹤滩镇东北部，距白鹤滩镇政府 60 公里，全村国土面积 13.4 平方公里，辖 7 个自然村 15 个村民小组，主要经济作物以洋芋、玉米、红薯为主，养殖以生猪、牛、羊为主。2015 年 9 月，根据全县脱贫攻坚“挂包帮”“转走访”实施方案的安排，县发改局“挂帮”白鹤滩镇松梁村，从此便与松梁村结下了不解之缘。

五年来，县发改局坚持以习近平新时代中国特色社会主义思想为指导，切实履行挂钩帮扶单位职责，尽锐出战、尽其所能、尽心尽力，与松梁全体村组干部、全村各族群众一道砥砺奋进，共战贫困。在县委、县政府的坚强领导下，结果尽如所期，全村 240 户 942 人建档立卡贫困群众如期脱贫，松梁村如期出列，经济社会取得长足发展。团结一致决战脱贫攻坚的 1000 多天来，与松梁村干部群众结下了攻坚克难的深厚友谊。

尽锐出战　精准派人

“作为松梁村的驻村工作队队长，要做好一个村的脱贫攻坚工作，必须尽快实现角色转变，迅速进入工作状态，全面了解掌握村情贫情，坚定脱贫信心，不获全胜、绝不收兵。”谈到刚驻村时的情况，驻村工作队队长林贵强这样说道。到松梁驻村后，林贵强与其他工作队队员一起，吃住在村、工作在村，不分早晚，迅速展开了脱贫攻坚各项工作。

2015 年 9 月，巧家县建立了扶贫攻坚“挂包帮”“转走访”长效机制，要求县直部门包村帮户，打响了挂钩扶贫的“第一枪”。县发改局迅速响应，结合松梁村情和单位干部实际，精心挑选，选派了一名工作经验丰富，群众工作扎实的科级领导干部担任驻村工作队队长,组建了一支强有力的驻村工作队，同时，单位职工尽锐出战，以“一帮多”的形式包保到户，实现了建档立卡贫困户包干到人全覆盖。五年来，在维持帮扶力量大稳定的基础上，根据干部职工的实际情况做了动态调整，确保帮扶力量只增强、不减弱；驻村工作队与单位脱产，全身心投入脱贫攻坚战，吃住在村、工作到户；单位主要领导亲自挂帅，全程参与脱贫攻坚战，干部职工包保到户、责任到人。

聚焦靶心　精准施策

“今年猪价不错，我卖两个猪就是万元户了。”在脱贫确认书上签字捺手印时，邵家包包社建档立卡户杨自方果断地捺下红手印说道。今年 42 岁的杨自方，前几年因缺技术，两个儿子均在读书等原因而成为建档立卡户。据他说，以前，他曾多次外出打工，年底又回家种地，都是如此循环，生活感觉越来越吃力。精准扶贫后，包保干部为他量身打造的发展思路，通过小额信贷和技术指导而成为养猪专业户的他，有了稳定收入。

精准扶贫，重在精准。挂帮扶贫松梁村后，为切实做到脱贫措施精准，单位主要领导带领包保干部多次到老党员、群众代表、致富能手、贫困户家中走访调研，问计于民；和村“两委”班子一起共同研究，群策群力。坚持规划引领，严格按照“资金跟着项目走、项目跟着规划走”的原则，厘清了松梁村的脱贫攻坚基本思路，突出支持重点，把产业扶贫、基础设施改善等作为重点内容，多次召开村级脱贫攻坚专题会议，对标对表逐户研判，一户一策编制脱贫攻坚村级路线图，坚决做到扶贫措施精准。

公路常通　饮水长流

饮水安全有保障，是贫困户脱贫、贫困村出列的一个重要且必不可少的条件。谈到水，松梁村党总支书记何志福深深感到历年来的艰辛和不易。他介绍，以前，在松梁村这个山梁上，祖祖辈辈只能“守着大药山，望着金江水，喝死水塘子水”，植被脆弱，产业薄弱，全村脱贫致富能力弱，水可以说得上是松梁村脱贫出列最坚硬的壁垒。

“要让松梁村家家户户都通上自来水”，这是发改局局长张顺良在松梁村脱贫攻坚研判会上提出的目标。对于村党总支书记何志福来说，这个目标似乎有些“宏大”，同时也是他多年的“心愿”。由于松梁村本身并没有水源，要让村民们都能吃上干净水、安全水，这无疑是巨大的考验，不仅要寻找到水源，还得多方论证项目的可行性及资金来源，他深深知道其中的难度。说干就干，定下目标后，县发改局尽其所能，多方协调，最大限度整合各方面资源和力量，和村“两委”人员一起，从上山找水源到取样送检，从资金协调到管线施工，每一步都凝聚着挂帮单位与松梁村民深深的情谊，刻录着苦干实干的精神。2019 年 7 月 29 日下午 4 时 30 分，是松梁村群众永远也不可能忘记的日子，那天伴随哗哗的流水声，全村 400 余户群众告别了吃“望天水”的历史。

除了“吃水难”，松梁村大部分群众还面临“出行难”。发改局争取项目资金新建村组道路 40.2 公里，积极协调资金 5.8 万元动员群众投工投劳，修复火干梁子至田坝村公路，将烂水潭、火干梁子等村民小组到巧家营的路缩短了 15 公里以上。“现在从松梁村委会到巧家营只要 40 分钟时间，比从核桃村绕少花半小时以上。”火干梁子村民小组村民艾点国说。

干群合力　鱼水情深

“老李，我来挖，你捡。你放心，挖红苕我会的，保证不会给你挖烂”。冬日的暖阳下，77 岁的李正海将刚挖出土的红苕一个个捡进背篓，接过锄头帮他挖红薯的正是发改局张局长——他家的包保干部。老李家有 9 口人，纳入建档立卡户以来，儿子儿媳都在外面打工，平时就是老人两个在家，日子越过越殷实，子女却不常在家，每次到松梁开展脱贫攻坚工作，张局长都会到他家跟他聊聊天，帮他干点农活。

五年来，在松梁随时都可以看到包保干部们进农户、聊家常、问农事，入田间、干农活、听民意的场景。与贫困户零距离接触，氛围轻松，情感真挚，很容易就打开了话匣子，听到最真诚的话，掌握最可靠的信息，成为群众最信任的朋友。现在，单位很多扶贫干部都说与包保对象的关系很好，贫困户不时还给他们打个电话聊会天，他们也会不定时给贫困户打电话嘘寒问暖。

习近平总书记常说：“幸福都是奋斗出来的。”五年来，在县委、县政府的坚强领导下，在社会各界的广泛支持下，勤劳勇敢的松梁群众苦干实干，挂包单位和众多基层干部不辱使命担当，不畏前路辛苦，始终保持干劲，在脱贫攻坚战场上取得了阶段性的胜利。结果尽如所期，深情始终不变，县发改局广大干部职工将继续发扬在脱贫攻坚战场上淬炼出的宝贵精神，牢记“挂包帮”的初心使命，不忘“共奋进”的深情厚谊，持续巩固脱贫成效，共同奋斗美好未来。

（作者系巧家县发改局职工）

麦坪村的幸福生活

杨海茂　董超　向清银

麦坪村位于巧家县药山镇的大山之中，村委会距离药山镇政府 11.4 公里，距县城 72 公里，共辖 14 个村民小组。这个国土面积 23.7 平方公里、平均海拔 2500 米的小村庄，在几年前，还是一个基础设施落后、环境卫生差、房屋破旧、群众增收难、贫困发生率高达 49.67% 的深度贫困村。近年来，在县委组织部的倾情帮扶下，麦坪村坚持党建扶贫“双推进”、扶贫扶志“两手抓”，不断加强基础设施建设，持续推进“三个组织化”，363 户 1484 人建档立卡贫困户全面达到脱贫标准，全村脱贫攻坚取得了可喜的成绩，于 2019 年顺利脱贫，并于 2020 年顺利通过国家抽验，实现了历史性的跨越。

筑牢基层堡垒　汇聚“中坚力量”

2016 年 10 月，木瓜坪至战斗、猪场小组公路正式开挖，在村党总支的号召组织下，木瓜坪、猪场、战斗、跃进四个小组的村民纷纷放下手中的活计义务投入到修路的施工中，协调土地、挖边沟、埋涵管，参与修路的队伍从一开始的 30 多人发展到最后的 200 多人，历时 5 个月，一条宽 3.5

米、长 11.6 公里的路终于完成了路基铺设及路面硬化。看着男女老少齐上阵的场面，81 岁的段廷祥老人满脸涨红，嘴唇哆嗦半天没说出一个字，只是颤抖着竖起大拇指。“这样的事情是我们之前想都不敢想的。”现任村党总支书记朱元开每每说起这件事情，忍不住这样感叹。在 2015 年，驻村工作队刚到麦坪村的时候，麦坪村的党组织还是一盘散沙，党员组织生活不规范，党员管理不严格，一年只召开 1—2 次党员大会，40 多名党员身份意识淡化，党组织的战斗力低下，攻坚克难的能力不足，党员说话没人听，做事没人跟，各项工作推进缓慢。

为了破解这一现状，县委组织部坚持“围绕脱贫抓党建、抓好党建促脱贫”的总体思路，将麦坪村各级党组织建设成为决胜脱贫攻坚的“中坚力量”。通过抓制度、抓阵地、抓活动，提升党员的认同感、归属感和荣誉感，近年来，麦坪村党总支通过与巧家县委组织部机关支部、格巧高速指挥部党支部合力开展支部共建活动，经常性开展修路护路、开挖沟渠、打扫环境卫生等志愿服务活动以及“庆国庆献爱心送温暖”“麦坪小学放飞梦想庆祝六一儿童节”“七一建党节”“3·8 妇女节巾帼志愿服务”等系列活动；以“不忘初心，牢记使命”主题教育和中华人民共和国成立 70 周年为契机，组织党员学习“党史、新中国史”，学习习总书记重要讲话，集中收听收看大阅兵等。通过抓实制度、建好阵地、开展活动，麦坪村党员干部的先锋模范作用得到充分彰显，党组织的组织力、战斗力、凝聚力得到大幅度提升，为脱贫攻坚提供了坚强的组织保证。

扶贫先要扶志　激发内生动力

回忆起从前的日子，王德斌总是感触良多：“从小对家里的印象就是一个‘穷’字，父母都不识字，自己名字也都是听到邻居家的孩子叫什么，自己就叫什么。家里唯一的一头牛关在了客厅里面，因为怕被人偷了，那是全家人的希望！”在王德斌父亲王文学心里，孩子就是家庭的未来，但仅靠手里的“一亩三分地”带来的收入实在单薄，孩子上学没学费，王文学从村子的第一家跑到最后一家借钱给孩子缴学费。但是借钱上学终归不是长远之计，为了打破这样的现状，王文学夫妻在亲戚朋友和帮扶干部的建议下，踏上了到新疆务工的道路，为了孩子，夫妻俩一去就是 5 年。这些年来在王文学夫妻的努力和脱贫攻坚政策的支持下，儿子王德斌顺利完成学业，2018 年进入国有企业工作，有了稳定的收入，家庭彻底摆脱贫困。

在脱贫攻坚工作中，麦坪村始终把群众作为脱贫攻坚的主体，坚持扶贫先扶志，常态化向群众宣讲习总书记精准扶贫思想及党的路线方针政策，引导群众自立自强，全面营造“知恩感恩、我能脱贫、我要脱贫、脱贫光荣”的浓厚氛围。深入开展“自强诚信感恩”和“三讲三评”主题实践活动。采取院坝会、火塘会、田埂会、扶贫文艺演出、脱贫先锋宣讲等方式，工作队每个季度到村民小组召开“三讲三评”会议，积极向群众宣传扶贫政策、工作措施、村规划方案，同时结合院坝会、入户走访等机会，让建档立卡贫困户讲述自己的致贫原因、脱贫思路和措施，并结合村民的生活实际采取摆事实讲道理的办法，激发贫困群众脱贫致富的信心和动力。大力推行“文明爱心积分超市”奖励机制。为改变群众的生活习惯，树立乡村文明新风尚，巧家县委组织部筹集 6 万元资金，协调东西部协作扶贫专项资金 5 万元及格巧高速指挥部党支部、中铁十九局格巧项目部党支部捐赠 1 万余元的物资，建起了麦坪村爱心扶贫超市。以人居环境、政策知晓、志愿服务、遵纪守法、自强诚信感恩为主要内容，由村组干部、公益岗位、驻村工作队、单位包保人员每月入户进行评比打分，群众再用积分到超市兑换生活用品。通过近年来的工作，麦坪村村民的思想认识和生活习惯都有了较大转变，不少昔日的“等靠要”变成了今朝的“闯拼干”，实现了从等着“输血”到主动“造血”的蜕变。

水、路、房大变样　脱贫路更宽广

2010 年的麦坪村有 11 个村民小组都不通电、不通路，群众出行全靠人背马驮，大水沟社和猪场小草坪两个自然村的 150 多口人，只能靠一条“摔死狐、气死猴、鬼神见了也犯愁”的崎岖山路和山下联系，其他小组道路也大多是坑洼不平的狭窄土路，一到下雨天，上学的学生就像一个个“小泥人”。据村里人介绍，有不少群众举家外出务工后就在外定居了，村里的女孩都争着想要嫁出去，外出务工的小伙子只要在外面找到对象，宁愿当上门女婿也不愿回到麦坪村安家，村里流传着这样一句话：“住在深山沟，长在老林头。穷得叮当响，鬼见都发愁。小伙打光棍，闺女往外走。”

为了改变麦坪村基础设施薄弱的面貌，麦坪村驻村工作队和村“两委”积极开展户户清、村村清行动，制定了《巧家县药山镇麦坪村委会 2018 年至 2020 年脱贫攻坚施工图实施方案》，精准制定实施各项扶贫项目。

——实施安居工程，达到居者有其屋。通过农村危房改造、“8·03”地震恢复重建、安居工程等项目，麦坪村共实施危房改造 424 户（建档立卡户 260 户、非建档立卡户 164 户），未享受补助自建安全住房 155 户，全面实现居有所安。

——实施人饮管网，解群众之饥渴。至 2016 年年底已经实施了 9 条人饮管网，实现每家每户管网入户，全面解决了群众的用水困难，所有农户的安全饮水达到了安全饮水标准。2018 年冬天以来，麦坪村因降雨较少较为干旱，出现季节性缺水现象，2020 年，又投入 202 万元资金启动实施管网工程，覆盖全村 9 个小组，管网建成后将彻底解决麦坪村季节性缺水问题。

——实施村组路建设，解群众出行之难。为改变云盘、堰沟、大水沟养猪卖不出、人背马驮的困境，麦坪村共投入 81.8 万元资金修通了 3 个小组的村组道路共 11.2 公里路程；近年来，又投入 750 余万元资金硬化了木瓜坪小组、猪场小组村组道路 11.6 公里和户间道 6696 平方米。其中，2019 年投入建设资金 84.32 万元新建村组道路 5 条 11.34 公里，投入资金 450 余万元硬化下沟老岩脚至火山凉山村组路 5.1 公里；2020 年投入资金 10 万元，硬化凉山、火山两个小组的户间道路 2000 余平方米。随着基础设施的不断完善，如今的麦坪村一条条公路四通八达，一幢幢小楼错落有致，曾经千方百计都想逃离的“大山”摇身一变成为安居乐业的“热土”。

穷根子“全刨除”　组织化好抓手

根据驻村工作队队员胡志华的回忆，初到大水沟社时，第一印象就是土地贫瘠，基础设施薄弱，映入眼帘的都是破旧不堪的茅草屋。进入社长朱金品家里，一间 60 平方米的低矮瓦房没有窗户，屋内阴暗、潮湿，漆黑一片，墙体开了一道三指宽的裂缝，家中除了日常的生活用具外，没有任何陈设。面对初到大水沟的胡志华，朱金品介绍道：“因为海拔高、气候差，可种植的农作物单一，吃饱穿暖对于当地百姓来说都是奢望。”

为了解决“一方水土养不活一方人”的难题，打破“靠天吃饭”难以致富的状况，麦坪村按照组织化实施推动的总体思路，全面提升产业扶贫、就业扶贫、易地扶贫搬迁“三个组织化”程度，切实增加了群众收入，改变了群众居住环境，为打好打赢脱贫攻坚大决战提供坚强保障。

——抓产业扶贫组织化。2018 年以来实施了马铃薯种薯扩繁 930 亩，退耕还林 216 户 929 亩、受益卡户 122 户，安装户用光伏 58 户，安装村集体光伏 1 个。几年来共向 104 户发放小额信贷 421 万元发展种植养殖业，目前全村存栏肉牛 642 头、生猪存栏 402 头、羊 441 只。

——抓劳动力转移组织化。麦坪村共有劳动力 1657 人，2020 年通过就业岗位推送、劳动力点对点包车等方式，共输出劳动力 1246 人；2019 年为鼓励村民积极外出务工，支付一次性交通补贴 433 人 18.77 万元；近几年培训电焊工 56 人、混凝土工 108 人、电工 162 人，为解决部分因特殊原因不能外出的劳动力务工问题，麦坪村还提供了 59 个道路生态护林员、养护员、保洁员、治安巡逻员等公益性岗位，组织他们在家就业。

——抓易地扶贫搬迁组织化。因交通条件落后、海拔较高、山高坡陡及药山国家级自然保护区等条件的限制，云盘、堰沟、大水沟及猪场小草坪生产生活水平、交通条件严重落后，严重制约了当地群众的脱贫和发展。2017 年以来，按照上级相关要求，积极将云盘、堰沟、大水沟、猪场小草坪 100 户 411 人（含其他小组零散户 7 户 27 人）纳入了易地搬迁，其中 49 户 206 人搬迁到了麦坪村所在的药山镇集镇、51 户 205 人搬迁到了鲁甸卯家湾安置点。

麦坪村在各级党委、政府及各部门的关心下，在巧家县委组织部的帮扶下，在全村干部群众的共同努力下，历史性地摘掉了贫困的帽子。走在麦坪村的土地上，一幢幢漂亮的新居林立路旁，一条条蜿蜒的公路向大山深处延伸而去，村小学、村卫生室、村民活动广场等公益性设施一应俱全，随处看到的都是一派崭新的面貌，昔日贫瘠落后的山村焕发出勃勃的生机与活力。扶贫仍在路上，发展未有穷期，相信未来的麦坪村将紧随党的步伐，在乡村振兴的道路上继续阔步前进，真正实现产业兴旺、生态宜居、乡风文明、治理有效、生活富裕。

（作者杨海茂时任中共巧家县委组织部部委委员，董超、向清银系中共巧家县委组织部职工）

挂钩帮扶中的“蝶变”

周　娟

自脱贫攻坚战全面打响以来，各级部门都为实现“脱贫摘帽”全力以赴，每位干部都在这场大决战中挥洒着青春热血。仅有5名干部职工的县委党史研究室，作为众多挂钩包保部门中的一员，在“人少事多任务重”的情况下，全体干部职工从上到下，坚决做到参与决战一个都不能少，不管再艰难，都咬紧牙关，不松懈，不退缩，克服一切困难，带着一颗真心，在挂钩帮扶白鹤滩镇旱谷地村贫困群众实现脱贫致富的路上，贡献着自己应有的力量。

从“狗狂叫”到“狗摇尾”

我和另外一名同事于2017年10月参加工作，于11月随单位调整到白鹤滩镇旱谷地村挂钩扶贫，对我们新进入工作岗位的人来说，挂钩扶贫工作是一项新的挑战，对脱贫攻坚工作了解不透彻，与群众的关系也比较生疏、有距离感，做起工作来就比较吃力。

“李大叔，您家狗在哪里啊？麻烦您出门来拦着狗，我来您家坐坐嘛！”“谭哥，要不请您跟我一起去入户，我不敢去，卡户家有好几条狗，可凶了！”刚到白鹤滩镇旱谷地村开展挂钩扶贫工作的时候，我们几个年轻干部入户时最“关心”的就是卡户家的狗。经常都是还没到卡户家，就提前打电话请他们把狗管住。

狗会对什么人狂叫？突然出现的陌生人，或是主人不待见的人。反之，对它所熟悉的人就不叫，甚至摇尾巴表示喜欢。刚到旱谷地村时我们入户时间短、次数少，每次开展入户都是走到哪里，狗就叫到哪里，现在回想起来，那时的我们是切切实实的“狗狂叫”干部。

最初，大部分群众对我们这些年轻干部是不放心、不信任的。第一次开展入户走访到李天志大叔家时，他的大儿子正在打手机游戏，不耐烦地来帮我们拉住他家狗，李大叔带着不太愉快的情绪说道：“你们这些小年轻人，给吃得起苦哦，看着啥都不会，真能帮我们脱贫致富？”被这样一问，我也有些不自信说：“大叔，我们也是来自农村，我们很能吃苦的。”走的时候李大叔不愿跟我们多说什么，大黄狗一直叫着催促我们赶紧离开。

通过几次入户，深感做好群众工作与办公室工作大不一样，既要懂得倾听群众的心声，为群众解答扶贫政策，还要想办法为群众解决一些实际问题。我们下定决心要主动适应变化，自觉提升能力素质。于是，各类文件、资料和笔记本成为随身携带的东西，认真学习政策知识，养成走访时随手记录的习惯，积极向领导、同事请教群众工作经验。我们改变了以往生硬的工作态度，怀揣一颗真心，走进田间地头，主动到农户家中，与他们同吃饭、共劳动，谈谈家长里短，真正把群众当作亲人、朋友一样相处。

我们根据每家每户的情况帮助他们制订切实可行的脱贫计划，有年轻劳动力的就鼓励他们外出务工并为他们推荐适合的岗位，有种植、养殖条件的就鼓励他们发展养殖、种植，符合社会兜底保障的就为他们争取低保补助，等等。通过群众自身的努力以及各项帮扶政策的落实到位，群众的生产生活情况发生了改变：外出务工的为家庭增加了不少收入，养牛羊的卖了个好价钱，养老保险、低保等补助让情况特殊的家庭有了基本生活保障，等等。

李大叔家三口人，媳妇因为受不了家里穷，在两个儿子还很小的时候就跑到外地去了，现在就他和两个儿子一起生活，大儿子李兴才初中毕业没考上高中就在家了，偶尔也外出打一两个月工，小儿子还在读初中，家里收入主要靠李大叔编竹制品和养蚕。由于大儿子年纪比我小不了几岁，还算有得话聊，我就鼓励他到外面去打工挣钱，在家玩游戏也不是办法。一开始他说："出去太辛苦了，在家蹲起比较好过。"后来我经常发一些其他贫困户的年轻人外出打工情况给他，也筛选了一些他可能感兴趣的岗位信息给他，最终他决定去广州的一家电子厂，再后来会偶尔跟我在微信上聊天，说现在一个月也能挣上四五千，比起以前在家颓废有劲多了。

去年，李大叔家享受了农危改政策，建了砖房，大儿子也一直在外打工挣钱。今年年初，李大叔还利用自身地势条件，在家门口围了个大院子，养起了鸡、鸭等，家里陆续添置了冰箱、冷风机等电器，还拉了网线配了计算机，日子过得越来越滋润了。今年春节前去走访时，李大叔家的"大黄"远远地就摇着尾巴过来欢迎我们，李大叔激动地说："我家呢生活越来越好了，娃儿也有了自己的出路，太感谢共产党啦！"也对我们这些看起来不太靠谱的"小年轻"表示了肯定。

在脱贫攻坚的战场上摸爬滚打了三年，如今，村里的狗已不再是我们最"关心"的对象，独自在村里也能来去自如，到卡户家早已熟门熟路。我们逐渐摆脱不靠谱、吃不起苦的干部形象，一步步向踏实肯干、值得信任的"狗摇尾"干部靠近。

从"小女生"到"女汉子"

我们单位的陈主任自开展挂钩扶贫工作开始，一直教导我们的就是要坚持"群众事无小事，真心才能换真心"的工作态度，他也在用自己的行动为我们做示范。从分析研判旱谷地村整村脱贫攻坚工作，到系统录入、数据校对、完善档案等，都亲自部署、亲自过问、亲自协调，确保挂钩扶贫工作能够真正落到实处。平时，主任除了要做好他挂钩的贫困户工作，还坚持走访完全村 122 户建档立卡户，一方面摸清贫困户生产生活情况；另一方面及时发现工作中出现的问题，研究解决措施和办法。

在开展安全住房问题清零排查时，我发现郑均平户存在儿子建了新房，两位老人仍然住在破旧的土坯房的情况。我们入户了解了好几次情况，老人和儿媳的答案都是说老人住不惯砖房，土房凉快，做了好几次工作老人态度坚决不愿搬离危房。回村上汇报工作进度时提到了这个问题，陈主任先向村干部了解了这家的大致情况，便带着我们去到郑大爷家中，主任并没有直接问他们为什么不去住砖房，而是唠唠家常：您家有几口人，二老身体平时都好吗？儿子在哪里打工，平时多久寄一次生活费，等等。不一会儿，一旁的刘大妈就主动向主任倾诉起来："我们在半边过了好几年了，人家儿媳自己苦钱修的新房子，也没有喊我们去住，我们咋好意思搬进去哦！"原来是老人和儿媳有长期的家庭矛盾！

找到问题所在，主任先耐心地劝说老人，又单独找到郑大爷的儿媳做了工作，并和郑大爷在外打工的儿子、孙子取得了联系，继续做思想工作，通过多方几次劝说调解，最终一家人化解了多年的矛盾，儿媳主动腾扫出房间并把钥匙交给了郑大爷，我们一起帮着老人把行李搬进新房，这个家也算开始了新的生活。两位老人步履蹒跚地送我们出门的时候，一边说着感谢的话一边偷偷抹泪。

类似这样的暖心时刻还有很多，我们每位挂包干部都为群众的一件件一桩桩的看似小事而操心努力。很多时候，为了脱贫攻坚工作保质保量，我们单位时常是十几二十天的"暂停营业"，全体挂包干部在单位主要领导的带领下到村开展工作。"白 + 黑""5+2"的工作模式对于我们单位来说是常态，白天我们是走村串户的挂包干部，夜晚我们是挑灯夜战的党史工作人员。生活中，我们是瓶盖都拧不开的小女生，在扶贫工作中是扛起 50

斤大米都能走二里地送到贫困户家中的女汉子，甚至连安装床、碗柜这样的事情也不在话下。群众也从一开始的对我们疏远、抵触，慢慢向我们敞开心扉，真正愿意把我们当亲戚朋友一样相处，遇到难题时愿意和我们倾诉、商量。

在这场脱贫攻坚大决战中，无论是群众还是扶贫工作人员，我们每个人都是参与者，也是受益者。对于旱谷地村的群众而言，每时每刻都在享受脱贫攻坚的成果：村容村貌变得越来越美丽，家家户户收入越来越可观，生活质量越来越高……而对于我们挂包干部来说，经过几年深入基层开展工作，在帮助贫困群众脱贫致富的实践中练就了“两把刷子”，更收获了群众的一颗颗真心，这也是另一种意义的“脱贫致富”。

（作者系巧家县党史研究室职工）

“仁安医学助学金”诠释的医者仁心

何　婕

按照中央、省、市、县关于脱贫攻坚的战略部署，以及习近平总书记在考察重庆时关于解决“两不愁、三保障”突出问题的重要讲话精神，在健康扶贫的主战场上，医疗机构首当其冲成为排头兵，为打赢脱贫攻坚战。在此，我了解到巧家仁安医院在各方面都做出了显著成效，统一思想、高度重视、积极响应、快速行动，充分发挥自身优势，以高度的责任感和使命感大力开展健康扶贫工作，为如期全面建成小康社会作出新的更大贡献。

“仁施于患、爱献于院、技精于勤、信取于恒。”巧家仁安医院为弘扬中华民族扶贫济困、重学修德的优良传统，发挥社会公益力量培养巧家县籍医疗卫生人才，稳定和扩充本土医疗人才队伍。在县妇联牵头下，于2012年11月8日成立“仁安医学助学基金”项目，分别以“一次性资助”和“学业资助”的方式，对有志于投身本县医疗卫生事业、品学兼优的贫困学生进行资助，致力于帮助贫困学子，静心潜修医学知识，夯实基层医疗技术，为人民群众的健康上一道“保险”。截至2019年，资助人数达47人，合计资助金额34万余元。与县妇联合作开展“仁安医学救助”活动，2015年以来，共资助我县本土籍考上二本医学类院校学生35人。目前，已有10余名受助学子顺利完成学业，投身巧家医疗卫生事业，培养了我县医疗人才队伍。

巧家仁安医院“仁安医学助学金”发挥其作用。于2013年2月分别与黄明灿和杨进两位学子签署了定向工作协议书，对两人进行助学金资助，大学期间每人每年10000元进行补助款发放，直至5年后二人毕业。

黄明灿2012年9月考入黑龙江佳木斯大学临床医学专业，生活中的她幽默开朗，乐观积极，热爱生活，学习刻苦勤奋，有责任、有担当，但是由于家境贫苦，她在读大学的时候也会一抽空就做兼职，晚上回到宿舍又看书。收到医学助学基金后，来信感谢该院的资助，并表示“仁安医学助学金”雪中送炭般的温暖援助，帮助她顺利进入大学校园，在这期间能够省下时间用来学习，实现梦想，她会带着这份温暖在求学的道路上披荆斩棘，不断奋进。

黄明灿在佳木斯大学临床医学专业求学期间，多次评选为年级“三好学生”，积极参与学校举办的公益活动，并获得“公益小达人”称号，学习专业知识稳扎稳打，在班内任学习委员和组织委员。

黄明灿不止一次在来信中感谢该院，是这份爱，让她的人生充实而快乐，也让她在今后求学行医的道路上，更加坚定不移地走下去。不负众望，她没有辜负这笔助学金，凭借自己的努力刻苦学习，学有所成。听医院此项目负责人说，毕业后她去医院感谢他们和他聊到，五年的医学院生活让她收获匪浅，在同学中间，尽管不是最优秀的，但从未放弃过对更优秀的追求。而且在人应该是活到老学到老的思想认识下，她不断地挑战自我、充实自己，为实现人生的价值打下坚实的基础。在师友的严格教益及个人的努力下，具备了扎实的专业基础知识，系统地掌握了临床医学专业课程。同时，在不满足于学好理论课的同时也注重于对各种相关医学知识的学习。利用课余时间广泛地涉猎了大量书籍，参加课外学生科研活动，这不但充实了她自己，也培养了自己多方面的技能。据了解她现在已就职，我发自内心地恭喜她学有所成，也祝贺她能够实现自己的梦想，现在她怀着对该院感恩的心用自己的能力来回报、反馈社会，我相信巧家仁安医院也很为她感到高兴，也祝福她能够越来越好。

润物细无声，在资助学子的同时也关心学子的成长。杨进于同年就读昆明医科大学临床医学专业，高中时成绩靠前，是同学们眼中的“学霸”。杨进很内向，心态比较消极，所以在他成绩优异的同时，心里也有隐隐的担忧，杨进出生于普通农村家庭，家境贫寒，父母供他读到高中已承受了很大的经济压力，读大学是他的梦想，但是看着父母为他的辛苦付出，心疼不已，在升学与提前进入社会工作之间摇摆不定。

在了解到这一情况后，引起了该院医学助学金项目负责人的高度关注，经考评后，决定对杨进进行助学金资助，助他实现大学梦，基金项目的负责人走访了杨进家，在杨进与父母欢迎、感谢、感恩的笑容里，看到了二老对孩子满满的愧疚、歉意、骄傲、期望以及杨进对未来美好生活的憧憬、向往。在校期间，杨进刻苦读书、奋笔疾书，并且比别人付出更多的时间和努力，认真学习临床医学专业知识。同时，他变得乐观开朗，积极进取，多次获得了昆明医科大学该专业年级“优秀学生”的荣誉，还有学校奖学金，他以优异的成绩回报着所有人对他的付出。“仁安医学助学金”持续跟进杨进成长，杨进在来信中说道：感谢“仁安医学助学金”对我的慷慨帮助与支持，让我更加珍惜现在的生活，让我懂得了“不经一番寒彻骨，怎得梅花扑鼻香”的刻苦学习精神。现在杨进正在准备考取事业单位，希望他能够尽快通过最后一关从而投身医疗行业，同时热爱医学事业，救死扶伤，不辞艰辛，执着追求，为人类健康事业而努力奋斗，大展宏图。

“仁施于患、爱献于院、技精于勤，信取于恒”是巧家仁安医院的院训，秉承这一精神，在助学学子的心中埋下了希望的种子，假以时日，便成长为一棵参天大树。医者仁心，生生不息，为医疗工作队伍的壮大，奠定了坚实的基础。

（作者系巧家县扶贫办职工）

脱贫路上不落一人

张进宝　肖梅　王中江　侯永俊

流浪汉丁应龙背后的扶贫故事

脱贫在即，回想起多年来的扶贫攻坚工作，时常让我感慨万千。感慨的是所挂钩的贫困户，通过系列的帮扶措施已如期实现脱贫，给我印象最深的，是帮助挂钩村街头流浪汉丁应龙落实兜底保障政策。

2019 年 11 月 28 日，我深入挂钩点蒙姑社区开展扶贫攻坚工作，在入户途经蒙姑广场时，突然发现一似曾相识的流浪汉，经询问当地村民，说其名丁应龙，蒙姑镇拖坑村的……听村民这么一说，我记起了 20 年前强制收容遣送时期，其因精神障碍在县城流浪被多次遣返过，如今比以前苍老了许多。经联系拖坑村陈书记，说丁应龙在拖坑村无户籍，无亲人，因患精神障碍，长期在外流浪……

当晚，面对严重漏保流浪汉，我彻底失眠了，救助管理工作多年，我们牵头建立了系列流浪乞讨人员救助管理机制，强化了乡镇党委和政府属地领导管理责任，但在古镇蒙姑街头，居然还有露宿了 20 多年的流浪汉，救助管理工作任重道远……想起习近平总书记所说“在脱贫攻坚路上，谁都不能落下，谁也不能少”，我内心久久不能释怀，决定协调相关单位落实其兜底保障政策。

经与拖坑村陈书记、一组王组长、二组邓组长反复联系核实，丁应龙系王组长小学同学，原拖坑村二组村民，父母去世后因患精神障碍无亲人监管长期在外流浪，无户籍，村组均表示同意协助其落户并办理兜底保障政策，随后我便协调蒙姑镇社会事务中心落实临时救助措施，保障其基本生活权益。

2020 年 1 月 14 日，我站出具公函，连同其落户申请书、站外救助信息表提交蒙姑派出所办理落户手续。取得户口后，又联系镇社会事务中心将其纳入特困人员。

2020 年 4 月 3 日，县民政局派车将其接入巧家仁安医院精神科进行治疗，巧家县救助管理站当即为其购买了基本医疗保险，联系医保局以特困人员身份纳入医疗保障。5 月 6 日，流浪汉丁应龙正式移交巧家县中心敬老院，落实了兜底保障政策，彻底告别流浪，不再乞讨。

特困供养家庭李玉坤的帮扶记

2020 年 4 月 15 日又到建档立卡贫困户李玉坤家，每次来到他家都有一种心酸的感觉，一家三口，吃的不像吃的，穿的不像穿的，家不像家。虽然每年家中有两万多元的特困供养金，但也还是艰难度日，一家人每天都要早出晚归地去捡垃圾，家中的“宝贝”可以用堆积如山来形容。原本这个家庭应该是幸福的，唯一一个智力正常的儿子外出打工，不幸坠亡，只剩下智障老婆和大儿子，都需要李玉坤来照顾，每次来他家我都要耐心劝导他们一家人搬到敬老院去享受衣食无忧的幸福晚年生活，可惜他一直不为所动。

今天一进家门我就对他说：“老人家啊，我们今天来帮你给家里面收拾一下。”可他却有气无力地对我说：“肖梅，我这几天身体不舒服，可不可以缓几天。”看着一屋乱七八糟的东西我只有硬着心说：“不行。”接着我便联系废品收购站的人并请周围邻居一起来把他家里面的瓶瓶罐罐和纸板等，全部收拾了卖得 180 多元钱交到李玉坤的手中，他热泪盈眶地对我说：“谢谢！”接下来我便动员他入住中心敬老院，这次他的态度不再那么强硬，说了句：“我考虑一下。”

4 月 18 日我再次来到他家，在门口喊了半小时都没得人回应，只听到家中的两只狗在叫，便向邻居打听到，李玉坤病了，已经几天都没出门了。我便一直在他家门口等待，等来了傻傻的老婆和智障的儿子，等我进到他的家中之后看到的是：李玉坤佝偻着身子躺在床上，我喊了几声才把他喊醒，已经是有气无力的了。然后我便立刻联系蒙姑镇卫生院来到李玉坤的家中，医生说他的病情很严重，已经全身浮肿，关节变形，要立即送县医院，我便立即联系了巧家仁安医院救护车来接他们一家人到仁安医院就医。

可惜的是由于长期劳累、营养不良，李玉坤在医院救治了两个月之后，还是不幸离世了。李玉坤去世后，我始终放心不下李玉坤老婆和儿子的生活，常去蒙姑看望他们，但李玉坤的老婆对我有很大成见，到处说我把李玉坤送到医院去医死了，把她和她儿子在医院关了两个月，并且见到我们胡乱骂。经过多次做思想工作，李玉坤的老婆和儿子终于同意入住巧家县中心敬老院。经过在敬老院一段时间的相处后，现在李玉坤的老婆看到我们就乐呵呵的，并且还会主动来找我说话，并说：“感谢党和政府让我们这些无助的人有个幸福的晚年。”

集中供养助力脱贫攻坚

动员小组又一次来到建档立卡贫困户蔡兴美家，拆除重建的新房已粉刷一新，门前空地也不再坑坑洼洼，各式农具摆放整齐。在屋顶育苗池的蒋大哥见我们来了，端着烟苗说道："你们这么早过来，还是为动员我兄弟入住县中心敬老院的事情吧！"

不是我不让他入住敬老院呀，主要是考虑到我家照顾他都多年了，加之家族其他亲戚也不愿意他去。要是送他去了，家族里面其他人就要说我了，蒋大哥向我们说到。

蔡兴得，男，智力一级残疾，生活不能自理，为分散特困供养人员，一日三餐和起居生活由妹夫蒋有贵一家负责照顾。

同行的挂钩帮扶干部王政银说："现在一是国家政策好了，以前全县都只有一个敬老院床位少，想住还不容易住呢，近些年县里新修了好几个敬老院，我们才能动员像他这样身体条件较差、又无劳动能力、半自理和全自理的、脱贫增收难度大的建档立卡特困人员到敬老院生活。二是像你家这种情况，你看你们在地里忙活时还得时刻想着他，生怕他乱跑、饿着、受伤什么的，还得留人照看他。三是随着年纪增大，他衣食住行都会有一定的困难，生病住院增多，你们需要花费的精力、经济，对你们家庭来说都是一个不小的负担。四是他进敬老院住后，吃饭到点有人叫，衣服脏了有人洗，生病了有专人送医，农闲时、逢年过节时你们也可以去看他或者接他回来住几天。"

不多时，蔡兴美从烟地回来了，不光你们来，镇上、村上还有驻村的同志都来动员过多次了，之前也有不少担心，也打听过村里在敬老院住着的情况，我们也放心了。你们之前让准备的身份证、医保卡都准备好了。我让老大陪着他舅舅去。蔡兴美唠叨到。

通过多次动员，蔡兴得终于坐上了驶向巧家县中心敬老院的"专车"，幸福的生活正在向他招手。

不以善小而不为

自 2017 年 12 月起受组织安排开始驻村扶贫，因工作关系中间换了一个乡镇，不同的是不同的乡情民情，相同的是都是为了群众的发家致富而努力奔走，依然还是为老百姓服务。

扶贫三年来，感触良多，有感于我们国家大刀阔斧的扶贫大政，有感于我们基层干部对农村疾苦的体恤入微，有感于部分卡户对政府的依赖绑架，有感于群众对党的感恩涕零。作为众多扶贫干部中的一员，我最大的感触，就是不以善小而不为吧。

初到新店镇火地村开展驻村扶贫工作，虽有心理上的包袱，但总体想法就是，本就是一个农村娃，现在能为老百姓服务，至少为老百姓办一点实事吧，至少尽好工作的本分吧。

通过了解，新店镇火地村袁家坪村民小组建档立卡贫困户王国珍家，家庭人口 2 人，王国珍生于 1937 年，中年丧偶，多年来与身患智障的儿子相依为命。王国珍户享受兜底保障，每月两个人能领取近 700 多元低保金，在偏远的农村似乎能够满足基本的生活费用。但是，一个 80 岁的老人，和一个智障 40 岁儿子一起生活，病了怎么办，过些年老人走了儿子如何生活，这些想法时刻悬在我的心头。但该包挂片干部透露出对王国珍户的冷漠，说王国珍并不缺钱，亲自看到王国珍从家里拿出很多钱，起码有上万元，政府对于房屋进行了帮建，每月还安排了低保。可是作为民政人，按照政策该户两人都符合申请特困供养人员条件，问为什么没有享受，答曰："不了解政策也没有接到该户的申请。"感叹于不知是村干部的冷漠或是不了解百姓疾苦。感叹归感叹吧，向其他村委干部介绍特困供养政策，帮王国珍填写申报材料，复印相关证件，提交特困申请，帮其申请到特困供养补贴金，到离开该镇时还劝王国珍老人入住敬老院。

对于整个脱贫攻坚工作来说，某一户的生活提升，并不影响整体的大局，但是也在想，如果没有到该村的驻村扶贫，80 岁的王国珍与智障儿子，是否能多领到每年上万元国家补贴，是否能解决养老之忧。

或许对于社会，对于广大农村的脱贫攻坚来说，也许我们的岗位非常平凡；但是我们干扶贫工作却不能平庸，战斗在扶贫战线上的无数英雄前辈已经为我们做出了表率，让我们继续集雨露汇大溪，集小善成大善吧。

（作者均系巧家县民政局职工）

欢声笑语重回贫户之家

茹红燕

“现在孩子在学校能像其他正常孩子一样享受学习和生活的乐趣，我们非常开心。这一切都要感谢国家政策的支持，当地残联和民政的帮助，社会各界人士的关爱以及云南省残疾人康复中心工作人员的辛勤付出。”白鹤滩镇的脑瘫患儿宋枝鑫通过康复治疗，实现了从不能走路到进校读书并能开展常规活动的转变，他妈妈高兴而感激地说。

宋枝鑫的故事还得从他出生时说起。孩子的出生，本是一个家庭非常高兴和充满希望的事。但宋枝鑫小朋友出生后，他的父母却无论如何也高兴不起来，整个家庭被愁云所笼罩。2011 年 1 月 12 日，宋枝鑫在巧家县仁安医院出生时由于难产窒息，医护人员进行了一系列的紧急抢救送至儿科治疗，但是孩子的各项指标和生理反射都不理想，于是在出生的第二天又转院至云南省儿童专科医院治疗，医生给出的诊断是：新生儿青紫窒息、缺血缺氧性脑病、青光眼、脑膜炎、坏死性肠炎等 10 余种病。医生建议放弃治疗，但宋枝鑫的父母说只要孩子有一口气都不会放弃他。

在昆明住院花费了 8 万元，昂贵的医药费掏空了这个原本不富裕的家庭，还负债累累。出院后又看中医，推拿等尝试了各种治疗方法，但孩子实在是太虚弱了，每次喂奶都只能喂 10 毫升左右，一罐奶粉要吃两个月，4 个月时体重只有 8 斤，所幸，孩子还是顽强地活了下来。

小枝鑫快到 1 岁时还不能翻身、不能坐、不能迈步。开始，家里人觉得可能是孩子大病了一场身体虚弱，是要比一般的孩子发育慢些。可是等到孩子一岁半的时候还是不能翻身、不能坐，也不能迈步，这下枝鑫的父母着急了，赶紧带着孩子再次到云南省儿童医院就诊，医生诊断为——脑瘫！医生告诉小枝鑫父母孩子很有可能要一辈子躺着床上，不能行走，不能去上学，也不可能像正常人一样过完自己的一生。一连串的打击，击碎了这个家庭的幸福。一直以来，每天都是提心吊胆，不分日夜地细心照料才让孩子闯过了第一关，现在又是面临这种情况，枝鑫妈妈忍不住放声大哭，枝鑫爸爸一个大男人也忍不住流下了眼泪。冷静下来以后，枝鑫妈妈坚定地说："儿子出生时都能从鬼门关抢回来，我相信这次也一定可以的。"于是这个家庭从此就踏上了艰辛的康复之路。

他们起初带宋枝鑫在省儿童医院接受康复治疗，方案是药物治疗加康复训练，治疗费每月一万元左右，经过半年训练，家里实在是拿不出一分钱了，只有出院再尝试中医推拿治疗，中医治疗每月花费 5000 元左右，但只能起到辅助作用。枝鑫妈妈负责照顾孩子，爸爸负责赚钱，夫妻俩把生活开支降到最低，枝鑫爸爸为了给儿子赚训练费常常要打几份工。只要一赚到钱就立即带孩子去医院做康复治疗，实在困难的时候就只有在家自己给孩子做简单的训练。这样持续了几年，断断续续不系统的康复训练效果并不十分明显，但是这个家庭并没有放弃，仍在苦苦支撑。

宋枝鑫 2016 年开始接受残联免费儿童康复训练项目。

2017 年，巧家县精准康复服务行动开始实施，宋枝鑫小朋友又成为第一批精准康复受益者。巧家县残联准备了所有的材料，把他们送到云南省残疾人康复中心儿童康复二科，医生给孩子做了全面检查和精确评估，制订了详细的康复训练计划和实施方案，接受系统、专业的康复训练。

刚刚来到康复中心，大运动方面，宋枝鑫能靠着墙短时间独站，牵一只手能短距离行走，并且步态不稳不规范，不能独自行走；言语方面，清晰度差，发音不标准，交流时只有熟悉的人才能听懂；生活自理方面，完全依赖妈妈，性格比较内向，不喜欢交流，表达不清，不喜欢和小朋友一起玩耍，还爱哭闹，没有自己的主见。

经过康复训练后，无论是运动功能、自理能力还是言语表达，都有了明显的进步，他能从独站到室内独立步行，在平坦路面上可以跨越5厘米高的障碍物，可以独立上一层楼梯。随着年龄的增长，更多的介入了日常生活自理能力和学前教育的训练。现在的他能够独立完成洗漱，穿脱衣服、鞋袜等，能够自己上厕所并完成清洁。集体训练课，他会主动帮助其他的小朋友，还会帮助老师准备训练用的教具。对于学前教育的训练，他的改变给老师和家人带来许多惊喜，从开始的认识数字，到现在他能完成20以内的加减法，也能够认读和书写简单汉字。

宋枝鑫的进步太多太多，性格也开朗了许多，爱笑了，也喜欢和小伙伴们分享玩具，一起开心地上训练课。他的饭量也明显增加了，身体也渐渐强壮了起来。看着孩子一点一点地进步，枝鑫的父母渐渐地又增加了信心。

从2016年到2019年宋枝鑫小朋友都在省康复中心进行康复治疗，每年国家免除1.2万元的康复治疗费用。为了矫正他的异常步态，控制痉挛，促进运动功能和ADL能力的恢复，县残联每年都给他适配了矫形器。并加入了认知训练和儿童心理辅导等多重支持，比之前接受的单一的儿童康复训练更加系统、规范，使康复训练发挥最大效果。

现在，宋枝鑫已经是小学二年级的学生了，每天能戴上鲜艳的红领巾去上学是他最开心的事！在学校可以跟同学一起畅游在知识的海洋，一起玩耍。虽然有些体育课的项目他不能参加，但他已经很高兴了，回到家里做完家庭作业还会帮妈妈做一些简单的家务和照顾弟弟。宋枝鑫从不以自己的情况而自卑，无论学习和生活都积极乐观地去面对！是个开朗懂事的孩子。

今天，宋枝鑫离开了云南省残疾人康复中心，进入校园，奔向属于同龄人该属于的世界，开启自己新的人生。虽然跟同龄的孩子比起步有点晚，但是孩子有信心自己可以赶上通往美好未来的列车。久违的快乐又重新回到这个家庭，他的父母又重新规划未来，回到家乡用他们勤劳的双手和智慧发展起了养殖业，他们坚信日子会越过越红火。

随着脱贫攻坚工作的推进，像宋枝鑫一样享受医疗扶贫政策，提高生活质量或改变命运的人越来越多。2015 年以来，县残联康复科眼科门诊筛查符合白内障手术患者 649 名，并已实施免费复明手术；开设盲人定向行走训练班，培训练盲人 20 名；开展脑瘫、智力残疾儿童康复训练 160 名，同时培训家长 160 名；聋儿康复训练 18 名，助听器适配 140 名；为成人假肢适配 102 只，腿适配 56 只，大腿适配 46 只；为肢体残疾儿童适配矫形器 99 名，共计发放辅助器具 1774 件；精准康复项目共计实施 3809 名；为 8 名聋儿申请到免费人工耳蜗手术。

在一系列扶残助残政策帮扶下，一批批身陷贫困的残疾人，或重新燃起生活希望，或奋发创业、脱困自强书写出精彩人生篇章。点亮拥抱幸福生活的梦想！让我们与广大的残疾朋友一起携手迈向未来！

（作者时任巧家县残联康复中心主任）

生命之花在扶贫路上绽放

——追记牺牲在我县脱贫攻坚一线的干部

李会云

2014 年，巧家脱贫攻坚战正式打响。五年多来，各级干部以“敢打善拼，坚韧求成，再硬的骨头也要嚼碎”的脱贫攻坚精神投入脱贫攻坚一线，精准施策、攻坚克难，付出了艰辛努力。在这场没有硝烟的战场上，6 名扶贫干部为脱贫攻坚工作献出了宝贵生命，用生命谱写了一曲守初心、担使命的壮歌。他们真切的感人事迹和无私奉献的宝贵精神，进一步坚定了我县干部群众打赢脱贫攻坚战的信心和决心，是留给全县干部职工的宝贵精神财富。

为脱贫攻坚战斗至生命最后一刻的战士——王才华

王才华，是巧家县新店镇新寨村监督委员会主任，一个入党 9 年的共产党员。2019 年 11 月 29 日，加班到晚上 8 时许的他，回到家中继续利用云南农信手机 APP 开展“新农合、新农保”缴费录入工作，21 时 30 分左右突感身体不适被送到昭通市第一人民医院抢救。11 月 30 日 9 时 20 分，因高血压导致脑干中枢神经大面积出血抢救无效停止了呼吸……

他身体一直不好，患有高血压，同事朋友都劝他有病不能拖，要尽快去医院好好的治疗，可他总说今年是我们村脱贫出列之年，脱贫攻坚任务艰巨，还有很多工作要做，村里的工作离不开他，等全村胜利脱贫出列了，他就去好好检查。

每年到了“两保”征缴的时间段，王才华都会变“穷”。因为这时候，在新寨村总会有少数家庭因为家境确实困难而暂时交不上。热心的他，会先拿出自己的钱来帮人垫上，等到别人宽裕时再给他。在村委会工作，他每个月的工资并不高，加上自己还有一个读大学的儿子，自身经济不宽裕的他从不说一个“不”字。

村委会的人都知道，老王解决矛盾纠纷是把好手，在工作中，每当遇到棘手的矛盾纠纷，都是他主动“出战”，2019 年，单是经他个人调解的矛盾纠纷，大大小小加起来就有几十件。他了解群众的情况，能站在群众的角度为群众考虑，调解公平公正，经他调解的矛盾纠纷群众都能接受他说的处理结果。一来二去，他不仅为全村积累了做群众工作的经验，也提升了脱贫攻坚群众的满意度。

王才华把心都用在群众身上，大事小事只要群众需要，他总是不遗余力。为困难群众代缴医疗保险、调解群众间的纠纷……一桩桩，一件件用自己的一举一动发挥着基层干部的作用。

为了干好扶贫工作，王才华每天早出晚归，奔忙于新寨村精准扶贫第一线，到贫困户和普通群众中去，家里的事都靠妻子刘兴梅顶着。王才华经常跟妻子说：“我既然干着这份工作，就要对村民负责，就要对得起他们的信任。我们现在忙是在为脱贫出列做好准备，新寨村今年是要脱贫出列的。”

如今新店村已经脱贫，但他却没能等到新寨村脱贫出列的那一天……

深情帮扶的驻村工作队队长——陈现彩

陈现彩是巧家县红山乡白果村的驻村扶贫工作队队长，2019 年 4 月 30 日，本是他调休的日子，但他仍然坚持在村委会开展工作。直至 14 时许完成工作后，在驾车前往县城途中遭遇车祸，车子翻入金沙江，不幸遇难……

白果村是一个苗、彝、汉族杂居的民族村，也是全县的深度贫困村。工作中遇到困难，他经常说："我就是红山人，对白果的情况要熟悉一点，有什么困难的工作就安排给我。"同事们一起聊天时总谈起他是好队长、好大哥。

为了尽快熟悉业务，开展好扶贫工作，他走村串户，与农户交心谈心，逐户了解农户基本情况，分析致贫原因，建立完整农户信息档案，逐一制定帮扶措施，用他自己的话说，就是"不能辜负组织的信任"。

山核桃林社的李光强及妻子王正芬均是聋哑并带有残疾。陈现彩知道后，经常到其家中照顾他们的生活，帮助老人打扫房间、收拾衣物，并个人捐助了两位老人 300 元钱。

白果社区的罗其军户，是建档立卡贫困户，罗其军早年外出务工，双腿摔伤失去知觉，整日与轮椅相伴，家中还有一个读四年级的女儿与他相依为命。陈现彩了解到他家的情况后，不但赠送了罗其军轮椅，还经常到家中对他进行生活护理，并帮助罗其军读四年级的女儿复习功课。

对于一直以来从事教育教学工作的他，还特别关注农村孩子的就学问题，深深地知道"扶贫扶智"的道理。他经常说："孩子是一个家庭的希望，孩子若能接受好教育，便有可能改变一个家庭。"在入户走访中，但凡发现有在校思想不稳定或存在辍学倾向的学生，他都会与学生及家长进行沟通，宣传国家的扶贫政策、法律法规，讲解知识的重要性，直到做通工作。

几年来，他的足迹遍布白果村的每个角落，他的事迹深深地印在了每个老百姓的心中。时间虽然定格在了 2019 年 4 月 30 日傍晚，生命定格在了 48 岁，但他勤奋、敬业、务实的精神将激励更多的扶贫干部在脱贫攻坚道路上勇往直前。

生命最后一刻还不忘辍学儿童的民警——王代权

55 岁的王代权是巧家县公安局驻马树镇小米地村扶贫工作队队员，2020 年春节后，返岗连续工作 52 天的他病倒在了脱贫攻坚第一线。

春耕时节，小米地村龙潭社的刘邦富计划将 6 亩山地全搞种植，但是妻子残疾，两个孩子还小，家庭缺乏劳动力，几天下来，才种下 1 亩不到的洋芋，眼看好时节就要过去，刘邦富愁眉紧锁。

王代权了解到刘邦富家的实际情况后，第二天就组织发动村里 10 余名富余劳动力上门帮助，仅用 3 天就帮刘邦富家剩下的土地全部种上了洋芋和小麦。

而这个时候，王代权已经感觉到了自己身体的不适。

“我当时就劝他，让他请个假好好地去检查一下，他说他的身体他晓得，当前正值疫情防控和春耕农忙时节，缓缓再去！”面对同为驻村队员许国志的劝说，王代权谢绝了。

这一缓，就缓到了 3 月底。

3 月 20 日，正在村上统计就业劳务输出的王代权感觉肝部疼痛加剧，在许国志三番五次的劝说下，王代权请了几天假回县城做检查。

3 月 23 日，王代权被确诊为肝癌晚期。

“这些山里的孩子，只有读好书学好文化才有个好的未来，不能放弃任何一个！”小米地村大溜槽社的控辍保学是王代权最放心不下的事。

大溜槽社全社共有 59 户 170 人，其中适龄辍学儿童就有 10 人。在王代权多次走村入户当面劝说和电话沟通下，8 名适龄辍学儿童已返校就读。唯有两户例外，15 岁的刘启朵和王顺贵厌学多年，相约外出打工一年多，虽然已过控辍年龄，但是为了让孩子有个好的未来，王代权依然不离不弃。

在王代权坚持不懈下，刘启朵复学，可王顺贵和其家人去意已决，多次以孩子学习成绩不好、厌学、自己忙等理由，拒绝王代权的好意。

直到病发入院治疗，王代权仍然心系王顺贵读书的事情。

“我的包保户还有一家人的孩子没能上学，麻烦你帮我继续努力”，在病床上，王代权打电话给许国志，留下这番嘱托。

4 月 1 日，王代权就病逝了。

“王警官再也看不到这 9 个返校上学娃娃的成长和大溜槽社脱贫后的发展变化了。”王代权病逝后，大溜槽社社长刘邦相伤心地说。

在脱贫攻坚这场没有硝烟的战斗中，像王华才、陈现彩、王代权这样恪尽职守、担当尽责的扶贫干部还有很多，因为他们不等不靠不懈怠、苦干实干加油干，才让巧家发生了翻天覆地的变化，迎来了脱贫攻坚的最终胜利。

（作者系中共巧家县委组织部职工）

东西合力　同心攻坚

张荣颖

一个在东、一个在西，相隔数千里，却因党和国家对口扶贫协作的东风，牵起了千里之缘。从资金投入、物资捐赠到干部援助、人才交流，再到劳务协作、产业帮扶，一份山与海的浓浓情谊，架起了两地同心向前的桥梁，奏响了贫困落后的小县城与沿海发达城市携手前行的山海“协作曲”。

援建易迁助脱贫

巧家县马树镇马树社区老街易地扶贫搬迁安置示范点，原是高寒山区的沼泽地带，由广东省东莞市出资1000万元援建，于2016年11月23日动工，2017年12月15日竣工，占地69亩，集贸市场、公厕、垃圾房、太阳能路灯、景观绿化、水利设施、篮球场等公共设施一应俱全，助力72户贫困人口脱贫，135户非卡户进一步发展。

习明桃一家是从马树社区秃头箐小组搬迁过来的贫困户，家中4口人，大儿子习广在德宏州读大学，女儿习迪在县城读高中，家庭负担较重，老房子是土木结构，稳定性差，抗风险能力弱，存在较大安全隐患，但无力改造。幸得东莞援助，获得了10.4万元的建房补助，搬入了119.7平方米的新家，刁明桃脸上露出了发自内心的笑容，说道："两个娃儿都在读书，亲朋好友的钱也只够自己用，10多万块想借也难，如果没得脱贫攻坚政策和东莞的帮助，我现在可能还在为修房子发愁。"现在，他和妻子一起负责道路养护工作，两人每月工资5000余元，同时种了20多亩地，养了11头小猪。说起未来的日子，刁明桃感觉越来越有奔头，充满了干劲，有了党和国家的帮扶，吃住有保障，儿女也成器，相信以后的日子会越过越红火。

同样从马树社区大地噶小组搬迁过来的还有贫困户朱树能一家，谈到搬入新房以来的感受，朱树能说："搬进新小区后，出家门口就可以买菜，卫生院也在家门口，去超市购物也没有几步路，生活太方便了，感谢共产党，让我们有了现在的好日子。"

援建学校兴教育

2019年10月22日，占地面积300平方米，建筑面积1500平方米的综合楼在大寨镇中心学校校园内建成竣工，工程投资450万元，全部来源于东莞市财政专项帮扶资金。

大寨镇中心学校距县城51公里，地处白鹤滩水电站右岸。近年来，由于修建白鹤滩水电站和易地搬迁项目，流动人口、务工子女逐年增多，自2016年起，每年新增一个教学班，致使原本就不够宽敞的教室、活动场等设施显得更加紧张，原有的功能室改造成了教室，教师办公室也变成了教室……

校舍扩建迫在眉睫，而扩建校舍的资金从哪里来，成了最头疼的问题，正在为资金问题抓破头皮的时候，校长李星奎接到了县教育体育局的通知："东莞对口帮扶协作项目——大寨镇中心学校综合楼已获审批！"

2018 年 12 月 25 日，大寨镇中心学校综合楼破土动工，历时 10 个月工期，顺利完成了综合楼主体建设和装修工程，交付学校投入使用。

综合楼的建成，切实解决了校舍不足的难题，全校师生真正感受到东莞对口帮扶协作带来的福利。“我们终于可以坐在餐厅里吃饭了，不用再害怕炎炎烈日，也不必担心雨天吃饭被淋得像个落汤鸡。”四年级 3 班的王富岗同学幽默地说道。“现在的支部活动室太宽敞了，一点也不拥挤，来参加党员大会不用再像以前那样坐在小板凳上记笔记了，东莞对口帮扶协作项目让我们深刻地体会到了国家政策的优越性和实用性！”大寨镇小田学校的党员教师许才荣自豪地说道。“才开学的时候，娃娃转来跟我说，他们搬新教室了，原来的教室好拥挤，现在的教室又宽敞又明亮，早上在教室里背书都比以前效果好了！我也跟娃娃说，学校环境好了，你更应该好好学习，长大了为国家做贡献！”五年级 2 班的黄海航家长语重心长地说道。

援建车间促产业

下寨村是中寨乡的蚕桑主要种植区，其中张村、龙茅、码口三个小组是下寨村蚕桑主产区，现有桑园 426.5 亩，农户 73 户 308 人，其中卡户 31 户 129 人，群众的农业生产收入主要以蚕桑为主。为进一步促进该村蚕桑产业发展，东莞市镇街于 2019 年 11 月投入财政帮扶资金 25 万元，在张村小组修建了养蚕扶贫车间，建设标准化大蚕房 1 间（面积 225.2 平方米），标准化小蚕共育室 2 间（总面积 75.5 平方米），在张村、码口两个小组建小蚕房各 1 间。车间建成后由下寨村种植农民专业合作社管理使用，下寨村集体经济公司按每公斤蚕茧或每克小蚕共育蚕种分别收取 1 元钱作为收益（每年 2300 元左右），收益的 70% 作为村集体经济，30% 作为蚕房、小蚕共育室的维护管理费用。

下寨村种植农民专业合作社法人张和树介绍，养蚕扶贫车间建成后，不但进一步推动了下寨村集体经济发展，还加大了对贫困户产业的扶持力度。初步估算，利用2间小蚕共育室年可生产蚕种70张，覆盖三个小组所有养蚕农户。张达会是码口小组的贫困户，家里共4口人，家庭农业收入主要是养蚕，养蚕扶贫车间建成后，她得到了一份在车间育种的新工作。她说："车间建好后，农户拿蚕种方便，育的蚕种消毒管理严格，群众反映好养不生病，增加了我们收入。上年我一年四季育小蚕32张，年收入2240元，今年我在车间，光春蚕和夏蚕就育了22张，育小蚕两季收入1540元，加上正秋和晚秋全年可育种47张，预计全年育种收入3290元，比上年增加了1050元。"张达伦是张村的小组长，也是贫困户，在养蚕扶贫车间负责大蚕饲养管理工作。他说："我们张村有易地搬迁户9户，外出务工3户，6户人家拆了房子后没有养蚕的地方，扶贫车间投入使用后，今年春蚕和夏蚕吸纳了4户易地搬迁户在里面养蚕，共3.6张，实现养蚕收入6600元，户均1650元，群众对养蚕车间非常满意。"

援助产业促就业

"以前在玉溪务工，工资按天结，一般150元一天，但是不稳定，一个月除去生活费各种开销，也存不下什么钱来，每逢春节回家过完年要外出的时候，娃娃哭老人也哭，我和娃娃他妈心里特别不是滋味。我三兄弟都在外打工，两个老人都70多岁了，总得有人留下来照顾下老人。"巧家县老店镇治乐村的徐正贵回忆起以前务工的日子难免有些伤感。在老店镇治乐村蛋鸡养殖项目开始招工时，在外务工几年学了点水电维修技术的他赶紧去报名，现在每月工资3300元，解决了就业问题。"国家政策越来越好，感谢东莞的帮扶，给了我一份在家门口就能赚钱的工作，不但轻松，收入也稳定，还可以兼顾家庭。”徐正贵略显激动地说道。

家住药山镇麦坪村下沟村民小组的唐根，家中有三口人，父亲因为残疾干不了重活，母亲也患有长期慢性病，他成了家中唯一的顶梁柱，之前一直四处漂泊打工，收入也不够稳定。蛋鸡项目刚成立的时候他便选择了回来，合作社刚开始建厂时他就去昭通华曦集团学习了半年，厂子建完准备进第一批鸡时他正式入职，现在已经是蛋鸡养殖项目的厂长，一个月能有 5000 元左右的收入。

徐正贵和唐根所依托的蛋鸡养殖项目，位于老店镇治乐村，由东莞市镇街财政援助资金 250 万元建设，由巧家县华辰养殖农民专业合作社实施，共投入建设资金 605 万元，以“龙头企业 + 合作社 + 村集体经济 + 贫困户”模式运营，挂联卡户 250 户。合作社与昭通市华曦集团签订合作协议，由其选派公司业务主干负责养殖技术指导和销售；项目初期养殖蛋鸡 5 万羽，日产蛋 4 万枚，年销售额约 300 万元。带动解决劳动力就业 8 人，其中建档立卡贫困户 6 人，平均 2500 元 / 月，挂联卡户年均分红约 450 元。目前，厂里蛋鸡数量已达 10 万羽，每天的产蛋率在 93%，鸡蛋销售已进入贵州、四川等市场。合作社还就近采购苞谷用作鸡饲料加工，带动当地粮食销售，进一步延伸产业链、提升价值链、构建脱贫链。

脱贫致富，产业是基础，产业带动就业，就业促进产业。东莞市结对帮扶巧家县以来，资金重点向产业倾斜，重点打造了生猪、中蜂、蛋鸡、党参等特色种养业，建立“龙头企业（村党支部）+ 村集体经济 + 建档立卡贫困户”的利益联结机制，把贫困户聚在产业链上，真正分享产业发展红利。

（作者系巧家县扶贫办职工）

莞巧协作新战果

李会云

一场脱贫攻坚战，山海牵手情深意切。

一段倾力帮扶情，山海相连感恩奋进。

在党中央的战略部署下，2016 年起，广东省东莞市樟木头、石排、横沥、东坑等镇先后对口结对帮扶巧家县，开启了东莞与巧家扶贫协作的征程。4 年来，累计投入帮扶资金 1.63 亿元，实施帮扶项目 91 个，有效改善了贫困地区生产生活条件。

沼泽地上的新家园

秋天的马树镇，像打翻了的调色板，红的、黄的、绿的，俨然成了一幅巨大的山水画。而其中一片红色的建筑最引人注目，在夕阳的照射下熠熠生辉，那就是马树镇马树社区老街易地扶贫搬迁示范安置点。据马树镇马树社区居委会主任尹丽介绍，老街易地扶贫搬迁安置点原来的位置就是一片洼地，荒草丛生。

东莞市帮扶巧家以来，投入 1000 万元建设马树镇老街社区易地扶贫搬迁安置点，包括在活动室周边建设公共活动场地、水体景观、停车位、公厕、垃圾房、太阳能路灯、消火栓、篮球场、门球场、儿童乐园、康体健身区、宣传栏、景观亭、主题雕塑、污水处理池、景观绿化、水利设施，等等，打造了美丽乡村面貌。

原来生活在小米地村尹家村村民小组的胡发巧，说起之前的生活，眼里泛起了泪花，几十平方米的土木结构房子是父辈传下来的，一间卧室，一间厨房，一间用来喂牲口。卫生条件得不到改善，夏天苍蝇乱飞。每到下雨时，外面下大雨，屋内下小雨，用好几个盆都接不住，被子长时间湿漉漉的。现在两层楼，一楼是门面，准备租给别人，二楼自己住。80 多平方米的房子，两间卧室，一间客厅，一间厨房，一个卫生间。胡发巧说："做梦都没想到能住上这么好的房子，真是感谢党的好政策！"

医护服务的新理念

"扶贫是国家大事，我想为贫困地区的百姓做一点力所能及的事。"东莞市石排医院手外科护士长李凤仪曾前后两次主动请缨到巧家开展医疗护理指导援助工作。

李凤仪信心满满地说："我要把优质护理服务经验带给巧家县中医医院的医护人员。"在充分了解巧家县中医医院护理部工作情况的基础上，她认为医院的管理有待完善和提高。于是，完善巧家县中医医院的护理管理制度成为李凤仪工作表中的第一项任务，在她的帮助下，巧家县中医医院建立了更加完善的优质护理管理工作制度，护士们也提高了护理水平。"李老师告诉我们，要'泡'病房，多与患者交流，她自己也是这样做的，她的工作热情也感染了我们。"巧家县中医医院针灸科护士长杨华说。

"若还有机会，我一定选择再次来巧家支医。"这是李凤仪在 2019 年为期一个月的医疗护理指导援助工作结束时发出的感慨。时隔半年之后，在 2020 年 5 月 6 日，李凤仪再次来到巧家。“李老师这次是刚从抗疫前线回来就来到巧家县中医医院，她把优质护理的理念植根于我们的护理团队，赢得了患者一致好评。”谈及李凤仪两次到巧家支医，巧家县中医医院院长黄建银说。

如今，敲门、微笑、问候……已成为巧家县中医医院护士们每天查房的标配，整个中医医院护理团队精神面貌焕然一新，她们在操作上更加熟练规范，工作更有章可循，礼仪更规范到位，患者也实实在在感受到了暖心的呵护。62 岁的患者杨正兰说：“我刚住院的时候，腿脚不方便，在走道遇到护士，她们都会搀扶着我。医院设备好、医术好、服务好，在这里很舒心。”

农特产品的新销路

巧家县有着特殊的立体气候优势，从河谷到山顶，从热带作物到高寒作物，都能在这里耕种，各种农产品品质非常优良，种养业一直是本县的主要经济支柱。然而，虽然有着特殊的气候优势和优质的农产品，当地农民的钱包却总是鼓不起来，原因是没有一条稳定的销路。

东莞驻巧家工作队进驻后，快速精准地找出了其中问题，并将东莞供销经验在巧家运用，短短的两年时间，不仅带动了农户增收，还助力全县种养业的稳定健康发展。2020 年，还与东莞的企业签订了销售协议。

“7 月的红糖订单能准时完成吗？”2020 年 6 月 18 日下午 6 点，虽然下班了，但巧家县供销社主任罗仁彪心里仍然有点不踏实，他驱车来到了 10 公里外的巧家县佰意佳食品有限公司跟进红糖生产进度。前不久，在对口扶贫协作干部的协调下，巧家县供销社与东莞的企业签订了 2300 万元的销售协议，红糖的销售是其中的“大头”。

“老罗，你尽管放心，公司一定按时按质完成任务。”巧家县佰意佳食品有限公司董事长朱立卫一边清点着刚装盒的红糖，一边信心满满地向罗仁彪“拍胸脯”。

东西部对口帮扶工作开展以前，巧家县的红糖生产加工企业，一直伴随着不小的生产顾虑。农户们因缺乏销售渠道，产品品质虽好，但价格和销量却一直上不去。产、销的不稳定性，使得巧家县的红糖产业一直得不到大规模的发展。

巧家县供销社充分吸收东莞供销经验后，在东莞挂职干部的大力协调推介下，越来越多的东部客户关注到了巧家农特产品，不仅产品的销售渠道越来越广，而且越来越多的东部先进企业开始与巧家进行合作，将现代化的种养技术带到了巧家，种养产业发展真正步入了快车道。

“农户产品销售价格更高、更稳定，亩产也提升了，我们还借力东莞驻巧家工作队的资源优势，大力开拓东部市场，订单源源不断，生产加工企业敢干了，”罗仁彪还说，“今年，我们还与东莞市供销合作联社签订了300万元的农产品销售协议，与广东观想堂文化艺术投资有限公司签订2000万元的巧家红糖订购协议。同时，我们还与越来越多的东部合作企业、公司携手打造产品品牌，开展农畜产品的研发合作，不少附加值高的衍生产品即将走向市场。”

通过扶贫协作形成的购销渠道，当地的农产品稳定销售，价格稳中有升，带动种养农户增收。如苞谷垴乡的明明种植，大寨洪硕种植，万合、红青土鸡养殖，洪福养殖等五个农民专业合作社中的783户种养卡户，2019年户均增收488元。

（作者系中共巧家县委组织部职工）

第七编　组织保障

脱贫攻坚中的巧家干部队伍

李会云

有人说：他们是“拼命三郎”；有人说：他们是“扶贫亲人”；更多的人说他们是奋战在巧家脱贫攻坚一线的一支“乌蒙铁军”。

自脱贫攻坚战打响，全县各级干部层层立下“军令状”，把担当扛在肩上，把使命落实到行动上，以大无畏抓铁有痕、踏石留印的勇气和决心，投入脱贫攻坚大决战中。

咬紧脱贫目标，锻造攻坚队伍

村组道路上，时常能看见一行行骑行穿梭的身影，他们不是在去扶贫的路上，就是从扶贫的路上回来、来来往往皆为脱贫攻坚。田间地头，经常看到他们与农户劳作的场景，他们不是指导村民如何发展产业，就是与村民同劳动；农户家中，总能听见他们引导村民勤劳致富的话语。他们以村为家、一心一意帮扶贫困群众稳定增收。他们是巧家县财政局挂钩茂租镇油房村驻村扶贫工作队。

“群众稳定增收是我们的目标”。脱贫致富是每一个贫困户幸福生活的追求，更是驻村工作队队员孜孜不倦努力的目标。

“要实现稳定增收致富，产业发展是关键。”在分析研判的基础上，驻村工作队与村“两委”达成共识，认为油房村具备种植魔芋的条件，是发展山区经济的有效途径之一。

为确保魔芋产业发展落地，驻村工作队队员和村“两委”成员通过无数次进村入户面对面讲解，得到了群众的大力支持。同时，为保证魔芋种植能高产，驻村工作队主动联系技术人员通过理论培训和实际操作相结合的方式，就魔芋栽培品种选择、种植行距与株距、病虫害识别和防治等技术方面进行培训，对肥料的施放、打塘的深浅、魔芋种的摆放、盖土的方式等进行了操作示范。

“不是扶贫干部们三番五次地做我们工作，哪会种这么多魔芋，有现在的收入！”这是村民们的共同感慨。

巧家县财政局挂钩茂租镇油房村驻村扶贫工作队只是巧家驻村扶贫工作队的一个缩影。为实现脱贫攻坚目标任务，全县从县级选派 179 支 570 名干部到贫困村开展驻村扶贫工作，做到贫困户不脱贫则工作不脱钩、队伍不撤离。

建强党组织，用好领头雁

走进白鹤滩镇中村村，处处道路硬化、产业兴旺、生态优美、乡风文明的一派新农村景象映入眼帘……谁也想不到曾经的中村村是玉屏山上贫穷高寒山区、家家靠一根翘扁担支撑苦难的岁月。贫穷导致人心涣散，就连党支部已被考核为：一个软弱涣散党组织。

原来中村村党总支因班子不团结、无凝聚力，思想不统一，无法统领一村的发展，更无法改变一个村贫穷落后，无力承担脱贫攻坚的伟大使命。用好“领头羊”成了脱贫攻坚贫的关键。

实施村支部书记脱贫攻坚“领头雁工程”后，通过换届，中村村党总支“大换血”，新当选的村党总支书记张发德领着“两委”班子开始大刀阔斧搞建设，一方面抓党员干部队伍建设，加强支部班子内部团结，严格规范各项制度，定时组织党员干部集中学习，班子思想素质不断提升，战斗力不断加强；另一方面抓基础设施建设，从交通入手想方设法硬化全村道路，从招商引资入手争取项目、落实产业发展规划，为全村绘好致富蓝图。

干群一心、其利断金。短短一年多，中村村的道路硬化覆盖率已达85%，道路硬化后，仅仅8个月的时间，全村摩托车数量从原来的17辆上升到837辆，小型汽车由6辆上升到46辆，进城卖菜的群众由原来靠人背马驮一天一趟还弄得两头黑到现在每天可以来回4趟，收入更是翻了几番。

家住田坪小组的村民田国强说：道路还没硬化之前，他牵着马到县城卖蔬菜，30公里的路，他来回要8个小时的路程，全家的收入都在马背上。2016年，中村的道路硬化后，他拿出积蓄，买了一张面包车，收购蔬菜到县城贩卖，一年的收入有5万余元，如今他有了新房、有了积蓄，更挣到了孩子的学费，这让他整天乐呵呵的。

通过建强党支部班子，培养好“领头雁”，村党支部成为脱贫攻坚“主心骨”。

抓实教育培训，展现班班武艺

“您当前最需要强化哪方面的业务知识？您认为什么学习培训方式效果好？针对脱贫攻坚您觉得还需要强化哪方面的知识和能力？……”每年在举办县内培训班时，县委组织部工作人员都会对扶贫干部的培训需求进行了解，通过“自助点餐”，让培训真正做到缺什么学什么，实现了“大锅饭”到“营养餐”的转变，切实提高了干部培训的针对性和实用性。

“学、听、看，得到了很大的感受和震撼，思想认识得到了极大的提高，信心和勇气得到了鼓舞和激励，方式方法得到了启迪启示。为什么抓产业，抓什么产业和怎么把这个产业抓好，总的来我们感觉到，思想上的落后才是真正的落后，认识到不了位，落实也就到不了位，别人可以做好我们也就可以做好。”巧家县中寨乡党委书记在参加昭通市乡镇干部脱贫攻坚业务培训班后发出感慨。

围绕脱贫攻坚工作需要，按照“缺什么，补什么”的原则，脱贫攻坚工作开展以来，县干教委会全面整合全县干部教育培训资源，采取“引进来”“走出去”“到现场”相结合的方式，组织了脱贫攻坚专项培训240余次23000余人，举办了多场脱贫攻坚现场观摩培训会，深入学习好经验、好做法，提升了干部的帮扶能力和帮扶成效。

巧家县脱贫攻坚中始终坚持干部就是一面旗，这面旗无论插在哪里都领引人民一道奔小康！

（作者系中共巧家县委组织部职工）

“党建 + ”活力四射

——巧家县东坪镇道角村抓党建助脱贫工作纪实

胡华伦

大药山脚下的道角村海拔2920米，是巧家县东坪镇海拔最高的行政村。仲夏的道角村，气候宜人、风和日丽。走进道角村，远远就看见村委会楼上的五星红旗迎风飘扬，许多羊、牛、马在周围宽阔的草地上欢快地啃着绿油油的小草，种植基地里上千亩中药材长势喜人，村组道路、户间道路干干净净，村民们在庄稼地里辛勤劳作，呈现出一幅高寒山区惬意的美丽画卷。

然而，在这样一个高寒冷凉的道角村，是在什么力量助推下让人感觉如此美好，活力四射？干部们是如何带领村民们发展产业？村民们生产生活得到怎样改善？笔者带着一系列问题对该村进行了采访。

“党建 + 发展信心” 软弱涣散变先进

“大叔，你家养了几头牛？”东坪镇党委新派到道角村任党总支书记的蒋瑞到一农户家走访贫困学生，看见一村民衣衫褴褛，放牧着牛羊，便随口问道。

“没有养好多啊！”村民看是陌生人，便随口应道，“我们这些地点冷得很，种不出庄稼，就养点牲口。”

“养殖也挺好的，慢慢发展，多养点，现在各种政策也好，像低保……”

“低保？都是人家吃剩的才拿给我们，哪有多少哦。”蒋瑞还没说完，村民就抢过话来气势汹汹地说道。

回想起刚到道角村上任的一幕，蒋瑞深感到道角村取得的成绩极其不易。

两年前，道角村党总支是东坪镇典型的软弱涣散基层党组织，村“两委”班子一盘散沙。因村干部相继辞职等原因，最终村“两委”班子只剩3名干部坚守岗位。群众对政府严重不信任，村庄脏乱差明显，各种矛盾突出，工作举步维艰。

在脱贫攻坚的关键时期，东坪镇党委研究决定将年富力强的镇社保中心主任蒋瑞派到道角村担任党总支书记，带领村“两委”班子筑牢基层堡垒，率领全村群众脱贫致富。

蒋瑞自2018年1月1日到村上任的半个月时间里，每天都有村民到村委会上访，反映以前存在的种种问题，蒋瑞一边解释，一边记录不能回答的问题。从村民反映的各种问题和处理问题中，蒋瑞深深感觉到党的建设太重要了，必须先把班子建起来。

通过多方了解，蒋瑞带领党总支班子研究后，请示镇党委将道角村大学生村干部唐有全任命为支部副书记，同时将具有中专文凭在外务工返乡的车有荣聘用为工作人员，调整了两名村民小组长，进一步配齐了班子、充实了村组干部。

班子配齐了，下步得把业务能力强起来。东坪镇党委对道角村党总支扎实开展了规范化建设达标创建，对村干部加强了管理和培训，镇干部经常到村上给班子成员讲党课、开展党风廉政谈话，组织生活逐步走向正轨。道角村每年9月就开始降温，村“两委”就开“烤火会”，干群围着火炉学习各项政策和业务，采取一问一答等方式，在谈笑中学知识，分享工作中的经验。同时，通过“三会一课”“党费日”“政治生日”“谈心谈话”等活动逐步提高了班子的觉悟。

道角村有3个退伍军人，党总支在组织召开退伍军人座谈会时，将全村所有党员、村民小组长等全部召集起来。首先观看《战狼》等电影和其他宣传片，蒋瑞给大家进行了解读。观看结束后，才进行座谈，这样丰富的群众沟通活动还有很多，如“三讲三评”、院坝会等。在田间地头、在火塘边，村“两委”成员主动与村民面对面交流，迅速掌握民情、深入宣传政策，切实解决问题，把班子的战斗力迅速转化为群众的信任感、尊重感、获得感和自强感，获得了群众的支持。

“我们这里高寒冷凉，但政府对我们的关心力度也大，我们可以搞养殖，再说上面就是大药山，我们可以种药，将来一定能好起来。”在“三讲三评”活动中，大家都打开了话匣子，你一言、我一语，畅谈着现在美好的生活，纷纷表示要支持配合村“两委”的工作，齐心协力将道角村发展得更好。

人心齐，泰山移。从此，道角村干部群众心往一处想，劲往一处使。再也听不到老百姓骂村干部了，道角村党总支在2018年基层党组织的考核中被评为先进。

“党建＋产业发展”　群众富起来

产业兴则百姓兴。养殖业和中药材种植业是道角村广大干部群众一直想发展而没有得到大力发展的产业。

“你要发挥你的特长，联系一下你们的老师把把脉，看看这里适合发展哪种中药材种植，我们大力支持你！”2015年年底，蒋瑞随镇政府领导到道角村，镇长赵锋祥得知蒋瑞读大学是学药学专业的，便鼓励蒋瑞考虑在道角村发展中药材种植。

镇长的这句话打开了蒋瑞的思路，随后联系大学老师到道角村进行实地考察。同时通过多方走访考察，2016 年购买了 5.6 万元的种子，进行试验种植，药材种植成功了，但管理失败了。2017 年，蒋瑞再次通过大学老师联系了云南民扬药业等公司来考察，有的公司看到了东坪镇药材种植现状就放弃了，而老师通过对其试种的药材测试，发现药材品质极高，于是决定进行合作。

但要规模化发展中药材种植，在当时群众不信任的情况下，流转土地成了一个难题。村“两委”立下的另一个目标就是要把老百姓引导好，把土地流转过来规模化发展中药材种植，带领群众增收致富。

“我们信任你们，只要你们带领我们干，我们全力支持。”“书记，我们相信你，相信村‘两委’，无论是流转土地还是要做事情，我们都支持。”在征求村民们发展产业的意愿过程中，道角村广大群众积极支持。通过“党支部 + 合作社 + 基地”模式发展了 1700 亩中药材种植基地。

“土地流转第一年每亩 80 元，每年涨 10 元至 150 元为止；村民们在基地务工每天 70 元。”谈起中药材种植，村“两委”干部为村民们算了一笔账。

中药材的发展，为道角村养牛产业项目积累了经验。2018 年，在镇党委、镇政府的领导下，按照“党支部 + 公司 + 合作社 + 农户”的发展模式，道角村成功引进了养牛项目，整合了部分涉农资金，建设了近万平方米的肉牛扩繁场，采取固定资产入股跟公司分红的模式，引进企业带动村民发展养殖业，预计今年 7 月投入运行。

“道角村原来就是种点洋芋、荞子、燕麦，每户随便养点牲口，收入差得很，一直看不到希望。这一下好了，我们每年都能领上固定的‘工资’了，相信在党委、政府的领导下，我们一定能过上更好的日子。”道角村羊棚村民熊国成说。

“党建＋人居环境整治” 乡村美起来

熊国恩是负责东坪镇哨口子到道角村6公里多公路的护路员，他说：“以前，每天公路上全是马粪、牛粪、羊粪，到处臭烘烘的。”一直以来，群众放牧早出晚归，牲畜经过都要产生很多粪便，无人清理打扫。

为有效改变脏乱差现象，村“两委”还为道角村立了个目标，就是要彻底改变道角村民的生活环境，建设生态家园。

“我们道角村今年开出了第一张村规民约罚款单！”村党总支委员万朝发说。村规民约不仅是道路环境卫生，对整个生态建设也进行了保护。由于道角村海拔高、生态脆弱，以前大风一来，尘土飞扬，树木几十年都长不大。近年来，实施了石漠化治理，通过退耕还林、还草等，植被慢慢好了起来。但若不进行规范管理，群众随意放牧，对草山破坏非常严重。为保护好绿水青山，经广大村民的认同，道角村在村规民约中对草山放牧作出了规定。但起初制定出台时，有的村民认为村规民约只是一纸空文。

2019年上半年，村民车某的妻子就在规定不能放牧的草地上放牧，前三次村“两委”人员发现后都进行了劝说，当发现第四次时，村“两委”就召集部分党员群众，要其作出一个表态，开始该村民不承认，说只是路过，但在照片、视频面前该村民无话可说。随后把其丈夫叫来，对其进行了思想教育。“书记，我们错了，一定接受处罚，按最重的罚！”该户村民认识到自己的错误后，主动在大家面前表态。村“两委”班子商量对该户村民给予300元的处罚。该户村民第二天早上主动来村委会缴纳了罚金。

第一张处罚单开出后，全村家喻户晓。从此，每家每户严格遵循村规民约，相互监督，道角村环境卫生得到持续改善，生态环境发生明显改善。随后，村“两委”号召党员、村民小组长、村民代表等研究，重新修订了村规民约，将村干部、公益岗位人员、村民小组长、群众等分段包保到路段、包保到片、包保到村民小组、包保到户，每天定期进行清理。

如今，走进道角村到处干干净净，天更蓝了、草更绿了。

“党建 + 易地扶贫搬迁” 生活环境好起来

道角村由于海拔高，同时部分区域地处国家级药山自然保护区。2018年5月，当地党委、政府决定将该村实行整村搬迁至鲁甸县卯家湾易地扶贫搬迁安置区，彻底解决“一方水土养不活一方人”的问题，同时呵护建设美丽生态家园。

“我们早就想搬离这个地方，但故土难离，担心搬迁后无依无靠。”谈起易地扶贫搬迁，村民们犹豫不决。

为消除村民顾虑，镇、村干部把鲁甸县卯家湾易地扶贫搬迁安置区的情况给村民们进行了详细介绍，把照片、视频给村民们观看。同时，一家一户去给群众宣传，给他们介绍能享受哪些政策和带来哪些实惠，把账给群众一笔一笔算清、算懂，给村民对未来美丽的家园吃下“定心丸”。

搬迁到陌生的地点是老百姓的一件历史性大事，俗话说，住惯的山坡不嫌陡，搬迁协议签订之初，很多群众都处于观望态度。村“两委”号召先由村干部带头、党员带头，然后村民小组长带头、村民代表带头，分片包干逐户去做工作，通过镇、村干部耐心细致的工作，村民们逐渐理解、配合搬迁。

“通过我们前期大量做工作，道角村全部完成搬迁协议的签订。”谈起易地扶贫搬迁，村“两委”班子及驻村工作队队员都把取得的成效写在脸上。但回忆起前期摸底工作的时候，大家也深深感触到取得的成绩来之不易，是村“两委”带领全村党员干部群众努力的结果。据道角村驻村扶贫“第一书记”兼工作队队长潘睿回忆：“一些村民不愿意搬，我们就一直做工作，早上做不通，吃了饭继续做工作，若还是做不通，就一直到晚上，有一户从中午一直做到次日凌晨两点过才做通。”“这里天寒地冻的，我们也想搬，搬过去是好，对我们子子孙孙都好。”

如村民熊国成所说：“我们生活一年比一年好，随后又要搬到鲁甸卯家湾，过城镇化生活，我们再也不用过天寒地冻的日子，孩子再也不用步行几十公里去读书，同时也可以利用政府对我们培训学到的技能，务工增加收入，过上好日子。”

“党建 + 技能培训” 劳动力动起来

为解决村民搬迁的后顾之忧，真正过上好生活，村“两委”按照易地扶贫搬迁“五清”工作要求，做了大量的搬迁配套工作，决定对所有村民开展劳动力技能培训，对男劳动力开展修建、电焊等多种技能培训，对妇女开展保育员培训，让人人掌握一项技能，并组织了 125 名劳动力外出务工。

“我参加 15 天的技能培训学到了很多，我这房子都是自己盖的，现在在家是因为娃儿要读书，太远了要接送，走不出去，以后搬过去我就可以务工去了，生活肯定比现在好。”村民熊国成就是全村众多接受技能培训者之一，妻子张世美也参加了保育员、家政服务等培训。张世美笑着说：“学的多得很，像包饺子，人家带起材料来手把手地教，都学会了。”

高山农村生活和城镇化生活有很大区别，有的村民害怕离开了土地无法生存，有的村民害怕搬到城镇被人另眼相看，有的不习惯城镇化生活模式……为破解这种种顾虑，村“两委”一直在思考和努力，虽然前期为了改变当地村民生活环境卫生做了些工作，但要让村民适应城镇化生活，觉得所开展的工作远远不够。为此，村“两委”班子决定再有针对性地开展融入城镇化生活方方面面的培训。

“你们衣服还是要买衣架来一件一件地挂起，你们的碗应该这样放、筷子这样放，扫帚应放在这些地方……”村干部每次到户，都要给村民讲解相关操家理务的知识，并对电梯怎么按、买菜怎么买、公交车怎么坐等进行了耐心的培训，目的就是让村民们搬迁后能快速适应新的生活环境。

村民熊国恩激动地说：“虽然我们现在还没有搬过去，但通过这些细致的培训后，我们不怕了。搬迁后，妻子可以去小吃店、饭店等打工，我也去外面务工，有手艺人家也瞧得上。”

活力就是生命力，是党的队伍朝气蓬勃、充满生机、天天向上的旺盛力量。如今，道角村党建工作有声有色，村“两委”班子信心满满，群众勤恳劳作，正迎来美好的新生活。

原载《昭通日报》2019 年 7 月 1 日第 3 版

（作者系《昭通日报》记者）

产业比督战更重要

官银福

2019年4月20日，我进驻巧家县大寨镇车坪村担任脱贫攻坚督导员。刚到任，我只有紧紧围绕易地搬迁、农村危房改造、产业培育、劳动力转移就业、教育健康扶贫、农村人居环境整治这几个方面开展脱贫攻坚督导工作。

工作中，我始终坚持以问题线索为导向，对照“两不愁、三保障”找短板查弱项，通过召开群众会，走访群众，查看他们的生产生活现状，询问村民对脱贫攻坚政策的看法，了解村民对发展的愿望。

通过大量的走访发现，2014年以来，脱贫攻坚成效是显著的，“两不愁、三保障”已经基本解决，多数短板都明确了政策，短期均可以解决。然而产业培育的短板成了真正的短板。一是缺乏规划，盲目地抓，抓得盲目；二是组织化程度低，机构不健全；三是目标不确定，东干干，西抓抓；四是没有规模，散而小；五是干部有畏难情绪，产业培育一时间难以见效。全村没有一个说得清道得明的产业，更不要说拿得出手的产业。

由于产业发展的滞后，导致整个村子缺乏活力，让人感觉很沉闷，人心较为涣散，要成功召开一次群众会都困难，其原因是群众对今后的发展看不到希望，没有信心，缺乏一个让全村群众都关心支持的东西即全村高度认同的产业发展规划。我知道要做一个村级的产业发展规划并不难，但要做一个群众高度认同的产业发展规划是不容易的，于是我就开始到各个社召开群众会，和群众一起商量，到底发展什么能让群众认同，查看了全村的种植、养殖情况，和村干部、驻村干部一道走了8个小时的路到长坪子小组考察，并对回水塘小组一带的野生棠梨进行了实地查看，同时仔细研究了彝族村寨的现状，基本确定了全村以养牛为主导产业，培育好500亩梨园，打造好一个传统彝族村落，开发好长坪子的草山旅游这样一个基本想法。

车坪村距离巧家县城60公里，距离大寨镇政府驻地10公里，海拔在1600—3300米。全村辖13个村民小组，共583户2168人，40%为少数民族，全村国土面积14.5平方公里，耕地面积3800亩（旱地），人均耕地面积1.75亩，全村有建档立卡户216户849人。2017年12月被云南省民族宗教事务委员会命名为“云南省少数民族特色村寨”，具有悠久而灿烂的彝族文化。每年农历六月二十四日，都会有大量的人聚集到这里过“火把节”，牛文化本身就是彝族文化的重要组成部分。因此，实现两个文化的高度融合，具有较强的现实基础。为此，我开始构思，如何在着力发展壮大养牛产业的同时，还要精心规划建设一个以村委会所在地为核心的彝族寨子，实现以养牛为基础性产业，企业承接农业；以彝族文化为灵魂，把当地世代形成的风土民情、乡规民约、民俗演艺等发掘出来，发展乡村旅游，让游客可以体验养牛的农事活动和乡村生活的苦乐与礼仪，还原村子原貌，开发一个“本来”的村子；以体验为活力，将农业生产、农耕文化和农家生活变成商品出售，让城市居民身临其境体验农业、农事，满足愉悦身心的需求，形成新业态；创新乡村消费，把乡村旅游业作为驱动性的产业，带动乡村社会经济的发展，弥合城乡之间的差距，解决物质水平差距，创造城市人的乡村消费；实现城乡互动，解决文化差异问题，创新城市与农村互动的商业模式，在空间上把城市人和农村人“搅和”在一起，在行为上让他们互相交织，文化得以弥补，实现车坪村乡村振兴的目标。根据车坪村的资源优势，通过大量的走访调研，组织全体村干部和驻村队员一起讨论，确定了“牛犇车坪、魅力彝寨”的产业发展定位。

“1136”总体发展思路

“1”即精心规划建设一个以村委会所在地坪子社为核心的彝族寨子，充分利用已建成的寨门、广场和村委会的设施设备，恢复陆家庄园，建设一个游客接待服务中心、特色小吃一条街、旅游产品展示区和大型停车场，发动群众改造自己的住房为彝家客栈，满足游客体验吃住，形成车坪村乡村旅游的核心区。

“1”即争取上级投资在菜园社建设一个肉牛加工厂（含周转场），按照年屠宰3000头的规模建设，对本地的牛实现100%就地屠宰加工，形成一个肉牛加工销售的专属区。

“3”即打造3个旅游景点：一是以500亩梨园为基础，打造以苏家坪为核心覆盖大毛坡、菜园和坪子的梨园旅游景点；二是依托长坪子6000亩草场，建设一个牦牛养殖场，形成牦牛观赏和草场体验区；三是羊棚社易地搬迁后，对其土地进行流转，建设一个多种畜禽混合的养殖场，形成一个独特的畜禽养殖观赏区。

“6”即打造6个养殖小区：在火山、上水坪、下水坪、宝厂、石灰窑、三家村村民小组建设6个生态养种牛的小区，成立6个养牛专业合作社，全面提升养牛产业的组织化程度，创造车坪村养牛产业的独有模式，以生态养殖提供生态牛肉为宗旨，以专业合作社为组织形式，以各个农户为生产车间，让农民充分参与和收益，让家家会经营，户户懂管理，实现养殖技术的统一规范、牛粪统一规范收集处置，达到种养业的生态循环。

两千村民两千商的商业模式

根据产业培育的要求，产业必须提高组织化程度，拉长产业链，实现效益最大化，让农民真正变为股民，参与经营管理，参与分红受益，设定

“一个产业一个厂，两千村民两千商”养牛产业商业模式。

根据脱贫攻坚和乡村振兴对产业的部署，全市发展产业要求是“村村有亮点、组组有看点、户户有支撑”，车坪村提出“户均2头牛脱贫有靠头，户均5头牛小康有盼头”的养牛规划。到2020年年底达到户均2头牛的规模，到2022年达到户均5头牛的规模，再加上长坪子集中养殖300头牦牛的规模，使车坪村年出栏牛达到2000头的规模，周边20公里范围内还有哆车、油房、官村、大寨等4个村民小组都有养牛的习惯，年出栏牛在1000头左右，在此基础上建设一个年屠宰加工3000头牛的加工厂，是现实的。

规划以车坪村为基本单位，覆盖13个村民小组，共583户2168人，规模化发展养牛产业；巩固发展车坪村畜牧养殖业农民专业合作社，以生态养牛和加工为主要手段，集规范养殖、循环农业于一体的生态养牛农业发展区，为市场提供绿色生态牛肉食品，联动全村农户遵循共享经济的内在逻辑，确保农民参与受益，稳定增收。

车坪村村民养牛历史悠久，经验十分丰富，对养牛产业的认同度比较高，因此着力打造已形成的基础产业，精心规划建设一个生态养牛村，实现以养牛为基础性产业，二产承接一产，带动发展第三产业，以一二三产业融合发展的方法拉长其产业链，形成当地的基础性产业和龙头企业互动发展是可行的。

规划的体系

一是通过改造旧房作为圈舍或者新建牛棚，实现家家户户养牛，这是产业的建设核心。

二是村集体要管理好已建成的宝厂牛场和长坪子牦牛养殖场，开展养殖示范、科普教。

三是以村民为养殖主体，发展生态养殖小区，逐步变散养为集中养殖。

四是建设一个屠宰加工厂，实现牛肉产品的精深加工。

五是将养牛产生的粪便加工成为有机肥料用于发展水果、蔬菜和饲草，实现循环利用。

六是建设配套网络，这是产业发展必须具备的支撑功能，主要是互联网金融、互联网物联网商业等。

组织实施

宣传发动。规划完成后，要顺利实施，必须要群众全面认可，同时还要上级党委、政府认可，通过召开 20 多场群众会，认真讲解规划的内容，顺利完成了长坪子的草山入股、卡户贷款入股养殖牦牛、黄牛集中养殖入社和梨园种植等工作。同时，多次向大寨镇党委、镇政府和县委、县政府相关领导汇报，得到了各级领导的高度重视，并给予了大力的支持，目前长坪子 14 公里公路已经修通，成功引进 52 头牦牛，相关基础设施正在建设之中，该项目算是正式启动；上下水坪的集中养殖场项目已经批准，目前正在做进场准备；覆盖坪子、菜园、苏家坪、大毛坡等 3 个社的梨园已经种植完成；彝族传统村落建设部分项目已经启动；宝厂轮繁母牛养殖场已建成投入使用。

加强基层组织建设。基层组织建设是党对基层生产过程、经营管理活动进行领导的有效管理方式，有了规划还必须有人来组织实施。一是要配好支部书记，配强村“三委”成员；二是要作风扎实，一抓到底；三是规范管理，形成合力。

做大做强村集体经济。要实现“资源变资产、资金变股金、农民变股民”的目的，就要成立集体公司，真正实现“党支部 + 公司 + 合作社 + 农户”的发展模式，指导村级成立了集体公司，并推选了公司领导班子，完善组织机构。

只要产业发展起来了，人心就会凝聚在一起，只有这样才能激发内生动力，才能稳定增加农民收入。这既是当前扶贫工作的重要任务，也是振兴乡村的重点工作之一，否则扶贫就会断档，振兴乡村就会空洞。

我的本职工作是督战，但是督战也是为了保障脱贫攻坚的顺利实施。没有基础、没有产业，再强大的监督，也是对空发炮。大家的目的只有一个——脱贫攻坚如期摘帽！我的努力仅仅是添砖加瓦而已！

（作者时任大寨镇车坪村驻村督导员）

坚定执纪监督　决胜脱贫攻坚

——记县纪委监委脱贫攻坚监督执纪的事

陈升华

在中国革命的伟大实践中，伟大领袖毛主席说：纪律是执行路线的保障。由于有铁的纪律，保障了中国革命的伟大胜利。新时代的脱贫攻坚是在中华民族历史上第一次消除绝对贫困的伟大壮举。为了全县的脱贫攻坚工作圆满收官，县纪委监委监督执纪就像金箍帽和紧箍咒——不能缺位。清除一切有碍脱贫攻坚工作顺利开展的事既是使命也是荣誉。

“你们村享受农村危房改造的户数是多少？目前危房拆除的是多少户？”“你领取的几级低保？享受的优惠政策有哪些？”“今年你们家的挂包干部来走访过几次？挂包干部对你们的产业脱贫有哪些帮助？”这些看似鸡毛蒜皮的事，却是工作人员的口头禅和必念经。

巧家县纪检监察机关坚持以党中央、省、市、县关于脱贫攻坚的要求为准绳和尺子，突出政治监督，紧扣脱贫攻坚工作中党员干部的纪律、作风、履职情况，精准发力，精准监督，进一步压紧压实各级党组织主体责任，把脱贫攻坚工作中发现的贯彻脱贫攻坚决策部署不到位，弄虚作假、阳奉阴违的行为以及贪污挪用、截留私分、优亲厚友、虚报冒领、强占掠夺等群众反映强烈突出的问题等作为扶贫领域监督执纪问责的重点，“治病根”“拔烂树”，持续释放监督执纪长震慑的强烈信号，为决战决胜脱贫攻坚提供坚强的纪律保障。

2015年以来，共受理和处置问题线索310件，其中谈话函询61件，初步核实209件，予以了结39件，党政纪处分154人，扶贫领域违规违纪问责40人、3家单位，其中科级领导干部被问责15人，通报曝光扶贫领域典型案例38起82人，转发上级通报的典型问题38起。

县纪委党风政风监督室主任刘承武介绍说：“‘闻令而动、迅速跟进’是我们的工作状态，也是我们的工作要求，通过强化常态化日常监督，推动监督关口前移，进一步提升了监督的深度和广度。”巧家县建立了县、乡、村三级联动抽查工作机制，对全县贫困村（社区）“两委”、驻村扶贫工作队脱贫攻坚工作开展情况及扶贫政策落实情况开展检查抽查和明察暗访。坚持不定期清单式监督检查，按照每月全县脱贫攻坚工作例会安排部署，围绕项目落实、资金使用、干部作风等方面，开展清单式监督检查，督促乡镇和部门对脱贫攻坚工作阶段性任务完成情况进行自查自纠。2015年以来，开展脱贫攻坚各类监督检查和明察暗访共28次，发现问题202个，已处理202个。

同时，充分发挥巡察的“利剑”作用，突出问题导向，聚焦群众反映集中的热点、难点问题，紧盯在脱贫攻坚、惠民政策落实、农村“三资”管理中以权谋私、优亲厚友等损害群众利益的不正之风和腐败问题，全方位扫描“微权力”，剑指“微腐败”，打通全面从严治党“最后一公里”。5年来已开展政治巡察六轮，巡察单位68个，发现问题694个，其中扶贫领域问题62个。深入开展“阳光扶贫、廉洁扶贫”专项行动、扶贫领域腐败和作风问题专项治理。由县纪委常委带队到16个乡镇和扶贫办等脱贫攻坚主责部门工作落实情况进行监督检查，坚持严查严惩、通报曝光，督促各乡镇各部门对存在的问题整改到位。

县纪委监委信访室以整治扶贫领域的不正之风和腐败问题为抓手，通过设置信访举报箱、公开举报电话、依托巧家党建门户网站建立纪检监察机关网络举报平台和干部监督平台的方式，不断健全完善监督举报机制。明确了首信初访受理原则、承办时限、适用范围，层层压实信访监督举报工作责任。“脱贫攻坚监督执纪问责五级联动监督平台”运行以来，共收到群众诉求 6341 件，办结 6338 件，办结率 99.95%。

俗话说，“火车跑得快，全靠车头带”，县纪检监察机关紧盯“责任落实”不放，进一步压实全县各级党委主体责任、纪委（纪检监察组）监督责任。坚持把扶贫领域监督执纪问责工作始终摆在更加突出位置，站位靠前，全面贯彻党中央、省市县关于脱贫攻坚工作要求，层层压实责任，做到用责任制管好责任人，以责任人带好一班人。建立信息共享和部门联动专项工作机制，加大整合纪检监察、财政、审计、扶贫、发改、住建等部门力量，紧盯“一把手”这一关键少数，5 年来，约谈发改、财政、扶贫、审计等部门和贫困乡镇主要领导 14 次。

将始终把坚决纠正整治脱贫攻坚中的形式主义、官僚主义作为工作的重中之重。通过加强对脱贫工作成效、保持政策稳定性的监督检查，推动主责单位和监管单位查找制度漏洞、薄弱环节，督促党委、政府及职能部门切实解决“四不摘”政策落实不力、工作松劲懈怠等问题，促进脱贫攻坚工作任务落实。坚持严查严惩，强化脱贫攻坚、扶贫领域问题线索的处置力度，对截留私分扶贫资金、搞数字脱贫、虚假脱贫、扶贫工作不务实不扎实、脱贫结果不真实、发现问题不整改的进行严肃处理，持续释放执纪必严违纪必究的强烈信号，一体推进不敢腐、不能腐、不想腐体制机制，在全县党员干部中树立起实事求是、求真务实的鲜明导向，推进全面从严治党纵深发展。

巧家县如期脱贫摘帽，县纪委监委鞭子、尺子、旗子各显神通，扬一地清风，催一方奋进，凯歌步入小康日！

（作者时任巧家县纪委监委四级主任科员）

铁纪护航　保障小康

——东坪镇纪委为脱贫攻坚保驾护航

杨　梅

脱贫攻坚犹如西天取经，修成正果方能普度众生。取经路上的前途难料，风险重重，难免能力越大，危险越大。如果没有金箍帽，不念紧箍咒铁纪护航，也就正果难成。

2015 年以来，始终把脱贫攻坚作为最重大使命，为加强问责追责，成立了由镇纪委书记任组长的镇护航脱贫攻坚工作领导小组。

在脱贫攻坚中，加强明查暗访，严查作风不实、推进不力、弄虚作假、政策落实不到位、扶贫领域“微腐败”等问题，以铁的手腕、铁的纪律，保障全镇的脱贫攻坚工作顺利实施。

为强化脱贫攻坚纪律作风保障，就层层压紧压实责任。镇党委、镇政府切实担负起主体责任，签订责任书，以村为单位，实行脱贫攻坚工作一竿子插到底的考核方式，逐级压实镇村两级干部职工、驻村工作队、结对帮扶责任人的工作责任。同时，为做到全程铁纪护航脱贫攻坚，东坪镇纪委坚持扶贫领域腐败和作风问题“零容忍”。始终保持惩治腐败的力度不减、节奏不变、尺度不松，认真查处发生在群众身边的“微腐败”问题特别是扶贫领域涉嫌违纪问题线索，把铁的纪律震慑传导到群众身边。

“我于 2019 年 3 月 10 日到柯都村委会反映了脱贫攻坚农危改的问题，通过脱贫攻坚监督执纪问责‘五级联动’监督平台，没想到一天时间事情就解决了，通过诉求平台，大大节约了我们的办事成本，办事效率也提高了，真的是我们老百姓的福音。”柯都村村民陈礼平对反映的问题处理很满意。

充分发挥脱贫攻坚监督执纪问责“五级联动”监督平台作用，采取村（社区）报送乡（镇）审批录入的方式，及时掌握群众对脱贫攻坚政策落实、项目推进、干部纪律作风等方面的意见建议和情况反映，有效助推脱贫攻坚工作。

明确“谁首接谁负责、谁录入谁负责”，严格执行限时办结制度，不定期对“五级联动”监督平台台账资料、档案归集、录入情况等进行抽查，定期对群众诉求情况进行分析，及时总结“五级联动”监督平台使用实践中的经验、做法，加强成果运用。

“农危改工作推进得怎样了？为什么上次群众反映修缮加固漏雨现象，过去了 20 天还没整改？”继东坪镇农危改修缮加固督促检查后，检查组再次深入村（社区）对脱贫攻坚工作进行再督促、再检查。

“我已经联系施工方进行整改了，但目前他们还没有来对屋顶进行翻修，想不到这么快就对工作又进行检查了，我们一点准备都没有，是我工作督促不到位……”面对检查组的追问，岳坪村干部竟纷纷做自我检讨，工作组要求 2 天之内整改完成，必须安排专人负责，落实到位，群众利益无小事。

为顺利实现脱贫摘帽，东坪镇纪委监督执纪问责负主责，紧盯事关群众切身利益的重点难点问题不放，持续跟进、久久为功，不断积小胜为大胜，坚决整治脱贫攻坚工作中顽症痼疾，以真监督促进真脱贫。

在检查内容上，主要围绕“两不愁、三保障”目标，按照“571”标准，对人居环境提升、控辍保学、安全住房建设、群众感恩教育等开展监督。

对脱贫攻坚工作中存在的问题和不足，要求各村（社区）接受检查、强化整改为契机，及时组织驻村扶贫工作队队员、村（社区）全体干部对工作任务进行细化，将工作任务压实到具体责任人。

加强镇村干部的日常监督。强化对脱贫领域的监督检查，深入村组农户，每月进行一次脱贫攻坚扶贫数据抽查，及时纠正脱贫攻坚工作中存在的问题。认真落实中央八项规定精神和省、市、县实施办法，抓好重要节点管控，通过明察暗访，刹住公款吃喝、大操大办婚丧喜庆事宜等不正之风。采取签到、查岗等方式，加强对干部职工工作纪律的抽查检查，2015年以来，共组织到村（社区）机关、站所实地督查纪律作风60余次。依托云南省脱贫攻坚监督执纪问责五级联动平台和云南省纪检监察机关畅通群众诉求五级联动平台解决群众诉求，共受理群众诉求1000余件，解决群众诉求1000余件，满意率达100%。

东坪镇始终围绕贯彻落实党中央、省委、市委和县委打好防范化解重大风险、精准扶贫、污染防治的安排部署，重点针对镇村干部在脱贫攻坚、易地搬迁、义务教育均衡发展等重点工作和中心工作中慢作为、不作为、乱作为甚至违纪违法的问题，有力保障了各项工作的推进和落实。实现住房安全有保障，经过逐户核实工作后，全镇通过易地搬迁、搬迁避让、农危改等政策保障共有7286户安全住房。卡户和非卡户新农合、新农保基本实现常住人口“全覆盖”。始终坚持问题为导向，专门成立工作督察组，共开展督促检查，发现问题限时整改，镇级明确专人指导系统维护，及时反馈国办系统问题数据，力求系统数据与系统、档案与实际情况一致。

充分用好监督执纪利器。牢牢把握监督基本职责，强化近距离、常态化、全天候的监督；积极畅通群众诉求渠道，拓宽线索来源，认真处置监督中发现的问题线索。

2015年以来共受理群众来信、来电、来访70余件，并全部办理完，真正让日常监督作用得到发挥，以铁的纪律护航，点亮东坪全面小康路。

（作者系东坪镇职工）

我在脱贫攻坚中的护纪经历

宋　佳

近年来，我县加强党员干部管理，及时处理群众反映的突出问题，正风肃纪，为脱贫攻坚与乡村振兴有效衔接提供了坚实的组织保障。

炳若观火谨重严毅

今天是办理大寨镇药峰村举报信访件的第16天，16天来，对于第一次接触纪检工作的我第一次真切感受到身心俱疲，谈话人所叙述的每一句涉及的人和事，需要经历无数次推敲、印证串联起来，再根据时代政策背景判断对方是否存在隐瞒、引诱等情况。每天晚上整理资料时，老师都会要求一遍又一遍地过滤当天办件笔录，这些文字记载让我从不同的人的角度经历了同一件事，用一句新鲜的话来说，确实烧脑。还记得第一天跟随老师进药峰村，村里一半以上人员迫于生计出去务工，在家里的人很少，我们需要核实的问题是关于举报信件中所提及的20余户关于农村危房改造拆除重建项目实施细节，有没有出现户主本人不知情，到最后项目验收合格也没有得到补助等情况。一天过滤下来，长期住在村里的群众都知晓农村危房改造项目是怎么回事，乍一看好像群众政策知晓率很高，申报的项目与应得补助款项一一对应。在回去的途中我跟老师说到这个信访件看来很简单，老师听完摇摇头，直接反驳我断章取义的观点：“小宋，不要先入为主认定他说的是真话，我们要做的事情无非就是还原事情的真相，然后根据《条例》规定来判断对方是否有越线行为，抓住主线顺着线索走，不要掺杂任何的主观意见，不然会陷入迷雾不能自拔。案件本身不复杂，复杂的是人，在小地方生活久了，难免沾亲带故，我们就是需要怀着一个旁观角度去找到鸡蛋里面的鸭蛋。”

果不其然，在第二天访问情况时“鸭蛋”自己就蹦了出来，从几个外围人员了解到的时间对不上号了，而且与原本我们在县、镇了解到的情况不一致，这给我深深地提个醒，不能盲目判断。在这以后，每当信息量过于复杂时老师会在旁边提醒我今天笔录中需要求证的点，甚至直接带着我们去到县城或者与相关办理人员核对清楚记载资料，然后再规划工作内容。用老师的话来说就是必须在脑海中演练充分再进行实际工作，不打没有准备的仗。

执纪问责不容置疑

2019 年 8 月，信访件办理结束，药峰村 6 人受到不同程度的党纪政纪处分。在此前不久，大寨镇小田村 8 人因违反廉洁纪律受到党纪处分，连续两个村（社区）干部塌方式违规违纪受到处分，14 名村干部对自己造成的不良后果均暗自忏悔，而在此前镇党委书记进行干部廉政约谈中他们却置若罔闻地放纵了自己，忘记了右手紧握向党旗宣誓时的初心使命。是的，他们中的每位干部都或多或少为自己服务的村（社区）做过不少好事，但是毫不含糊地说，以自我为中心违反规定的行为必将要受到相应的处分。

“小宋，我们纪检系统是干部容错纠错的底线，我党的干部一旦到了送进监狱才会反思的地步，那么党和国家的事业又由谁来支持，我希望你记住，最后一道防线不可破，纪委监委在脱贫攻坚、美丽乡村建设中是用铁的纪律来保驾护航，而不是简简单单的应付信访问题。”老师离开时候的谆谆教诲，挥散了我看到药峰 6 人受到处分而萦绕一时的阴霾。

老师给我讲过一则寓言故事：一个骑师，严格地训练了他的马儿。只要把马鞭一扬，马儿就乖乖听他支配，而且骑师说的话，马儿句句明白。于是骑师认为用言语就可以驾驭马了，给马加上缰绳是多余的。有一天他骑马出去时，就把缰绳解掉了，当马儿知道什么约束也没有的时候，很快就野性大发，再也不听主人的呵斥。马儿撒开四蹄，一路狂奔，竟把骑师摔下马来。而它还疯狂地往前冲，像一阵旋风似的，什么方向也不辨，最后冲下深谷，摔了个粉身碎骨。骑师悲痛地说：“如果我不冒冒失失地解掉缰绳，你就不会把我摔下来，你也绝不会落得这样凄惨的下场。”

恪尽职守毫不懈怠

身在基层工作，从基层党员干部身上，看到了他们默默付出、扎实苦干，为自己的理想信念奋力拼搏的一面，而从另外一个角度来看，村（社区）作为基层治理的最后一节，干部的一言一行直接关系到政府公信力的树立，并由此形成社会长期稳定的秩序，所以马虎不得，更容不得半点闪失。每一项惠农政策的审核把关不是领导干部才能拥有的特权，在每一个办事人员工作中，都应该牢把政策关口，读懂吃透文件，把自己切实放在审核把关第一人，不要搞一刀切，也不要当“二传手”，要让自己做个干干净净的“明白人”。

全面打响打赢脱贫攻坚这场硬仗，我们党员干部要坚持全心全意为人民服务的宗旨，自觉抵制不作为、慢作为、乱作为等行为，做到严字当头、合力监督，持之以恒正风肃纪，脱贫攻坚圆满摘帽。

（作者时任大寨镇党政办主任）

大事记

2015 年

9 月 13 日，巧家县召开全县扶贫开发暨“挂包帮、转走访”工作和农村危房改造、抗震安居工程建设会议，安排部署相关工作。会议要求要实现到 2020 年全县基本消除农村危房和全县贫困人口全面脱贫，必须“紧扣一个目标，做到四个精准，抓好六项工作”，努力啃下扶贫攻坚这块“硬骨头”，同心协力打好扶贫开发攻坚战。

10 月 19 日至 20 日，省政协副主席曾华率省政协港澳台侨和外事委员会主任雷耀民等一行赴巧家县开展扶贫攻坚“挂包帮”“转走访”工作，深入联系点崇溪镇南团村走访贫困群众。

11 月 3 日，云南省物流产业集团有限公司党委书记、董事长吴钟鸣率干部职工深入巧家崇溪镇马洪村开展“挂包帮”“转走访”工作，并召开镇、村干部座谈会，为贫困群众脱贫致富想法子、支点子。

12 月 8 日，巧家县召开全县扶贫规划编制工作推进会议，全面安排部署全县扶贫攻坚规划编制方案各项工作任务。会议要求全县要深入贯彻落实习总书记关于扶贫开发的战略思想及系列重要讲话精神，按照省委、市委、县委扶贫开发和“挂包帮”“转走访”工作会议的安排部署，真正让上级党委、政府的关心、关怀落地，打好新一轮扶贫攻坚战，尽快制定出适合我县扶贫攻坚的作战蓝图，对今后扶贫攻坚工作进行精心谋划，努力推动全县扶贫工作任务如期完成。

2016年

2016年1月13日，巧家县召开县委扶贫开发工作会议。会议全面回顾总结了“十二五”及2016年全县扶贫工作取得的成绩、科学分析了脱贫攻坚工作面临的形势，就下一步工作提出了具体要求，力求精准、切实解决好“扶持谁”的问题；合力攻坚，切实解决好“谁来扶”的问题；分类施策，切实解决好“怎么扶”的问题；严格评估，切实解决好“如何退”的问题。

2016年1月30日，市委副书记、市人民政府市长郭大进一行到苞谷垴乡调研“8·03”恢复重建工作，走访慰问地震灾区困难群众。

2016年2月27日，巧家县召开2016年扶贫开发领导小组第一次会议暨农业农村工作会议。会议贯彻学习落实了中央、省、市相关会议及文件精神，总结2015年农业农村和扶贫攻坚工作，安排部署2016年全县农业农村和扶贫攻坚工作。会议强调全县要抢抓机遇、以脱贫攻坚战为突破口，推动农业农村工作实现跨越发展，加强领导、振奋精神，坚决完成全年农业农村工作的各项任务。

2016年4月26日，巧家县召开2016年扶贫开发领导小组第二次会议。会议总结了2016年以来脱贫攻坚工作，全面查找脱贫攻坚工作中存在的问题，对乡镇问题清单进行交办，就下一步工作进行全面安排部署。

2016年6月1日，巧家县召开2016年扶贫开发领导小组第三次会议。会议深入贯彻落实全市脱贫攻坚现场观摩点评总结会暨镇彝威革命老区三年行动计划推进会、全市贫困人口建档立卡“回头看”专题会议精神，总结扶贫开发领导小组第二次会议以来工作推进情况，深入查处工作中存在的困难和问题，全面安排部署脱贫攻坚各项工作。

2016年9月2日，巧家县召开2016年扶贫开发领导小组第四次会议。会议贯彻落实全省产业扶贫暨异地扶贫搬迁滇东片区推进会议精神，总结全县脱贫攻坚工作推进情况，深入查找工作中的困难和问题，要求全面抓实脱贫出列、异地扶贫搬迁、产业扶贫、农村危房改造、建制村公路、扶贫工作队、档案资料管理、现场观摩点评等工作，拿出背水一战的决心和勇气，以良好的状态，勇于担当，全力抓好脱贫攻坚各项工作。

12月8日，云南物流产业集团有限公司党委书记、董事长吴钟鸣一行到巧家县崇溪镇马洪村看望慰问困难群众，为他们送去食用油、大米等慰问物品。

12月8日，省政协副主席、九三学社云南省委主委曾华一行到巧家县调研脱贫攻坚工作。对巧家建档立卡规范化，档案建设，交通、水利等基础设施建设，教育扶贫，产业发展，扶贫资金使用等方面提出了明确要求。表示省政协将根据巧家的困难和实际问题，积极牵线搭桥，给予智力支持，在项目、人才和技术等方面给予支持，进一步发挥政协民主监督职能，共同发现问题、研究问题、解决问题，助推昭通全市脱贫攻坚工作。

2017年

2月15日，省政协港澳台侨和外事委员会主任雷耀民一行五人到巧家县扶贫挂钩点崇溪镇南团村回访贫困群众，调研了解脱贫工作情况、制订下一步帮扶计划。

2017年3月9日至10日，省林业厅厅长冷华一行到巧家县，就我县新一轮退耕还林和建档立卡贫困人口生态护林员等工作进行督导。

4月25日，巧家县召开2017年农业农村暨脱贫攻坚工作推进会。会议肯定了巧家农业农村工作和脱贫攻坚工作取得的显著成绩，同时分析了存在不足的原因，对下一步工作进行了安排部署。表彰了脱贫攻坚和“挂包帮”“转走访”工作先进集体和先进个人。

5月14日，省委常委、省委组织部部长李小三到巧家县调研，要求强化农村基层党建，抓实干部队伍建设，以过硬的作风打赢脱贫攻坚战。

5月18日，巧家县召开精准识别摸底调查动员暨业务培训会。会议提出了对精准识别摸底调查工作相关要求，对精准识别摸底调查、业务培训提了具体要求，扶贫办、住建局、统计局、卫计局、民政局、公安局、教育局等7家部门就精准识别摸底调查做了业务培训。

5月20日，市委常委、常务副市长余伟一行到巧家县老店镇尹武社区调研指导脱贫攻坚工作，走访看望挂钩贫困户。

5月26日，省政协副主席曾华到巧家县崇溪镇南团村专题调研脱贫攻坚工作，走访慰问贫困户。

6月4日，市委书记杨亚林一行深入巧家县苞谷垴乡苞谷垴社区、老店镇新村社区洗羊塘易地扶贫搬迁安置点和大岩洞村等地，看望精准识别摸底调查工作队队员，督查督导贫困人口精准识别摸底调查工作，调研脱贫攻坚工作。

6月5日，市政协主席成联远深入巧家县老店、马树两镇督查督导贫困人口精准识别摸底调查工作，视察了东莞援建的马树镇老街示范点建设情况。

6月7日，巧家县召开贫困人口精准识别摸底调查工作推进会议，传达贯彻市委书记杨亚林到巧家调研贫困人口精准识别摸底调查工作时的重要讲话精神，总结分析全县贫困人口精准识别摸底调查工作启动以来所开展的工作，研究解决工作中存在的困难和问题。会上，县委书记张华昆与白鹤滩镇、老店镇、马树镇、小河镇四个代表乡镇挂钩联系乡镇的县处级领导、各乡镇党委书记签订了贫困人口精准识别摸底调查工作责任书。

6月21日，巧家县召开贫困人口精准识别摸底调查研判暨易地扶贫搬迁工作分析会，听取各乡镇贫困人口精准识别摸底调查研判暨易地扶贫搬迁工作情况，深刻分析存在困难和问题，安排部署下一步工作。会议要求各乡镇、县直相关部门要高度重视精准识别摸底调查工作，按照上级的要求，密切协调配合，认真对照本乡镇存在的问题抓好整改，及时掌握研判摸底情况，及时解决存在问题，确保摸底调查工作扎实推进。

8 月 17 日，巧家县召开全县贫困人口精准识别摸底调查和贫困对象动态管理考核工作反馈会。会议总结分析我县贫困人口精准识别摸底调查和贫困对象动态管理工作启动以来所做的工作，查找和解决工作中存在的困难和问题，确保全县贫困人口精准识别摸底调查和贫困对象动态管理工作取得实效，顺利通过省级检查考核。

9 月 21 日，巧家县召开 2017 年脱贫攻坚精准施策“百日会战”暨“自强、诚信、感恩”主题实践活动大会，动员全县上下实干苦干一百天，坚决打赢攻坚战，圆满完成今年脱贫攻坚各项目标任务。

10 月 19 日至 20 日，省政协副主席曾华带领省政协常委、港澳台侨和外事委员会副主任杨光民，省政协港澳台侨和外事委员会副主任杨娟，省政协港澳台侨和外事委员会办公室副主任易洪正到巧家就脱贫攻坚工作进行专题调研。

11 月 7 日，巧家县召开 2017 年脱贫攻坚专题会议。县扶贫办就脱贫攻坚“百日会战”工作推进情况作汇报，县教育局、县委组织部、县民政局、县人力资源和社会保障局等部分县直部门结合各自的职能职责，围绕脱贫攻坚的目标任务就各部门所涉相关工作做交流发言。

11 月 8 日，巧家县召开精准脱贫攻坚指挥部第六次会议。会议传达了市扶贫开发领导小组第四次全体会议和《中共昭通市委关于给予大关县、威信县党委、政府通报批评的通知》（昭委通〔2017〕11 号）精神，向各乡镇和县直相关部门交办了问题清单。并对动态管理、规范档案资料、易地搬迁、危房改造、控辍保学、健康扶贫、问题整改、产业发展等工作提出了要求和部署。

11月9日，省统计局党组书记、局长张云松一行到巧家回访脱贫攻坚工作，并组织召开座谈会。

12月25日，巧家县首批屋顶光伏扶贫电站并网仪式在白鹤滩镇中村村举行，标志着巧家县首批光伏发电项目正式运行，它将每年为安装光伏扶贫电站的建档立卡贫困户至少增加3000元的收入。全国政协委员、中国扶贫开发协会顾问林嘉騋，时任水利部常务副部长张春园，时任农业部副部长宋树有，时任中宣部办公厅主任、中宣部老干局书记薛启亮，中国扶贫协会副会长陈艳，市人大常委会副主任晏祥莉，臻慈精准扶贫基金秘书长吴海兵，省发展改革委重大项目评审中心处处长周兵保，市政府驻厦门招商联络处主任严月伦等领导出席并网仪式。

2018年

2月2日，巧家县召开脱贫攻坚暨易地扶贫搬迁整改工作推进会。会议通报了脱贫攻坚易地扶贫搬迁工作整体进度，分析易地扶贫搬迁工作中存在的问题，对易地扶贫搬迁自查全覆盖工作进行再安排、再部署，进一步明确易地扶贫搬迁自查全覆盖工作时间节点和工作任务。

3月6日，市人大常委会主任张绍雄到马树镇调研易地扶贫搬迁工作。要求巧家县易地扶贫搬迁工作要坚持问题导向，准确把握搬迁对象精准，建设面积不超标，不因回迁举债，规范使用资金，项目建设及交房标准等要求，有力推进各项工作。部门要严格按照“两不愁、三保障”的要求做好房屋、道路、水电等基础设施建设，让群众搬得放心，住得舒心，留得下来。

3月26日至28日，省政协副主席李正阳率省政协副秘书长黄玲，省政协民族和宗教委员会副主任李红民一行到巧家调研脱贫攻坚工作，并召开了脱贫攻坚工作汇报会。

4月20日至22日，省政协副秘书长黄玲一行深入金塘镇梨树村开展“大走访”贫困农户活动，并为该村贫困户赠送了10吨优质化肥。

5月25日至26日，省委书记陈豪到巧家调研脱贫攻坚、白鹤滩水电站移民安置和信访包案化解等工作。叮嘱要处理好移民搬迁安置与移民脱贫攻坚及后续发展的关系，移民搬迁安置工作必须与全面建成小康社会目标相衔接，与完成脱贫攻坚任务、实施乡村振兴战略紧密结合，用政策组合拳打赢库区移民精准脱贫攻坚战，确保不让一个库区群众、一个移民村和移民户掉队，真正做到“建好一座电站、带动一方经济、改善一片环境、造福一方百姓”。

6月2日，巧家县召开2018年脱贫攻坚现场观摩会，组织全县16个乡镇党政主要负责人及相关部门负责人到白鹤滩镇水塘村进行了现场观摩学习。白鹤滩镇负责人就脱贫攻坚工作情况做了经验交流，驻水塘村的主要负责人就驻村工作开展情况做了汇报，县扶贫办相关负责人就全县脱贫攻坚户户清行动暨项目库建设工作流程做了业务培训。

7月2日，巧家县召开扶贫开发领导小组2018年第二次全体会议，贯彻落实省、市脱贫攻坚会议精神，总结2018年以来全县脱贫攻坚工作开展情况，研究分析工作推进中存在的问题和面临的形势，对“户户清”、项目库建设、义务教育均衡发展、易地扶贫搬迁等各项工作进行了全面安排部署，坚决扣好脱贫攻坚第二颗“纽扣”。

8月8日，中国保利集团党委书记、董事长，全国政协委员徐念沙，中国保利集团党委副书记、副总经理，中国工艺集团董事长陈向东等一行赴巧家调研扶贫工作。

9月28日，省政协副主席李正阳、副秘书长黄玲等省政协领导率省政协经济委、民宗委、省科技厅、省体育局、省农科院、昆医附一院等部门负责人和部分专家到巧家县开展脱贫攻坚助推活动。

11月5日，巧家县召开年度脱贫攻坚工作调度会议，会议以视频的方式开到各乡镇。贯彻落实11月4日昭通市年度脱贫攻坚工作调度暨督导员业务培训会精神，对迎接中央脱贫攻坚工作专项巡视、完成2018年脱贫目标任务等工作进行安排部署。

12月3日，省政协经济委副主任朱绍明、郭五代一行到巧家县金塘镇梨树村开展定点扶贫和脱贫攻坚助推活动。

12月4日至5日，省政协副主席李正阳率经济委、民宗委等省政协委室领导一行到巧家县开展定点扶贫调研工作，并召开省政协赴巧家县开展定点扶贫调研工作座谈会。

2019年

1月8日，巧家县召开2019年脱贫攻坚项目建设推进会议。县扶贫办通报了2019年扶贫项目资金分配计划，各参会部门立足部门实际就项目资金分配、使用计划做了发言。会议要求全县各部门务必要按照“户脱贫”6条标准和“村出列”10条标准，认真梳理和统计本部门2019年需实施的对标对表项目；按照资金使用“保基本”“保必须”的原则，在各扶贫项目中，按照2019年扶贫项目资金分配计划认真抓好落实。

1月9日，巧家县召开扶贫开发资金统筹工作组2019年第一次会议暨项目资金管理工作会议。会议围绕如何做好迎接脱贫攻坚审计作业务培训，并通报了扶贫资金管理使用存在问题并就整改工作提出意见建议。

2月16日，省统计局局长李灿和带领局党组成员、副局长赵卫军一行到巧家县中寨乡开展脱贫攻坚专项调研，走访挂钩贫困户。

3月6日至7日，省林业和草原局局长任治忠一行到巧家县白鹤滩、崇溪、马树等镇，就县林业生态建设、林业产业发展等工作进行调研。

3月7日，巧家县召开加强基层党建专题党课暨人大代表、政协委员助推脱攻坚和作转风抓落实动员大会。要求人大代表、政协委员要真学习脱贫攻坚相关政策、工作程序、工作方法，努力提升服务群众工作能力，精准督导和推动脱贫攻坚工作；广大代表和委员要充分发挥自身优势，紧扣基础设施建设扶贫、产业脱贫、易地扶贫搬迁等重点，扎实开展各项帮扶工作。

3月15日，市委常委、常务副市长陈真永主持召开巧家县脱贫攻坚暨挂钩帮扶联席会议。会议强调巧家面临脱贫攻坚和移民搬迁两座“大山”交织并存，各级各部门要增强政治责任感，分清责任，种好自己的责任田，要用心、用情、用力开展工作，干好自己的分内事，合力助推巧家县的脱贫攻坚工作。

4月16日，省总工会党组书记、常务副主席孔贵华一行到巧家对驻村扶贫队员家属及受意外伤害和重大疾病的驻村扶贫队员开展走访慰问。

4月25日，巧家县召开2019年扶贫开发领导小组第五次会议。传达了中央、省、市近期召开的脱贫攻坚工作系列会议精神，就全省调整后的脱贫退出考核指标做说明，通报了脱贫出列存在的短板，并就下步工作做具体安排。会议强调要紧盯“在2019年6月30日前，除外迁鲁甸易地扶贫搬迁外，基本完成基础设施短板项目建设；2019年10月底前全面开展查缺补漏；2019年11月30日前全面做好各项迎检准备”的目标任务，确保2019年脱贫摘帽。白鹤滩镇、老店镇、县住建局、县农业农村局负责人分别做了发言。

4月26日，巧家县举行脱贫攻坚工作现场观摩会。分别对金塘镇梨树村火龙果和石榴产业、崇溪镇河玉村桥边村民小组的桃李产业、马树镇小河塘村专业合作社、高效生猪代养场以及马树镇马树社区草莓产业发展情况进行了现场观摩。

5月8日至9日，省政协副主席李正阳一行赴巧家县调研脱贫攻坚助推行动专项工作，并召开座谈会。

5月13日，中国保利集团党委副书记、总经理张振高率调研组到巧家县调研考察，并召开定点扶贫工作座谈会，就定点帮扶相关工作进行磋商，与巧家县签订了《保利·巧家携手发展人饮管网项目工程援建框架协议书》，举行授捐赠牌仪式。

5月19日，巧家县召开扶贫开发领导小组2019年第六次会议。传达了昭通市扶贫开发领导小组2019年第三次会议精神，通报近期脱贫攻坚中存在的问题，并就下一步工作进行安排部署。会议强调全县各级各部门和广大干部要坚持对标对表，抓实存在问题整改，抓好易地扶贫搬迁、饮水安全、住房安全、产业扶贫、就业扶贫、教育扶贫、健康扶贫、驻村扶贫工作队、基层党组织建设各项工作的落实。

5月30日，巧家县召开县委理论学习中心组2019年第三次集中学习暨全县扶贫干部业务培训会，特邀云南师范大学教授王俊程作扶贫干部高效工作法与执行力提升培训。

6月3日，县委理论学习中心组举行2019年度第四次集中学习。集中学习宪法和习近平新时代生态文明建设思想，传达学习习近平总书记在“不忘初心，牢记使命”主题教育工作会议上的重要讲话精神，安排部署脱贫和移民两大攻坚战各项工作任务。

6月18日，省供销合作社党组书记、理事会主任陈霖一行赴巧家县调研供销社改革发展工作。

7月10日至11日，省政协常委、省政协经济和农业农村委员会主任高天森一行赴巧家县调研金塘镇梨树村道路建设完成完善情况、小碗红糖产业发展情况、建档立卡贫困户就业情况，并召开座谈会研讨相关工作。

7月22日至24日，广东省东莞市横沥镇人大主席陈细钿率考察团赴巧家县考察脱贫攻坚工作，并召开扶贫协作联席会议。考察期间，横沥镇党政考察团一行先后到白鹤滩水电站、白鹤滩镇中村德丰林下养殖场、马树镇老街易地搬迁安置点、马树镇草莓种植基地和马树镇小河塘林下食用菌种植基地进行了实地调研。

8月10日，巧家县召开扶贫开发领导小组2019年第八次会议暨巡视巡察反馈问题整改工作推进会。会议要求各乡镇、部门和包保单位要分析研判好当前存在的问题，要以精细化管理为龙头，全面开展“清零”工作。会议通报了脱贫攻坚工作督查情况和“7·25”目标任务完成情况，并就补齐脱贫出列短板做了具体安排。县纪委就脱贫攻坚工作中纪律问题作了要求，县扶贫办、县住建局等相关部门负责人结合各部门的职能职责作了业务培训。

8月16日，巧家县召开脱贫攻坚工作调度会。会议要求各乡镇要整合力量，注重工作方法，合理安排时间，推进“村村清”“户户清”工作。所有村要坚持每天研判和统一，保证这一轮的家底清真正做到“清”和“明”，乡镇上的调度要做到3天一次，保障工作力度、质量。

8月28日，巧家县召开脱贫攻坚暨精细化管理工作第二次调度视频会议。会议围绕控辍保学、安全饮水、安全住房、易地搬迁、收入达标、人居环境等重点工作，严明纪律要求、强化措施保障、严把时间节点，逐村、逐户、逐人、逐项对账销号，确保存在的问题限时清零、短板全部补齐。纪委监委就全县脱贫攻坚暨精细化管理工作督查情况做了通报，药山镇围绕安全住房、安全饮水、控辍保学等方面存在的短板和下一步解决措施作了汇报，县统计局、农业农村局、教体局、住建局就相关工作做了发言。

9月9日，巧家县召开扶贫开发领导小组2019年第九次会议暨脱贫攻坚精细化管理工作推进会，会议指出巧家脱贫攻坚已经进入“冲刺攻坚”的关键时刻、“全面整改”的重要节点、“临门一脚”的关键节点，要以“绣花”的功夫、“求实”的精神、“较真”的作风，坚决打好打赢“两不愁、三保障”突出问题歼灭战、易地扶贫搬迁“搬得出、稳得住”攻坚战、产业培育高质量发展突击战、农村人居环境整治提升人海战、强化党建引领推动作风转变持久战“五大战役”，确保圆满完成脱贫攻坚各项目标任务，坚决如期实现脱贫摘帽。

9月24日至25日，省政府副省长陈舜率省直有关部门对巧家县脱贫攻坚进行了实地调研评估，并在25日召开了巧家县脱贫摘帽分析研判会议。指出巧家县要高度重视目前可能影响脱贫摘帽教育和住房两个方面的问题，要高度关注影响脱贫质量和成色的收入、易迁、产业、人居环境4个方面的问题。

10月10日，巧家县召开扶贫开发领导小组召开第十次会议暨2019年度扶贫对象动态管理工作会议。会议要求各乡镇、各部门要坚决全面补齐短板弱项，冲刺最后80天，将80%的力量下沉一线，严格按照时间节点全面完成农村危房改造、控辍保学、旧房危房拆除、易地扶贫搬迁、人居环境整治等脱贫攻坚各项工作；对市委“巡乡带村看县”反馈问题和省委专项巡视反馈意见要进行全面自查，确保坚决整改到位。

10月10日至11日，东莞市东坑镇副镇长梁柱深一行赴巧家县开展对口帮扶工作，并召开2019年东坑镇·巧家县扶贫协作联席会议。东坑镇与中寨乡签订了镇乡结对帮扶协议，东坑镇井美村与中寨乡吉兆村签订了村村结对帮扶协议，并为中寨乡、药山镇捐资捐物。其间，梁柱深一行还深入中寨乡下寨村、吉兆村了解产业发展情况。

10月20日，巧家县召开扶贫开发领导小组2019年第十一次会议。会议传达学习了市扶贫开发领导小组2019年第四次会议精神，并就脱贫攻坚工作进行了全面安排部署。会议通报了全县脱贫攻坚工作情况和督查情况，随机抽取部分乡镇和县直部门主要负责人就如何圆满完成各乡镇或挂钩包保的脱贫攻坚工作作了发言。部分行业部门负责人围绕行业职能职责做了发言。

11月4日，东莞市委常委、市委政法委书记杨东来一行赴巧家县就东西部扶贫协作相关工作开展调研。昭通市委常委、副市长、广东省第五扶贫协作工作组组长邓浩全，昭通市委副秘书长、广东省第五扶贫协作工作组副组长陈智武陪同调研。

11月13日，巧家县召开扶贫开发领导小组2019年第十二次会议暨全县脱贫攻坚工作推进会。市人社局副局长邓怀江就如何做好巧家的就业扶贫工作提出了意见和建议。会议听取了东坪镇和老店镇脱贫攻坚工作情况汇报；通报了省级核查情况和明察暗访情况，并就下一步工作做了具体安排部署。

11月15日，云南省统计局局长李灿和一行到中寨乡下寨村调研脱贫攻坚工作。指出产业发展和人居环境整治是决战决胜脱贫攻坚的重要内容，扶贫干部要围绕产业扶贫“集众智，合众力”，树立品牌意识、开拓品牌产品，长远有效地巩固脱贫成果；要在扶志工作上多下功夫，转变群众“等靠要”和“农村脏、乱、差”的落后思想，全面提升人居环境和改善群众精神面貌。

11月27日，巧家县召开扶贫开发领导小组2019年第十三次会议。会议研究了巧家县摘帽退出自检自查工作，审议并一致通过了《巧家县扶贫开发领导小组关于巧家县2019年退出国家贫困县自检自查的情况报告（审议稿）》和《巧家县扶贫开发领导小组关于对巧家县2019年退出摘帽进行初审的请示（审议稿）》。

12月9日至10日，省政协副主席李正阳赴巧家县走访调研脱贫攻坚工作。要求帮扶干部和镇村干部要时刻把困难群众的冷暖放在心上，及时了解贫困户的动态，确保将贫困户应该享受的各项扶贫政策落实到位；要团结协作、多渠道帮助贫困户解决好遇到的困难和问题，保证扶贫路上一个困难户也不能掉队。

12月19日，巧家县召开脱贫攻坚工作专题会议。通报了市脱贫攻坚督查检查反馈有关问题，并安排部署中央脱贫攻坚专项巡视反馈意见整改工作。县纪委通报了近期明察暗访情况。会议宣读了致全县党员干部决战决胜脱贫攻坚倡议书，签订了《决战决胜脱贫攻坚冲刺承诺书》。

2020年1—6月

2月26日，市委书记杨亚林，市委副书记、市长郭大进一行深入巧家县调研产业发展、重大项目建设等脱贫攻坚重点工作。

2月27日，省委书记陈豪率队到巧家县检查指导疫情防控和经济社会发展工作，实地督战脱贫攻坚工作。先后到巧家县马树镇小河塘村生猪养殖示范点和朱家海子村民小组马铃薯连片种植基地，详细了解产业扶贫和疫情防控工作情况。

3月5日至8日，省政协副主席李正阳带领省扶贫办、省统计局、省能源局等单位人员组成的省脱贫攻坚挂牌督战队到巧家县实地督战脱贫攻坚工作，并召开座谈会，反馈督战情况。

3月24日，云南省统计局党组书记、局长李灿和，副局长殷国俊一行到巧家县中寨乡调研脱贫攻坚工作，看望慰问省统计局驻下寨村工作队，并召开座谈会。

4月10日，巧家县召开决战决胜脱贫攻坚百日总攻行动会议。会议对脱贫攻坚百日攻坚行动、脱贫攻坚普查、各类问题整改及扶贫领域腐败和作风问题治理进行安排部署。

4月19日至24日，根据《云南省扶贫开发领导小组办公室关于开展2019年贫困县退出专项评估检查的通知》，南昌大学、云南民族大学组成的第三方评估组，在巧家县开展贫困县退出专项评估检查，累计抽取14个乡镇24个贫困村，入户调查1200余户。

5月16日，云南省人民政府印发《关于批准昭阳区等31个县市区退出贫困县的通知》，经过县级申请、市级审核、省级核查和第三方实地评估检查等程序，巧家县已达到贫困县退出标准，符合贫困县退出条件，批准退出贫困县。

6月12日，市政协主席成联远一行到小河镇调研产业发展、人居环境整治、拆危拆旧等工作。

6月17日至24日，根据《国务院扶贫办关于开展2019年贫困县退出抽查的通知》，由西安财经大学、北京师范大学、山西大学、西北工业大学等大学组成的第三方评估组，在巧家县开展贫困县退出国家抽查第三方评估，累计抽查15个乡镇25个行政村205个村民小组共1000余户。

《昭通市脱贫攻坚大决战实录》后记

经过半年的筹划，历时一年的编撰，《昭通市脱贫攻坚大决战实录》〔全套书共 19 卷，其中市级 8 卷、县（市、区）11 卷〕终于在党的百年华诞之际与广大读者见面了。这既是政协昭通市第四届委员会文史工作的成果展示，又是对我市脱贫攻坚工作客观真实的记录，更是用真实的故事展示历史资料的大胆尝试。

反贫困是世界性难题，也是现代国家面临的迫切任务。党的十八大以来，以习近平同志为核心的党中央把扶贫开发摆到治国理政的重要位置，提升到事关全面建成小康社会、实现第一个百年奋斗目标的新高度，纳入“五位一体”总体布局和“四个全面”战略布局进行决策部署，加大扶贫投入，创新扶贫方式，出台系列重大政策措施，扶贫开发取得巨大成就。

昭通作为全国、全省脱贫攻坚的主战场，是最难啃的“硬骨头”。2015 年习近平总书记首次离京考察就到昭通，对昭通脱贫攻坚工作提出了“三个更加”的重要指示要求。昭通全市上下牢记习近平总书记的殷切嘱托，坚持把脱贫攻坚作为全市工作的主题主线，坚持“双统领”“双保障”“双推进”，践行“133”工作思路，汇聚中央和省定点单位、东西部扶贫协作、社会扶贫和各族干部群众磅礴力量，在昭通脱贫攻坚主战场上打响了一场史无前例的脱贫攻坚大决战，长期困扰昭通发展的主要“瓶颈”得以突破，实现根本性跨越，全市185.07万贫困人口全部脱贫、1235个贫困村全部出列、10个贫困县（区）全部摘帽，昭通大地发生了翻天覆地的变化，困扰昭通千百年的绝对贫困得到历史性解决。

为充分发挥政协文史资料“存史、资政、团结、育人”功能，客观、真实地记录昭通市在脱贫攻坚中各项建设和群众生活发生的变化，记述各级干部群众在脱贫攻坚工作中可歌可泣的感人故事，市政协党组拟组织相关部门、专家对2015—2020年我市开展脱贫攻坚的重大事件、典型故事进行搜集整理，编撰《昭通市脱贫攻坚大决战实录》丛书。

在市政协成联远主席亲自关心和指导下，编委会拟订了编撰工作的初步方案和《昭通市脱贫攻坚大决战实录》的整体框架，并于2019年8月7日向市委报送了关于编撰《昭通市脱贫攻坚大决战实录》的请示，市委杨亚林书记批示“此项工作很有意义，同意组织编写，请联远主席牵头负责”。按照市委的批示，市政协党组迅速行动，成联远主席亲自安排、统一部署，及时组织专家拟出了《昭通市脱贫攻坚大决战实录》编撰任务分解方案，经反复讨论、多次修改后，于2020年3月30日上报市委，市委杨亚林书记批示“同意所报方案，客观精准务实地做好工作”。

2020年4月14日，市政协组织召开了《昭通市脱贫攻坚大决战实录》专题会议，市委副书记朱家伟出席会议并作动员讲话，编撰工作在全市正式启动，会议统一了认识、明确了要求。为进一步细化任务、落实责任，编委会于2020年4月23日印发了《昭通市脱贫攻坚大决战实录》编撰任务分解方案的通知，加强对市级单位和县区市编撰工作的指导。随后，市政协副主席陶仁带领专家对11个县（市、区）的编撰工作进行了调研、培训、指导、督促，推动各县（市、区）编撰工作有效开展。针对全市编撰工作存在的问题，编委会经反复研究，统一思想，召开了由40多个市级部门参加的征求意见协商座谈会，在此基础上，进一步完善了编撰任务细化量化分解方案，印发到各县市区加强指导，并于2020年7月16日召开了《昭通市脱贫攻坚大决战实录》编撰工作推进暨培训会议，推进编撰进度，提升编撰水平。

为把《昭通市脱贫攻坚大决战实录》打造成“建党一百周年特别献礼工程”“昭通脱贫攻坚工作特别纪念”，市政协抢抓时间，及时出台系列配套文件，明确了市政协机关各委室联系各单位、部门及市政协委员，专门负责催稿工作，2020 年 10 月底稿件收集基本结束。为使编辑审稿工作有序推进，落到实处，市政协从昭通学院和市委党史研究室聘请专家对编辑工作进行审稿（其中，昭通学院教授唐靖负责市级篇章《综合卷》和《巧家卷》，市政协原经农委主任王华国负责市级篇章《产业就业扶贫卷》和《鲁甸卷》，昭通学院教授傅奠基负责市级篇章《基础设施建设卷》和《盐津卷》《大关卷》，昭通学院教授陈玥负责市级篇章《易地搬迁扶贫卷》和《永善卷》，昭通学院教授王琼负责《民生扶贫卷》和《镇雄卷》，昭通学院教授任继敏负责市级篇章《挂钩帮扶及社会扶贫卷》和《水富卷》，昭通学院教授周玲负责市级篇章《扶贫协作卷》和《彝良卷》《威信卷》，市委党史研究室副主任翟昭明负责市级篇章《组织保障卷》和《昭阳卷》《绥江卷》）。2020 年 11 月 18 日，市政协陶仁副主席主持召开《昭通市脱贫攻坚大决战实录》统稿工作会，统一了丛书形式和内容、结构和逻辑框架。

在市政协党组的坚强领导下，在各位编撰专家、市直各单位、市政协机关各委室、各县市区政协以及编撰办公室成员的大力支持和共同努力下，经夏历冬，数易其稿，2021 年 3 月初，《昭通市脱贫攻坚大决战实录》样书基本成型。2021 年 3 月 17 日，市政协副主席陶仁主持召开《昭通市脱贫攻坚大决战实录》样稿讨论会，进一步推动《昭通市脱贫攻坚大决战实录》编辑出版工作。

首先，本丛书的编撰出版得益于各级领导的正确领导，特别是市委杨亚林书记、市政府郭大进市长、市委朱家伟副书记的指导和支持。其次，本丛书的编撰出版得益于市政协党组的坚强领导，特别是成联远主席亲自指挥，亲自督战，亲自修订纲要，并亲自撰写总序和第三。再次，本丛书的编撰出版得益于全市 200 余家单位和部门的积极参与，全市领导干部，基层工作人员，脱贫攻坚督导员、驻村工作队员，政协委员，他们不仅是脱贫攻坚一线指战员，同时还撰写亲身经历脱贫攻坚工作的真实故事。据统计，全市共有1700余人参与《昭通市脱贫攻坚大决战实录》撰稿工作中，收到初稿2526篇。应该说，本丛书的编撰工作是我市脱贫攻坚工作的有机组成部分，同样也凝聚着全市干部群众的智慧和心血，是集体智慧的结晶。最后，特别要提的是昭通学院对本丛书编撰工作的支持和帮助。昭通学院党委大力支持《昭通市脱贫攻坚大决战实录》的编撰工作，在师资紧缺的情况下，委派出周玲、傅奠基、唐靖、陈玥、任继敏、王琼等六位教授参与编撰工作中，为编撰工作注入了智慧和力量。

在编撰《昭通市脱贫攻坚大决战实录》时，编撰专家精心筛选、整理、提炼，力求将那些散落于基层的珍珠捡拾起来，洗尽铅华，还原本真，形成真实的历史故事。这套书注重文史资料“亲历、亲见、亲闻”原则，以第一人称行文，部分新闻通讯、消息类稿件，在公开媒体上发表过，体现新闻的真实性，也作为资料收录，补充《昭通市脱贫攻坚大决战实录》内容。编者旨在通过真实、感人的故事让脱贫攻坚工作在时代的聚光灯下接受检阅，给过往和经历者以心灵的依稀穿越，获取一种灵魂的战栗和反思。同时，给不曾经历，甚至不曾听闻过的后人以另一种历史的演绎，告诉他们当年自己的祖先那段荡气回肠、可歌可泣的脱贫史。

虽说《昭通市脱贫攻坚大决战实录》丛书已呈现在读者面前，但由于编撰时间紧迫、人手不够、水平有限，不免存在内容欠全面、认知不到位、归类难把握等问题和瑕疵，恳请各位方家在阅读过程中批评指正，不吝赐教，我们定当虚心接受意见建议，进一步加以修改完善，以遗后人，真正达到“存史、资政、团结、育人”之目的。

编委会办公室